产教融合·职业创新能力系列教材

网店运营与推广

黄红辉　主　编

欧智龙　邓莉平　副主编

电子工业出版社
Publishing House of Electronics Industry
北京·BEIJING

内 容 简 介

本书以淘系平台为依托，以网店运营为核心，分3篇9个项目对网店运营与推广进行讲解。基础理论篇包括网店运营与推广入门、网店定位分析、网店装修和网店客服；运营技术篇包括网店流量与推广、网店营销活动策划和网店数据分析；运营管理篇包括网店日常运营管理和网店诊断。同时，以"羽我女装"店铺的运营为案例贯穿全书，从店铺开通、定位及货源选择、装修、客服设置、流量推广、活动策划、数据分析、日常管理和数据诊断的角度进行实战讲解，增强本书的实用性。

本书适合作为高等职业院校和应用型本科院校电子商务类、工商管理类、市场营销类专业课教材，也可作为电子商务从业人员、网店一线推广人员的自学参考用书。

未经许可，不得以任何方式复制或抄袭本书之部分或全部内容。
版权所有，侵权必究。

图书在版编目（CIP）数据

网店运营与推广/黄红辉主编. —北京：电子工业出版社，2018.8
ISBN 978-7-121-32272-3

Ⅰ．①网⋯ Ⅱ．①黄⋯ Ⅲ．①网店－经营管理－高等职业教育－教材 Ⅳ．①F713.365.2

中国版本图书馆 CIP 数据核字（2017）第 173451 号

策划编辑：朱干支
责任编辑：张云怡　　特约编辑：安家宁　齐美叶
印　　刷：北京七彩京通数码快印有限公司
装　　订：北京七彩京通数码快印有限公司
出版发行：电子工业出版社
　　　　　北京市海淀区万寿路 173 信箱　　邮编 100036
开　　本：787×1 092　1/16　印张：16.25　字数：426.4 千字
版　　次：2018 年 8 月第 1 版
印　　次：2021 年 12 月第 6 次印刷
定　　价：42.00 元

凡所购买电子工业出版社图书有缺损问题，请向购买书店调换。若书店售缺，请与本社发行部联系，联系及邮购电话：（010）88254888，88258888。
质量投诉请发邮件至 zlts@phei.com.cn，盗版侵权举报请发邮件至 dbqq@phei.com.cn。
本书咨询联系方式：（010）88254573，zgz@phei.com.cn。

前　　言

电子商务的发展越来越快，对于许多读者而言，一本跟得上电子商务发展节奏的参考书或者教材却越来越难找，在网店运营与推广方面则表现得尤为明显。有些书籍缺乏时效性、系统性，内容过于陈旧；有些书籍只讲解网店推广的基础知识和针对淘系的推广技巧，缺乏网店的运营分析。

一个新手想在淘宝网上开店要怎么做？一个有志于从事网店运营的人要怎样运营自己的店铺？如何把一个电子商务平台的运营思维扩大到线上的全平台？这些问题综合在一起就是一门学问。

本书以淘系平台为依托，以网店运营为核心，总结出一套从零开始进行网店运营与推广的实战思路。内容编排以项目加任务的形式，由浅入深、循序渐进地对各项知识点进行讲解，以满足职业能力培养的需要；通过大量的社会调研，分析了网店运营人才应具备的职业能力素养，选取合理的内容来满足教学。

本书着重培养读者具备以下能力：

◇ 网店美工设计能力；

◇ 网店推广运营能力；

◇ 网店客服能力；

◇ 网店综合运营管理能力。

本书主要内容分为三大部分。

（1）基础理论篇：包括网店运营与推广入门、网店定位分析、网店装修和网店客服 4 个项目，用基础理论来促进读者对淘系网店的基本认识。

（2）运营技术篇：包括网店流量与推广、网店营销活动策划和网店数据分析 3 个项目，从流量转化、营销策划和数据分析 3 个方面加深读者对网店运营与推广的认识。

（3）运营管理篇：包括网店日常运营管理和网店诊断 2 个项目，以基础理论和运营技术知识为基础，从网店管理和诊断的角度，帮助读者成为一个真正的网店运营人员。

本书力求理论和实战相结合，以"羽我女装"店铺的运营为案例贯穿全书，从店铺开通、定位及货源选择、装修、客服设置、流量推广、活动策划、数据分析、日常管理和数据诊断的角度进行实战讲解，增强本书的实用性。

本书适合作为高等职业院校和应用型本科院校电子商务类、工商管理类、市场营销类专业课教材，也可作为电子商务从业人员、网店一线推广人员的自学参考用书。

本书提供配套的教学参考资料包，读者可从华信教育资源网（www.hxedu.com.cn）免费下载和使用。本书还提供大量的阅读材料来扩展知识，读者可以通过扫描书中的二维码来阅读。

本书由 3 位具有多年电子商务企业实战经验的电子商务运营人员、3 位在高职院校电子商务专业任教的老师共同编写。全书由黄红辉（广东岭南职业技术学院）担任主编，欧智龙（广东岭南职业技术学院）、邓莉平（广东岭南职业技术学院）担任副主编，陈江伟（广州五维电子商务服务有限公司电子商务运营经理）、许泽波（广州播印客软件科技有限公司产品经理）、詹晓冰（广州昌钰文化有限公司运营总监）参与编写。具体分工如下：项目1和项目6由许泽波、黄红辉共同编写；项目2和项目7由邓莉平编写；项目3由詹晓冰编写；项目4由黄红辉编写；项目5由陈江伟编写；项目8由欧智龙、黄红辉共同编写；项目9由欧智龙编写。

全书的总体框架和编写大纲由黄红辉提出，并由黄红辉负责统稿工作。

本书也参考了部分教材和资料，在此对其编者表示感谢。另外，感谢广州市上线下线服饰有限公司李锦俊总经理的支持，感谢广东岭南职业技术学院付珍鸿老师及其他老师的帮助，还有编者已经在企业从事网店运营工作的学生陈土泉、卢宏开、韩国愈、张文锐、范跃献的帮助。

由于时间仓促，加之编者水平有限，书中难免存在疏漏和不足之处，恳请读者批评指正，以便再版时加以改进和完善。

编者联系方式：379399361@qq.com。

编　者

目　　录

基础理论篇

项目 1　网店运营与推广入门 ………………………………………………………… 3
　　任务 1.1　电子商务运营人才及运营平台 …………………………………………… 3
　　　　1.1.1　电子商务运营人才需求状况及职业定位 ………………………………… 3
　　　　1.1.2　电子商务运营平台介绍 …………………………………………………… 6
　　任务 1.2　网店违规行为及处罚措施 ………………………………………………… 7
　　任务 1.3　网店常用工具 ……………………………………………………………… 10
　　　　1.3.1　网店常用工具介绍 ………………………………………………………… 10
　　　　1.3.2　淘宝店铺后台管理 ………………………………………………………… 12
　　任务 1.4　开通"羽我女装"店铺 …………………………………………………… 13
　　　　1.4.1　网店开通的条件、步骤及注意事项 ……………………………………… 13
　　　　1.4.2　开通"羽我女装"店铺的步骤 …………………………………………… 14

项目 2　网店定位分析 ………………………………………………………………… 21
　　任务 2.1　网店定位 …………………………………………………………………… 21
　　　　2.1.1　网店定位概述 ……………………………………………………………… 21
　　　　2.1.2　网店类目选择——开设"小而美"店铺 ………………………………… 22
　　　　2.1.3　网店风格定位 ……………………………………………………………… 24
　　　　2.1.4　网店产品定位 ……………………………………………………………… 26
　　　　2.1.5　产品价格定位 ……………………………………………………………… 31
　　　　2.1.6　产品人群定位 ……………………………………………………………… 34
　　任务 2.2　网店货源 …………………………………………………………………… 35
　　　　2.2.1　网店货源渠道 ……………………………………………………………… 35
　　　　2.2.2　网店货源的选择方法 ……………………………………………………… 36
　　任务 2.3　"羽我女装"店铺定位及货源选择 ……………………………………… 39

项目 3　网店装修 ……………………………………………………………………… 42
　　任务 3.1　网店图片的拍摄 …………………………………………………………… 42
　　　　3.1.1　拍摄网店图片的基本技巧 ………………………………………………… 42
　　　　3.1.2　网店图片处理软件介绍 …………………………………………………… 48
　　任务 3.2　网店图片的美化 …………………………………………………………… 48
　　　　3.2.1　图片批量处理 ……………………………………………………………… 48
　　　　3.2.2　图片抠图技巧 ……………………………………………………………… 52
　　　　3.2.3　图片的文字处理 …………………………………………………………… 56
　　任务 3.3　网店整体布局技巧 ………………………………………………………… 61

  3.3.1 淘宝旺铺的基本介绍 ················· 61
  3.3.2 店铺首页设计技巧 ··················· 61
  3.3.3 详情页的基本设计 ··················· 65
 任务 3.4 "羽我女装"店铺装修 ············· 65
  3.4.1 店铺 PC 端首页装修 ················ 65
  3.4.2 "羽我女装"店铺详情页设计 ········· 76

项目 4 网店客服 ································· 83
 任务 4.1 网店客服概述 ······················· 83
  4.1.1 网店客服分类与岗位职责 ············ 83
  4.1.2 客服工作的检验指标 ················ 84
 任务 4.2 客服管理 ··························· 88
  4.2.1 常用的客服神器 ···················· 88
  4.2.2 客服绩效管理 ······················ 89
 任务 4.3 "羽我女装"店铺客服设置 ·········· 93

运营技术篇

项目 5 网店流量与推广 ························ 101
 任务 5.1 流量与免费流量 ···················· 102
  5.1.1 网店流量概述及分类 ··············· 102
  5.1.2 免费流量入口 ····················· 102
  5.1.3 免费流量推广之淘宝 SEO 优化 ······ 104
  5.1.4 "羽我女装"店铺标题优化 ········· 108
 任务 5.2 活动流量与推广 ···················· 115
  5.2.1 活动流量及流量分类 ··············· 115
  5.2.2 平台活动流量推广之"双 11" ······ 116
  5.2.3 渠道活动流量推广之聚划算、淘抢购、天天特价、淘金币 ······ 120
 任务 5.3 内容流量与推广 ···················· 126
  5.3.1 内容流量及其入口 ················· 126
  5.3.2 内容流量之必买清单、有好货 ······· 130
  5.3.3 "羽我女装"店铺流量推广之必买清单 ······ 132
 任务 5.4 付费流量与推广 ···················· 134
  5.4.1 付费流量及流量分类 ··············· 134
  5.4.2 付费流量之直通车、钻石展位、淘宝客和品销宝 ······ 134
  5.4.3 直通车推广运营技巧 ··············· 140
  5.4.4 "羽我女装"店铺流量推广之直通车 ······ 146
  5.4.5 钻石展位推广运营技巧 ············· 150
  5.4.6 "羽我女装"店铺流量推广之钻石展位 ······ 152
  5.4.7 淘宝客推广运营技巧 ··············· 155

项目 6　网店营销活动策划 ·· 158

任务 6.1　活动策划节奏与分工 ·· 158
6.1.1　店铺活动的目的 ·· 158
6.1.2　活动策划节奏 ·· 159
6.1.3　活动人员的策划分工 ·· 162

任务 6.2　店内活动策划常用手段 ······································ 163
6.2.1　价格促销 ·· 163
6.2.2　分类促销 ·· 163
6.2.3　话题促销 ·· 165

任务 6.3　借力淘宝网节日策划活动 ···································· 166
6.3.1　传统节假日与电子商务节日 ·································· 166
6.3.2　节日活动特点与策划要点 ···································· 167
6.3.3　借助热点引导流量 ·· 168

任务 6.4　活动期间的重要关注点 ······································ 168
6.4.1　关注老客户 ·· 168
6.4.2　关注买家秀 ·· 169
6.4.3　关注同行 ·· 171

任务 6.5　活动工具之宝贝团营销 ······································ 172
6.5.1　限时打折 ·· 173
6.5.2　搭配套餐 ·· 174
6.5.3　关联销售 ·· 177
6.5.4　满就送/减 ··· 178

任务 6.6　"羽我女装"店铺"双12"活动策划案 ························ 180

项目 7　网店数据分析 ·· 183

任务 7.1　网店数据分析概述 ·· 184
7.1.1　数据分析在网店运营中的作用 ································ 184
7.1.2　网店数据分析指标 ·· 186

任务 7.2　常用数据分析工具 ·· 190
7.2.1　内部数据分析工具之生意参谋 ································ 190
7.2.2　外部数据分析工具之阿里指数和百度指数 ······················ 194

任务 7.3　阅读和分析数据 ·· 202
7.3.1　网页跳失率 ·· 202
7.3.2　PV、UV ·· 204
7.3.3　流量来源数据分析 ·· 205
7.3.4　阅读和分析销售额数据 ······································ 206

任务 7.4　用 Excel 分析处理"羽我女装"店铺数据 ······················ 207

运营管理篇

项目 8　网店日常运营管理 ··· 217
　任务 8.1　网店日常运营管理概述 ··· 217
　　8.1.1　网店日常运营管理的概念 ··· 217
　　8.1.2　网店运营管理的日常流程 ··· 218
　任务 8.2　"羽我女装"店铺运营管理的一天 ·· 233

项目 9　网店诊断 ·· 236
　任务 9.1　店铺诊断概述 ·· 236
　　9.1.1　店铺自检 ··· 237
　　9.1.2　店铺诊断方法 ·· 238
　任务 9.2　"羽我女装"店铺数据诊断 ··· 246

参考文献 ··· 252

基础理论篇

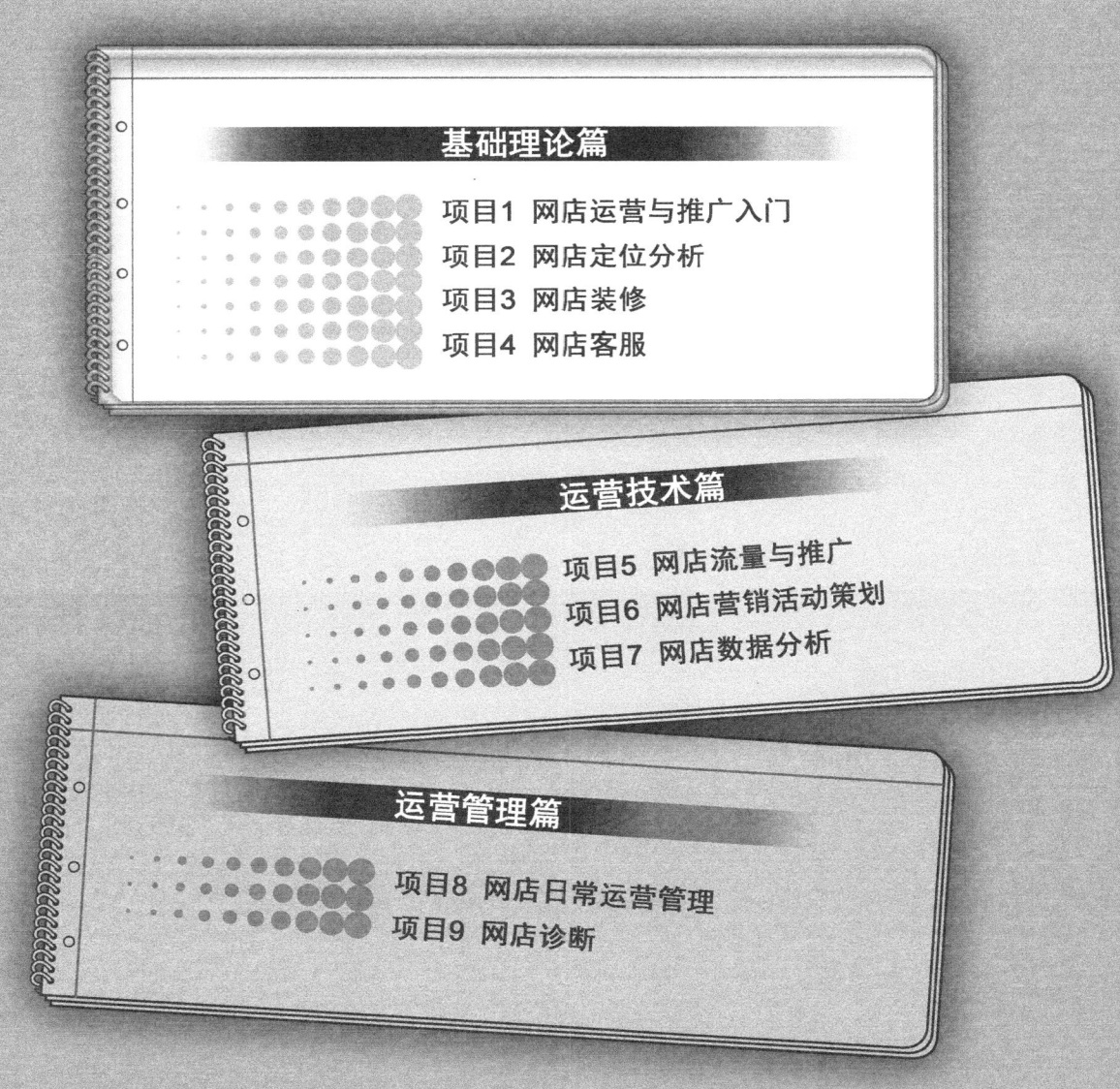

基础理论篇
- 项目1 网店运营与推广入门
- 项目2 网店定位分析
- 项目3 网店装修
- 项目4 网店客服

运营技术篇
- 项目5 网店流量与推广
- 项目6 网店营销活动策划
- 项目7 网店数据分析

运营管理篇
- 项目8 网店日常运营管理
- 项目9 网店诊断

项目 1
网店运营与推广入门

项目概述

互联网的飞速发展使越来越多的人选择在网上购买自己喜爱的商品,人们越来越离不开计算机,网络已经深入人们的日常生活中。网络及电子商务的发展使许多人想进行网络创业,但是对于什么是电子商务、什么是网店、什么是电子商务运营、运营必须遵守哪些规则、网店运营需要用到哪些辅助软件等问题,许多人并不清楚。本项目将对电子商务运营的内容、运营团队中各个角色发挥的作用进行简单介绍。通过本项目的学习,读者对电子商务运营会有一个初始的认识,并能根据自身的实际情况,从运营团队中找到适合自己的角色。

学习目标

知识	了解电子商务运营的宏观环境及与其相匹配的职业定位
目标	了解淘系网店运营的基本规则
能力	能够使用网店运营的相关工具
目标	能够自己创建淘系网店

案例导入

小王在学校里一直对网络购物、电子商务运营有浓厚的兴趣,因此萌生了毕业后从事电子商务工作的想法,但是他对电子商务不是特别了解,不太清楚电子商务运营具体要怎么操作,也不太清楚网店运营有哪些岗位设置。虽然对网络购物的流程非常熟悉,但是一件商品如何通过电子商务平台展现在客户面前,如何在众多竞争对手中脱颖而出,小王却是一筹莫展。小王决定从了解电子商务运营概况、网店运营的基本规则、网店运营常用工具使用方法及如何创建网店等方面入手。

项目实施

任务 1.1 电子商务运营人才及运营平台

1.1.1 电子商务运营人才需求状况及职业定位

1. 电子商务市场概况及运营人才需求状况

近年来我国电子商务发展迅猛,不仅创造了新的消费需求,引发了新的投资热潮,而且开辟了就业增收的新渠道,为大众创业、万众创新提供了新空间。电子商务正在以惊人的速度发展壮大。中国电子商务研究中心网统计的数据显示,2017年上半年电子商务交易额达13.4万亿元,同比增长27.1%,其中B2B市场交易额为9.8万亿元,网络零售市场交易额为3.1万亿元,生活服务电子商务交易额为0.5万亿元。截至2017年6月,中国电子商务服务企业直接从业人员超过310万人,由电子商务间接带动的就业人员已经超过2 300万人。

良好的市场环境给就业带来新的契机,具体表现在以下三个方面。

(1)电子商务的发展环境频频迎来利好。2015年5月,国务院印发《关于大力发展电子商务加快培育经济新动力的意见》(以下简称《意见》),部署进一步促进电子商务创新发展,建立一个规范有序、社会共治、辐射全球的电子商务大市场,促进经济平稳、健康发展。《意见》为我国电子商务的发展破除了阻碍,指明了方向。

(2)网络技术的发展促进电子商务市场的繁荣。随着4G网络技术的成熟和智能手机的普及,手机已成为网民接入互联网的主要方式,各大电子商务巨头的注意力也转移到移动端用户的争夺。

(3)电子商务行业人才需求旺盛。多方面的因素为电子商务的蓬勃发展奠定了坚实的基础,然而任何一个行业的发展都离不开大量专业人才的支持。某招聘平台的数据显示,2017年电子商务推广、运营相关职位全年共招聘107 340人,平均每月招聘人数8 945人,其中8月份招聘人数最多,高达10 891人。而据2017年不完全统计的数据,85%的电子商务企业存在人才缺口,相比2016年,提升了10%,电子商务的发展速度较快而人才缺口依旧很大。在这些被统计的电子商务企业中,40%的企业急需电子商务运营人才,26%的企业急需推广销售人才,12%的企业急需综合型高级人才,9%的企业急需产品策划与研发人才,5%的企业急需技术型人才(IT、美工等),4%的企业急需供应链管理人才。不难看出,运营、推广销售、综合型高级管理人才是企业迫切需要的人才。在热门行业招聘排行榜中,互联网/电子商务行业招聘排名第一,如图1-1所示。

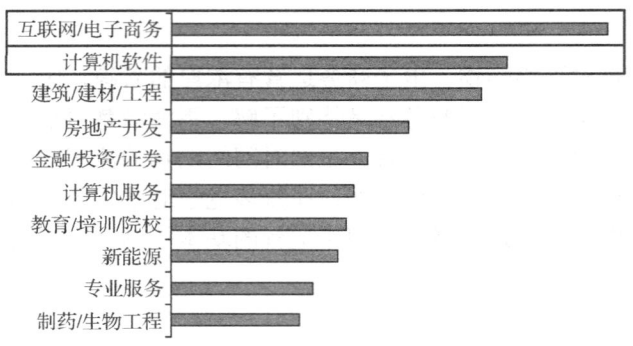

图1-1 热门行业招聘前十名

2. 电子商务运营人才职业定位分析

1)各层次运营人员对应的技能要求

初级运营人员:对应的招聘岗位有推广专员、策划专员、新媒体专员、直通车专员、钻展专员、SEO专员、运营专员等。初级运营人员要求具备专项技能,对专项知识的理解比较深,多数处于网店运营的操作层面。

中级运营人员：对应的招聘岗位有推广主管、策划主管、运营主管、淘宝网店长、天猫店长、分销主管、直通车主管等。中级运营人员要求对网店运营有比较深的认识，熟悉操作技能，具备一定的管理能力，能够经常参加各种技能培训。

高级运营人员：对应的招聘岗位有运营总监、运营负责人、电子商务部门经理等。高级运营人员要求熟练调配公司整体资源，清晰制定全盘布局规划，建立完整运营方案和规划，能够引入资源，管理初级、中级运营人员。高级运营人员对产品营销及品牌的运营结果负责。

2）运营团队角色职能介绍

每个网店运营团队都有自己的角色搭配，但基本离不开"产品＋运营＋客服＋美工＋仓储＋物流"的模式，其中产品角色可能兼任策划、推广和数据分析的职能。对运营团队中主要角色的职能简单介绍如下。

（1）产品角色的职能主要有以下几点。
◇ 负责产品品牌的定位、产品规划与产品的经营策略。
◇ 负责市场活动的策划与统筹工作。
◇ 制订产品的战略计划，包括产品的设计、开发管理和实施、后期的市场营销。
◇ 制订产品发展计划时间表，控制整个计划的进程。
◇ 促进产品的销售并延长产品的生命周期。
◇ 负责与产品相关职能部门之间的协调工作。

（2）运营角色的职能主要有以下几点。
◇ 负责店铺的运营和推广工作，淘宝 SEO、直通车、淘宝客及其他淘宝网站内活动、店内活动的策划执行。
◇ 负责产品在淘宝网的运营管理工作，策划网店营销活动方案并推进执行，完成营销目标。
◇ 负责淘宝网店日常的推广项目，包括标题关键字策略、橱窗推荐、论坛社区、搜索引擎营销、淘宝直通车、淘宝客等；负责配合店铺自身的各种营销推广工作。
◇ 配合淘宝店铺代运营方进行线上活动策划及推广方案的制定、监督和执行，并负责活动后期的数据统计，提供效果分析报告。
◇ 侦测同行业运营情况及市场最新动态，发掘新的商机或商品。
◇ 负责上下架商品，协助代运营方建立在线客服机制。
◇ 网店的营销管理，包括网店流量、订单等数据的分析研究。
◇ 分析每日运营情况，统计数据，发掘隐含的内在问题，有针对性地提出解决办法。
◇ 针对客户、市场、购买过程中的问题做出及时调整。

（3）客服角色的职能主要有以下几点。
◇ 在线客服能够通过在线聊天工具（旺旺）解答客户问题，能够独立完成网上购物售前、售中、售后工作。
◇ 处理网店日常交流事务，包括网络留言回复、订单管理、到货跟踪、评价管理、售后服务等工作。
◇ 售前客服：了解客户的需求，认真、耐心地答复客户提出的各种问题，提升客户购物体验，营造良好的购物气氛，促成客户成交。
◇ 售中客服：及时处理有问题的订单，与相关部门进行协调沟通以保证订单的顺利完成。
◇ 售后客服：根据淘宝网的操作规则和公司的规定，负责处理客户的退换货、投诉及中差评。
◇ 定期维护客户关系，促进互动与销售。
（4）美工设计的职能主要有以下几点。
◇ 负责网店整体风格设计、网店装修和美化、宝贝详情页的设计工作。
◇ 根据策划的要求，进行各种活动及专题页面的制作。
◇ 优化店内宝贝描述，美化、上传产品图片。
◇ 负责各类海报、页面广告设计工作。

3. 电子商务运营中心岗位设置及职责描述

根据公司性质及规模大小的不同，电子商务的运营中心岗位设置也不一样。一般电子商务代运营公司岗位的设置可能是小组团队制，如一个运营、一个推广、一个美工去运营一个或者多个店铺，而比较大的公司运营分工比较明确，会有专门的运营中心。电子商务运营中心包含不同的岗位，如图1-2所示。

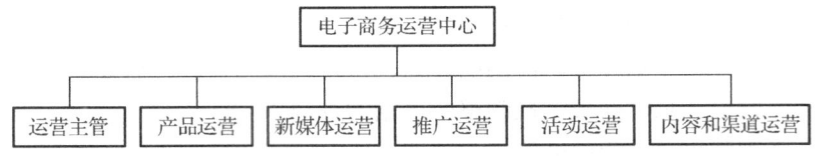

图1-2 电子商务运营中心岗位设置

运营主管负责统筹网店的各项运营及管理工作，产品运营负责产品的扩建及卖点打造，新媒体运营负责微信、大鱼号等各种自媒体的运营工作，推广运营负责直通车、钻展等付费工具的运营工作，活动运营负责活动报名和活动资源的建设，内容和渠道运营负责足迹和必买清单、淘宝客、站外渠道等内容的扩建及运营工作。

1.1.2 电子商务运营平台介绍

1. 电子商务运营平台简介

目前，我国网民的大部分网络交易集中在平台式购物网站，国内具有较大影响力的购物平台包括淘宝网、京东、亚马逊、当当网等。

淘宝网是目前中国购物网站中成交量较高的一个网站。淘宝网拥有过亿用户，而且开通了海外淘等一系列便民购物服务。淘宝网拥有支付宝支付功能，并推出多种消费活动，吸引了大量年轻人消费。淘宝网的购物便捷和自由、产品丰富的特点，使它成为电子商务中的佼佼者。

京东是以家电产品为主的网上购物商城。它拥有独立的物流系统，在产品的价格和运输条件上优势突出。京东是一个典型的B2C电子商务平台，由于是企业和个人之间的直接交易，缩短了产品的交易环节。因此，价格优势是京东的一大竞争力。目前京东逐渐从家电领域突围，涉足服装、图书、农产品等市场。

亚马逊是B2C电子商务网站，前身为卓越网，初期以经营图书、音像软件、影视软件等为主。目前已开拓销售领域，为客户提供各类图书、音像软件、玩具礼品、百货等商品，是亚马逊公司在中国设立的网站。

当当网是知名的综合性网上购物商城，正式开通至今，已从早期的网上售书拓展到网上售卖各种百货，包括图书、音像、美妆、家居、母婴、服装和3C数码等几十个大类、数百万种商品。它于美国时间 2010 年 12 月 8 日在纽约证券交易所正式挂牌上市，成为中国第一家完全基于线上业务、在美国上市的 B2C 网上商城。

2．淘宝网的平台优势

选择淘宝网作为交易平台，其优势有以下几点。

（1）淘宝网知名度高，交易量大。尽管最近几年随着电子商务的发展，各种电子商务交易平台如雨后春笋般涌现，但是淘宝网的知名度和交易量仍是很高的。

（2）在淘宝网开店门槛低，适合新手创业。在淘宝网开店，免店铺租金，只需要少量的保证金，就可以开始创业，这些举措吸引了大量的创业者，因为创业总是有风险的，淘宝网的措施把这种风险降到了最低。

（3）淘宝网有惊人的自然流量。如同实体店一样，想盈利，客流量少不了，没有客人，谈何交易。而在淘宝网开店，卖家可以不用担心这一点，基于平台的多年运营，淘宝网已经积累了非常可观的自然流量，只要卖家善于利用，稍加推广，便可以通过合理的方式，化流量为交易量，实现店铺盈利。

任务 1.2　网店违规行为及处罚措施

"没有规矩，不成方圆"，每个平台都有其运营规则，只有学会了这些规则，才能更好地经营，不至于误入雷池造成损失。淘宝网每隔一段时间就会对自身的规则进行变更，特别是当市场发生变化、国家针对电子商务商品类目出台新规定和新规范的时候，淘宝网官方也会对自身商品类目、招商等一系列规则进行调整。既然已经成为淘宝网店运营中的一员，就必须要时常了解规则的变化。

淘宝网专门开通了专栏（网址：https://rule.taobao.com）介绍淘宝网规则，供网店运营者阅读和学习，如图 1-3 所示。

图 1-3　"淘宝网规则"首页

关于淘宝网店运营的规则,建议读者经常去"淘宝网规则"学习,下面仅对淘宝网规则的违规行为及处罚措施加以说明。

1. 淘宝网违规行为基础知识

(1)违规处理流程。卖家发生违规行为→根据违规行为的严重程度进行扣分→累积分数节点处罚。

(2)违规分类。淘宝网的违规规则包括严重违规行为和一般违规行为,两者分别扣分、分别累计、分别执行。

(3)扣分节点。扣分节点包括12分、24分、36分、48分。就像交通规则一样,当卖家产生违规行为达到这个分数节点时,淘宝网就会根据节点给出相应的处罚手段。

(4)处罚措施。处罚包括店铺屏蔽、屏蔽评论内容、限制评价、评价不累计、删除评价、销量不累计、删除销量、限制发布商品、限制发布特定属性商品、限制商品发布数量、限制发布类目数量、限制发布特定类目商品、限制使用商品发布的特定功能、限制使用特定管理工具、限制发送站内信、限制社区功能、限制买家行为、限制发货、限制使用阿里旺旺、限制网站登录、关闭店铺、公示警告和查封账户23种处罚手段。

(5)处罚清零时间。和交通规则中的12分处罚措施一样,淘宝网的违规扣分在每年的12月31日24时清零,但是因出售假冒商品扣分累计达到24分及以上的,该年不进行清零,以24分计入次年;次年新增出售假冒商品扣分未达24分的,于该年12月31日24时清零。累计扣分达48分及以上的,查封账户。

2. 严重违规行为及处罚措施

1)严重违规行为

目前的淘宝网规则中被定义为严重违规的行为有以下几条。

(1)不正当注册。这种情况发生概率较小,所以不详细描述。

(2)发布违禁信息。有部分商品属于违禁商品,不允许发布。所以在网店开启之前应该多看看哪些信息属于违禁信息。具体违禁信息详见淘宝网规则。

(3)出售假冒商品,假冒材质成分。淘宝网目前对假冒商品属于零容忍态度,针对出售假冒、盗版商品实行"三振出局"制,即卖家每次出售假冒、盗版商品的行为计1次,若同一卖家出售假冒、盗版商品的次数累计达3次的,则将被永久查封账户。

(4)盗用他人账户。对卖家来说发生这种情况的概率较小。

(5)泄露他人信息。卖家有时候会在不经意间泄露买家的订单信息。因此,作为新手卖家要知道,任何时候都要铭记不能随便泄露买家的信息。

(6)骗取他人财物。

(7)扰乱市场秩序。这是指会员扰乱和破坏公平竞争、平等交易的市场秩序,侵害其他会员权益或对平台造成不良影响的行为。

(8)不正当牟利。这是指会员或运营服务商、品牌商等第三方采用不正当手段牟取利益或采用其他手段牟取不正当利益的行为。很多卖家在活动资源的获取上可能会出现这种问题。

(9)拖欠淘宝网贷款。

以上内容属于淘宝网定义的严重违规行为,这些行为若是触犯了就会根据违规行为的严重程度进行相应的扣分。具体每种违规行为扣多少分,由于涉及太多,这里不详细描述。读者可以自行到淘宝网规则中进行查看。

2）严重违规行为处罚措施

作为卖家，除了要知道哪些行为属于严重违规行为外，还要知道行为处罚措施。淘宝网对会员的严重违规行为（除出售假冒商品外）可采取以下节点处理方式。

（1）会员严重违规扣分（除出售假冒商品外）累计达12分的，给予店铺屏蔽、限制发布商品、限制创建店铺、限制发送站内信、限制社区功能及公示警告7天的处理。

（2）会员严重违规扣分（除出售假冒商品外）累计达24分的，给予店铺屏蔽、下架店铺内所有商品、限制发布商品、限制创建店铺、限制发送站内信、限制社区功能及公示警告14天的处理。

（3）会员严重违规扣分（除出售假冒商品外）累计达36分的，给予关闭店铺、限制发送站内信、限制社区功能及公示警告21天的处理。

（4）会员严重违规扣分（除出售假冒商品外）累计达48分的，给予查封账户的处理。

会员因单次违规扣分较多，导致累计扣分满足多个节点处理条件的，或在违规处理期间又必须执行同类节点处理的，仅执行最重的节点处理。

通过对各家网上平台的比较发现，淘宝网对卖家发生严重违规行为的处罚是非常严重的，所以卖家应该清晰地知道自己什么行为可以做，什么行为不能做。

3．一般违规行为及处罚措施

1）一般违规行为

除了严重违规行为，淘宝网还定义了一般违规行为，虽然行为不是很严重，但是也属于卖家可能会经常犯的错误，内容如下。

（1）发布违禁信息。读者会发现严重违规行为也有此项，这是因为发布不同的禁售商品信息，淘宝网要看它的严重程度。

（2）滥发信息。这是跟比较多的卖家相关的一种一般违规行为。比如滥发其他人的品牌信息，夸大详情页的信息描述等。对于新手卖家来说，这是犯规比较多的行为之一。

（3）发布未经准入的商品。这是指会员未经淘宝网备案或审查，发布有准入要求的商品或信息。准入要求包括卖家准入要求和商品准入要求。

（4）虚假交易。这种行为就是通常所说的"刷单、补单"行为。虚假交易一直是线上电子商务不得不面对的行为。目前各种虚假交易行为层出不穷，如"拍A发B""全额返现"。这是卖家一定要避免的行为规则。

（5）描述不当。这是在很多行业都会出现的一种违规行为，如服装销售，宣传百分百纯棉，买家购买后却发现与宣传信息不符。

（6）违背承诺。这是指卖家未按照约定向买家提供承诺的服务，妨害买家权益的行为。违背承诺的行为，卖家须履行消费者保障服务规定的如实描述、赔付、退货、换货、维修服务等承诺；或卖家须按实际交易价款向买家或淘宝网提供发票；或卖家须向买家支付因违背发货时间承诺而产生的违约金。新手卖家经常会犯的错误就是对库存情况预估不足，出现买家下单后却没办法发货的现象。

（7）竞拍不买。主要针对的是买家，所以不多描述。

（8）骚扰他人。例如，当买家给出差评后产生的一系列骚扰行为。

（9）滥用会员权利。这是指会员滥用、恶意利用淘宝网所赋予的各项权利损害他人合法权益、妨害淘宝网运营秩序的行为。

（10）未依法公开或更新营业执照信息。这是淘系企业店和天猫店要注意的违规行为。

（11）不当使用他人权利。卖家在运营过程中总是会出现有意或者无意不正当使用他人权利的行为，如盗用他人图片或者使用未经授权的字体等，这也是很多卖家会违反的违规行为之一。

（12）发布混淆信息。这是指会员发布容易造成消费者混淆的信息的行为，如一个坚果卖家，发布商品时定义品牌为"三只大松鼠"。

（13）提供虚假凭证。这是指会员为牟取利益向淘宝网提供伪造、变造的资质证明材料的行为。

以上13种行为为淘宝网定义的一般违规行为，要谨记避免滥发信息、虚假交易、描述不当、违背承诺、不当使用他人权利、发布混淆信息等违规行为。在网店运营中总会不可避免地出现违规行为，但是读者需要知道一个度。

2）一般违规行为的处罚措施

一般违规行为和严重违规行为一样，也会根据行为的严重程度给予一定的扣分。那么发生违规行为后淘宝网会采取怎样的处罚措施呢？

淘宝网对会员的一般违规行为采取以下节点处理方式。

会员因一般违规行为，每扣12分即给予店铺屏蔽、限制发布商品及公示警告7天的处罚。一般违规行为和严重违规行为的处罚手段是不一样的，它们的区别主要体现在以下两个方面。

（1）严重违规行为最严重会导致查封账号，而一般违规行为最多给予店铺屏蔽处罚等。

（2）严重违规行为的处罚节点是12分、24分、36分、48分，而一般违规行为是12分。而且一般违规行为的节点分数没有累计上限，也就是说不会因为被扣了48分就被查封账号。

任务1.3 网店常用工具

网店运营中进行打折促销、客服管理、产品管理时，编辑都需要使用特定的工具来完成。本任务以淘宝平台作为操作案例，对淘宝网店常用工具如千牛工作台、淘宝助理、常用第三方工具，以及淘宝店铺后台管理进行简单介绍。

1.3.1 网店常用工具介绍

1. 千牛工作台

千牛工作台是集店铺后台管理和客服工作为一体的综合工具，主要功能包括店铺实时数据展示、卖家后台管理（包括店铺设置、商品管理、仓库中的宝贝管理、已卖出的宝贝管理等）、第三方软件接入使用（如客服绩效软件赤兔、直通车优化操作软件省油宝等）、客服接待等。千牛工作台分为计算机版（见图1-4）和手机版（见图1-5）两个版本。

项目1 网店运营与推广入门

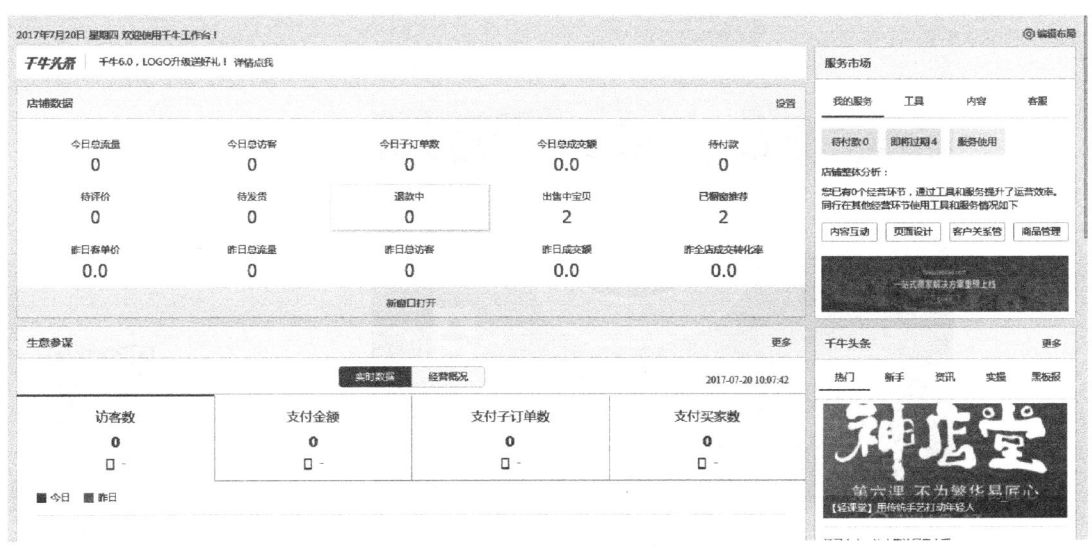

图 1-4 计算机版千牛工作台

图 1-5 手机版千牛工作台

阅读材料 1-1 千牛工作台的使用方法

2．淘宝助理

淘宝助理的主要功能是对店铺商品进行管理和编辑，以及店铺经营当中通过 ERP（进销存）与仓库发货等操作的对接，包括宝贝管理、交易管理、应用中心及我的助理四大功能模块，如图 1-6 所示。

11

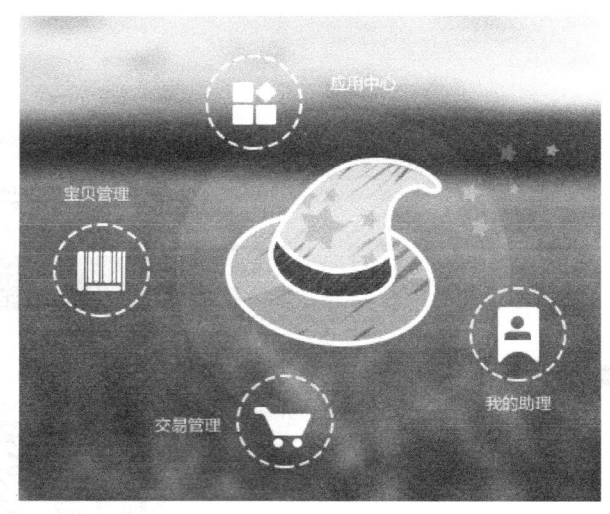

图 1-6　淘宝助理

阅读材料 1-2　淘宝助理使用方法

下面重点介绍宝贝管理功能和交易管理功能。

宝贝管理功能。淘宝助理编辑宝贝全部都在线下完成，也就是脱离店铺，独立完成编辑，只有当宝贝选择上传店铺的时候，才会发布到网店当中，并且每次淘宝助理关闭时都会对当前宝贝及店铺状态进行备份，随时可以恢复到宝贝被编辑前的状态。

交易管理功能。在这里可以看到当前店铺中订单的交易信息，常用的快递电子订单的打印，以及仓管系统的对接。使用淘宝助理能做到有效信息的同步更新，如买家买了店铺的宝贝后，仓库就知道该发什么货及买家的发货地址等信息，可以直接进行快递面单的打印。

淘宝助理也是 1688 代销买家最常用的工具之一，其中的数据包导入导出功能经常被使用。

3．常用第三方工具

为了简化日常运营工作，店铺经营中除了使用千牛工作台及淘宝助理工具以外，还会经常使用一些常用的第三方工具，这类工具在卖家服务市场中非常常见。一般来说，店铺运营中的第三方工具，分为流量、推广、管理、营销、客服工具、其他工具等几个大类。

下面简单介绍几种常用的工具。

超级店长是日常辅助用得最多的工具，主要功能包括标题优化、促销软件、差评拦截、防恶意购买等功能。

推广工具最常见的就是直通车优化工具，如省油宝、超级快车，这类工具把直通车操作中的一些常规操作通过软件技术自动完成，如修改价格、添加关键词、添加推广宝贝等，还可以进行日常优化操作，通过数据筛选对指定的关键词进行调整或增删。

阅读材料 1-3　超级店长的使用

客服工具常见的就是赤兔工具，主要用来监控客服数据及绩效管理。

管理工具最常见的是 ERP（进销存）管理软件，如管家婆网店版。

1.3.2　淘宝店铺后台管理

店铺卖家中心后台是店铺运营操作的主要场所。作为一个店铺的运营者，店铺卖家中心后台是必须熟悉的。考虑到本书针对的读者大多是运营新手或刚接触淘宝平台，所以对淘宝店铺的卖家后台页面功能进行简单介绍。

在淘宝网首页，单击"卖家中心"（见图1-7）直接进入卖家后台管理页面。

图1-7 卖家中心入口

进入卖家中心后，可以在卖家后台看到关于店铺的信息，包括店铺等级、经营状况、违规记录、订单信息等，如图1-8所示。

图1-8 淘宝网卖家中心

在卖家中心界面左侧快捷应用列表中，展示的应用链接都是日常店铺运营操作中需要使用的功能。

任务1.4 开通"羽我女装"店铺

1.4.1 网店开通的条件、步骤及注意事项

1. 网店开通的条件

尽管网上开店投资少、操作简单，但是也需要具备一些最基本的软件、硬件条件。

（1）基本要求是具备身份证、银行卡、手机号。根据淘宝网的规定，只要有一张年满18周岁的身份证，本人已经开通并能正常使用的两张银行卡，一个绑定银行卡的手机号就可开通网店。

（2）软件条件。用户需要掌握一些常用软件的使用方法。

（3）硬件条件。硬件条件就是指进行网上开店具备的场所及设备，如办公场所、计算机、网络、数码相机、手机、固定电话、传真机、打印机等，新手可以根据自己的实际情况有选择地进行准备。

2．网店开通的步骤

（1）淘宝网账号注册。设置用户名→填写账号信息→设置支付方式→注册成功。

（2）支付宝账号信息完善。支付宝账户登录→选择账户类型→设置个人信息→设置支付信息。

（3）支付宝账号实名认证。立即认证→身份信息验证（实名校验）→银行卡验证（实名认证）→证件审核（实名认证）。

（4）创建个人店铺。淘宝网首页卖家中心→免费开店→选择开店类型→同意开店须知→申请开店认证。

（5）店铺审核。身份认证界面立即认证→填写身份认证资料→店铺审核完成。

3．店铺开通的注意事项

（1）个人支付宝账户实名认证需要准备的资料，包括个人身份证、已经开通并能正常使用的银行卡和手机号码。

（2）银行卡必须是本人身份证开通的银行卡，手机号码必须是与银行卡绑定的号码，如果不清楚银行卡预留的手机号码，可以带身份证、银行卡到银行营业厅咨询办理。

（3）注册淘宝网账号的手机号码或者邮箱账号就是支付宝的账号，支付宝登录密码与淘宝网账号的登录密码一致。

（4）只有通过实名认证的个人支付宝账号才能用来开淘宝网店、使用支付宝余额支付等功能。

（5）支付宝的账号必须在15天内完成认证，逾期需要重新申请。

（6）店铺认证资料审核时间为48小时。

（7）牢记账号和密码，因为它们的使用频率非常高。

1.4.2　开通"羽我女装"店铺的步骤

1．淘宝网账号注册

（1）登录淘宝网（https://www.taobao.com），单击"免费注册"按钮，如图1-9所示，同意注册协议，打开账号注册页面。

（2）在账户注册页面上依照步骤（设置用户名→填写账号信息→设置支付方式→注册成功）完成淘宝网账号的注册，如图1-10所示，记住用户名和密码。

2．登录淘宝网账号

淘宝网首页有两个地方可以登录淘宝网账号，淘宝网首页的左上角和右上角靠下的位置，如图1-11所示。

项目1　网店运营与推广入门

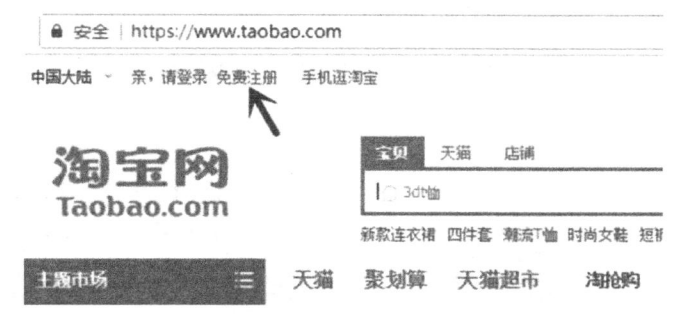

图1-9　淘宝网账号注册

图1-10　账号信息设置

图1-11　"淘宝网首页"登录界面

单击"登录"按钮后，在登录界面输入用户名、密码进行登录，如图1-12所示。当然，还可通过手机扫码、微博及支付宝等其他方式登录。

3. 个人支付宝账户实名认证

个人完成淘宝网账号注册之后，就需要对支付宝账号进行实名认证。支付宝账号实名认证分为三种：个人账户（中国大陆）、企业账户（中国大陆）和个人账户（港澳台/海外），本书只对个人账户（中国大陆）认证进行介绍。

认证操作步骤如下。

（1）打开支付宝登录界面（http://alipay.com），如图1-13

图1-12　用户登录

所示。

图 1-13　支付宝账户登录

（2）选择账户类型。在设置身份信息界面，选择"个人账户（中国大陆）"，如图 1-14 所示。

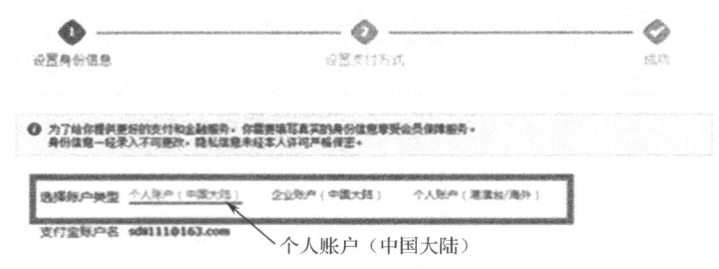

图 1-14　设置身份信息

（3）填写支付密码、设置身份信息，如图 1-15 所示。

图 1-15　设置支付密码及身份信息

（4）设置支付方式。填写完支付密码和身份信息后，单击"确定"按钮，进入"设置支付方式"界面，如图1-16所示。填写个人信息，单击"同意协议并确定"按钮，完成支付宝实名认证信息登记。

图1-16　设置支付方式

（5）支付宝实名认证。登记完支付宝实名认证信息后，就可以正常登录支付宝账号了。之前的操作只是填写实名认证信息，真正意义上的支付宝实名认证必须在登录后的界面上进行，包括身份信息验证（实名验证）、银行卡验证、证件审核三个步骤。

在支付宝首页登录后，在界面的左上角可以看到支付宝未认证状态，单击"未认证"按钮，如图1-17所示。

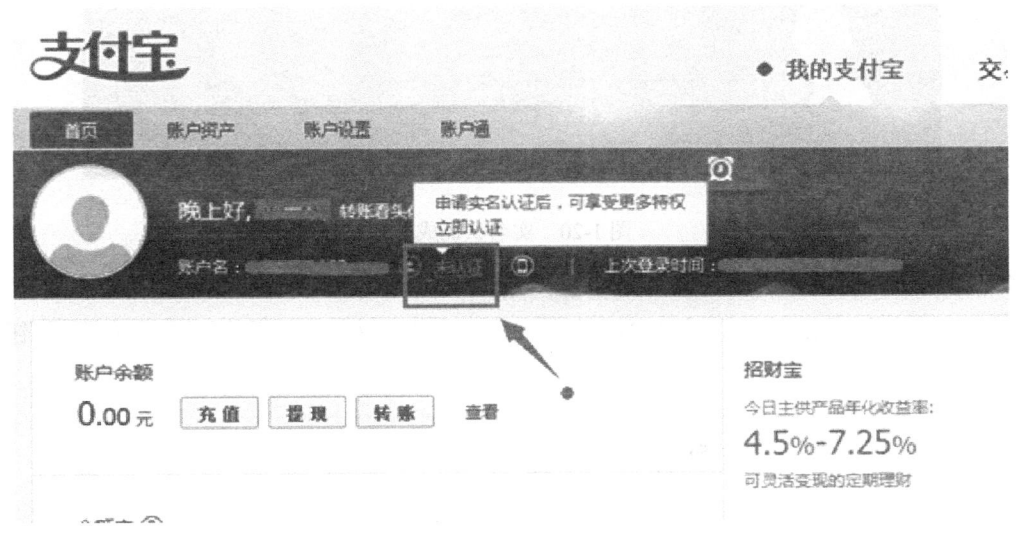

图1-17　支付宝账户认证信息

单击"立即认证（大陆）"按钮，如图1-18所示。

图 1-18　立即认证（大陆）

按照提示依次进行身份信息验证、银行卡验证及证件审核等步骤，如图 1-19 所示。

图 1-19　支付宝信息验证

完成支付宝账户实名认证后的界面如图 1-20 所示。需要注意的是，完成支付宝实名认证后的账号就有开通淘宝店铺、银行卡快捷支付、支付宝余额支付等功能了。

图 1-20　实名认证成功

4．创建个人店铺

（1）登录淘宝网账号以后，单击右上角的"卖家中心"按钮，再单击"免费开店"按钮，如图 1-21 所示。

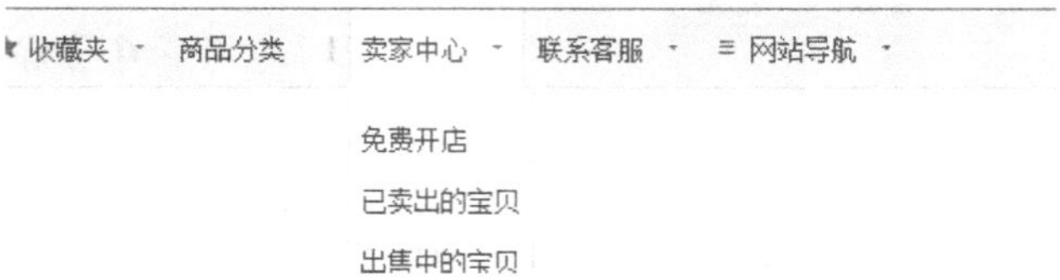

图 1-21　卖家中心

（2）在弹出的"免费开店"界面中，单击"创建个人店铺"按钮，如图 1-22 所示，阅读

项目1　网店运营与推广入门

开店须知并同意后，就可以申请开店认证。

图1-22　免费开店

（3）单击"立即认证"按钮，如图1-23所示。只有完成支付宝实名认证的账号才可进行淘宝网开店的认证操作。

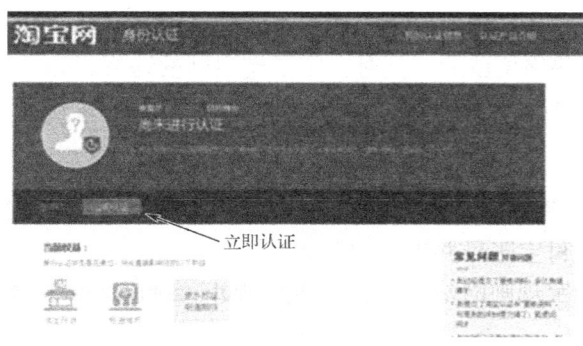

图1-23　身份认证

在弹出的"淘宝身份认证资料（中国大陆地区）"界面中，系统会根据你的网络安全做出推荐选择，即是计算机认证还是手机认证。根据要求填写和上传相关资料，如图1-24所示。

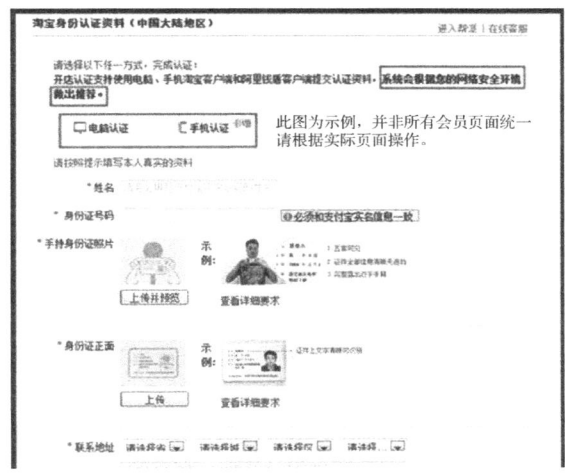

图1-24　淘宝身份认证资料（中国大陆地区）

19

淘宝身份认证资料填写完成后即可提交。提交后的界面如图1-25所示。

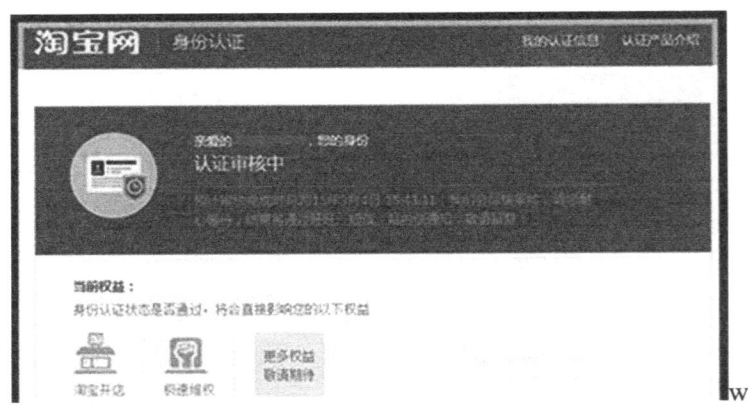

图1-25 认证审核

项目小结

本项目通过对电子商务运营的概述，使读者了解了电子商务运营与推广是什么，除了自己开网店，还可以到哪些岗位就业。同时介绍了淘宝网的违规行为及处罚措施、网店常用工具的运用和如何开通网店。

项目实训

【实训1】 通过本项目的学习，尝试自己申请一个淘宝网账号并进行实名认证。
【实训2】 申请支付宝账号并进行实名认证。
【实训3】 打开淘宝规则网站（网址：https://rule.taobao.com），学习网店运营规则。

项目 2
网店定位分析

项目概述

想要在淘宝网上开设网店,首先要思考三个问题:卖什么?卖给谁?卖多少钱?回答这三个问题的过程就是网店定位分析的过程。网店定位是网店运营的基础,准确的网店定位,利于有目的地备货、稳定和增进消费群体、加快品牌培养。

学习目标

知识 目标	了解网店定位的概念
	了解网店定位的三要素:产品定位、价格定位和消费群体定位
	了解网店货源找寻的方法
能力 目标	能够对自己的网店进行定位
	能够为自己的网店找到合适的货源

案例导入

通过项目 1 的学习,小王觉得自己适合从事网店运营的相关工作,已经学会并开通网上店铺,店铺名称为"羽我女装"。当他打开自己店铺的时候,发现里面什么都没有。他认为首先要解决的问题是如何给自己的店铺定位,卖什么产品比较合适,女装卖多少钱消费者更容易接受。

项目实施

任务 2.1 网店定位

2.1.1 网店定位概述

1. 网店定位的概念

网店定位是指一个网店重点针对某类客户群体销售产品,包括产品定位、价格定位和消费群体定位。例如减肥药,主要针对的是肥胖人群,并且是想减肥者。网店定位也是做好网店运营的第一步。

2．网店定位的步骤

网店定位分为以下几个步骤。

（1）前期调研。前期通过上网搜集信息，了解产品的行业信息及市场情况。

（2）网店定位分析。通过网店定位分析，对网店的产品、价格及人群进行精准定位。

（3）货源找寻。通过货源渠道，找到适合自己店铺的货源。

（4）比较同类定位的网店。通过对比，分析竞争对手的网店，看清自己的优势。

（5）确定网店定位。综合分析各方面调查的结论，给自己的店铺确定一个最终的市场定位。例如，卖家有物美价廉的进货渠道（折扣优势），经营的商品知名度高（名牌优势），消费者对该商品的购买意向明确（消费者优势），而竞争者普遍交易有限（竞争对手对比优势），在这种情况下，卖家便可以把自己的网店定位为品牌折扣店。

3．网店定位原则

网店定位应遵循以下原则。

（1）兴趣原则。挖掘自己的兴趣，在考虑网店卖什么产品的时候，通常以自己的兴趣爱好为出发点，你喜欢什么产品，就可以卖什么产品。

（2）产品导向原则。以你所喜欢的产品为导向，找出该产品的目标人群及价格区间，从而对网店进行整体定位。

（3）消费者导向原则。这一原则是对前两条原则的补充。有时候，客户感兴趣的产品可能在市场上需求并不是太大，这时，需要网店经营者对产品进行调整，可以选择市场上需求量较大且自己不讨厌的产品作为网店的选品。

2.1.2 网店类目选择——开设"小而美"店铺

我国电子商务行业一直坚守以规模至上的理念，似乎只有通过不断的价格战和规模战才能占领市场，这种主流的思维提倡大而全的激进增长，忽视了由众多中小卖家构成的多样性。

树大招风的道理谁都懂，自有品牌扩张的步伐过大，会导致品牌定位模糊，破坏之前的聚焦优势。品牌种类越多，网店成本就越大，负担也越重，一旦遇到危机，也不容易渡过。但是如果你足够聚焦、足够灵活，在遇到问题和风险的时候，就可以快速做出调整，这就是"小而美"店铺的优势。

马云说："未来世界，因小而美。"那么，"小而美"到底是什么呢？"小"就是精准的市场定位、品牌定位和人群定位。"美"是细节之处能让用户感动，经营方式有新意，追求极致，产品、营销、服务等多维度打造最佳用户体验。简而言之，"小而美"就是类目细分、专业、有特色，就是定位一个品类的产品圈住精准人群，提高转化排名。转化率高，流量自然也会大，那么店铺自然而然就做起来了。

那么，如何定位"小而美"的店铺呢？

（1）明确定位，细分市场。对于"小而美"的店铺来说，不一定能兼顾每个用户的感受，但是培养出一批愿意发声的用户，必然会让更多用户感受到品牌对服务的重视。所以"小而美"店铺卖家的用户群可能不大，但是却很固定，有源源不断的老用户回头来重复消费。因此，做"小而美"店铺的第一步是要明确定位，找到细分市场。

（2）找到属于自己的"标签"。作为刚起步的卖家，不要总是想着打造爆款来打败其他卖家，这是不现实的，必须有自己的特色，找到自己喜欢也适合自己的风格，也就是标签。标签不等于定位,标签是对定位的提炼,适合传播,并且越精准越有效。例如做女装,告诉买家自己做的是日本涩谷风比仅仅说是日韩风就显得更专业;棉麻文艺风比棉麻风听起来更高端。

(3)做好产品和服务。做好产品和服务,是提炼内功的问题,除了产品要有特色,质量过硬之外,还要完善供应链,做好产品规划、团队管理、营销推广、仓储物流、老顾客维系等,尤其是个性化服务要做好。服务不一定要花哨,但要人性化。例如,一家卖眼部护理产品的店铺,客服对于黑眼圈有几种,每种产品针对哪种黑眼圈都应非常清楚,通过和买家沟通后,确定这个买家是什么类型的黑眼圈,有针对性地推荐产品给买家使用。这样除了可以赢得买家的好感以外,也是减少中差评的好办法。

(4)坚持做到极致。"小而美"店铺的胜利,是专注于极致的胜利,极致就是将细分行业做深、做透。赫本的小黑裙怎么不加个领子?iPhone怎么就一个按钮?爱马仕怎么不加点水晶?这就是极致。

下面可以通过一些例子来看看什么是"小而美"的店铺,什么是非"小而美"的店铺。

"小而美"的店铺,如图2-1和图2-2所示,该店品类单一、产品专业、有特色,只做自制原创的唯美女装。

图2-1 淘宝网某家"小而美"店铺1

图2-2 淘宝网某家"小而美"店铺2

非"小而美"的店铺，如图 2-3 和图 2-4 所示，同样是卖女装，这家店销售的品类多（女装、鞋子和童装等），产品繁杂，俨然是一个杂货店。

图 2-3　淘宝网某家非"小而美"店铺 1

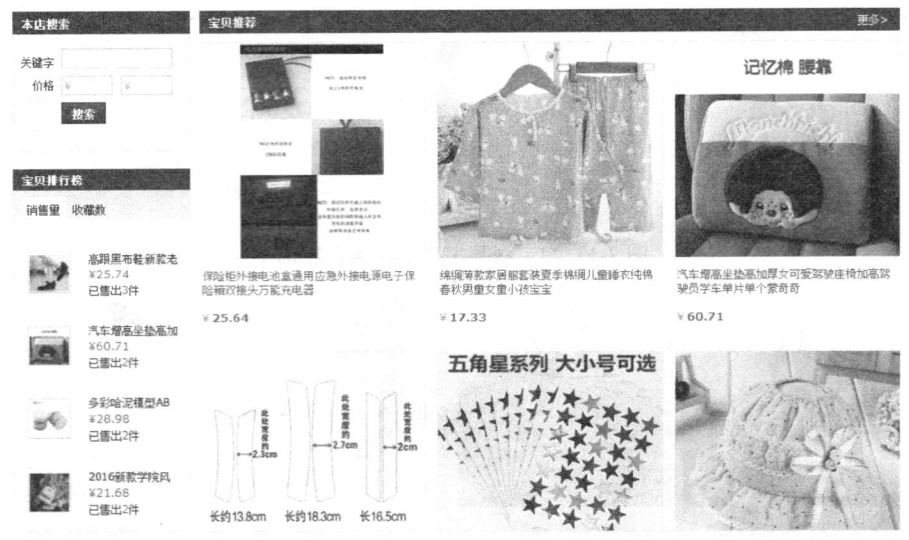

图 2-4　淘宝网某家非"小而美"店铺 2

2.1.3　网店风格定位

1. 网店风格的定义

什么是网店的风格呢？网店风格是指网店界面带给顾客的直观感受，顾客在浏览的过程中所感受到的店主品位、艺术气氛、人的心境等。

网店风格由你的产品和定位来决定，它体现着你的格调。风格定位的基本原则是色彩搭配要符合整个店铺的主题，能够体现店铺的品牌文化及形象，便于顾客记忆，尽量用图文来展示说明。

2. 常见网店风格的分类

一个网店需要什么样的风格，是由该网店所销售的产品决定的。我们不能要求自己的网店做得十全十美，即使面向的消费人群是一小部分群体，也不可能让所有的人都满意。因此，网店店铺风格定位的标准，就是选择适合自己网店的风格。那么，如何选择呢？下面简单介绍一下这几种店铺风格的特点。

1）简约风店铺风格

简约风店铺的色调以本色为主，装修比较简单，注重细节的处理；注重文字内容的组织，重点突出、言简意赅；保持设计风格的一致性，特别是促销区、栏目区、招牌区及销售商品属性之间的风格，应该尽量统一。简单的设计风格和文字内容的完美结合，给人自然、随性和一目了然的感觉。典型的简约风店铺风格如图 2-5 所示。

图 2-5　简约风店铺风格

2）欧美风店铺风格

欧美风店铺风格的特点是随性、简单、抽象、明快等。网店的商品模特儿通常以欧美的模特儿为主，背景音乐选择欧美风的歌曲。图 2-6 所示的店铺是典型的欧美风店铺——随性、简单，主色调是当下流行的明黄色暖色调，让人看了有一种秋日午后的温和感，最大的亮点就是欧美风格的模特儿图。

图 2-6　欧美风店铺风格

3）清新文艺风店铺风格

清新文艺风店铺风格装修色调上忌用亮色，多用素色，特点是小众一点、小资一点，多分享一些生活感悟，符合一个文艺青年特质。图2-7所示的店铺是典型的清新文艺风店铺，主色调是素色，选用的模特儿体现文艺青年的特点：海魂衫、小众知性、复古范儿。

图2-7 清新文艺风店铺风格

4）搞怪风店铺风格

搞怪风店铺风格的特点主要是不走寻常路，以黑色粗体的手写文字和搞笑插图为基调，将搞怪路线进行到底，给人强烈的视觉冲击。图2-8所示的店铺主要是以搞笑插图为基调，文字和图片强调视觉冲击。

图2-8 搞怪风店铺风格

2.1.4 网店产品定位

网店产品定位是指确定网店产品在顾客或消费者心目中的形象和地位。这种形象和地位应该是与众不同的，其本质就是强化或放大某些产品属性，突出产品的差别优势，为消费者提供购买理由。

1. 产品定位方法

1）产品特点差异定位法

产品本身有很多的特点可以去提炼卖点，比如产品的功能、颜色、大小、形状、包装、味道等，这些都可成为卖家能够突破的点，进而形成相对竞争优势。比如同样卖枸杞，别人卖的都是 500 克甚至 1 000 克的大包装，告诉消费者这个枸杞可泡水喝或者熬粥、熬汤。如果把枸杞做成小包装（像茶叶包一样），告诉消费者每个小包装的枸杞既可以当零食吃，也可以泡水喝（每次一袋），如图 2-9 所示，这就形成了差异化卖点。再比如大家都知道带字苹果，这种苹果比一般的苹果售价高很多，而实际上这种带字苹果做出来的成本很低，如图 2-10 所示，这是靠改变产品的外表而形成的差异化卖点。

图 2-9 小包装的枸杞

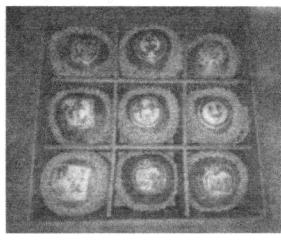

图 2-10 带字苹果

2）针对特定竞争者定位法

针对特定竞争者定位法首先需要了解最直接的竞争对手是谁，找到销量最好、价位最接近、风格最接近的竞争者后，查看该店铺销量最好的产品的商品评价，找出该产品最大的缺点，将对手的产品缺点变为自己产品的优点，快速形成自己店铺的优势产品。例如，某款连衣裙在竞争对手的店铺卖得非常好，如图 2-11 所示，打开这个宝贝的详情页，看累计评价详情，产品缺点一般都会在累计评价详情中体现出来，如图 2-12 所示，该连衣裙的评价都是说质量好、款式好，唯独不好的是颜色一般，那么就可以针对竞争对手的这一弱点，定位自己的产品，挑选比竞争对手更有吸引力的颜色生产同款产品。

图 2-11　某款连衣裙

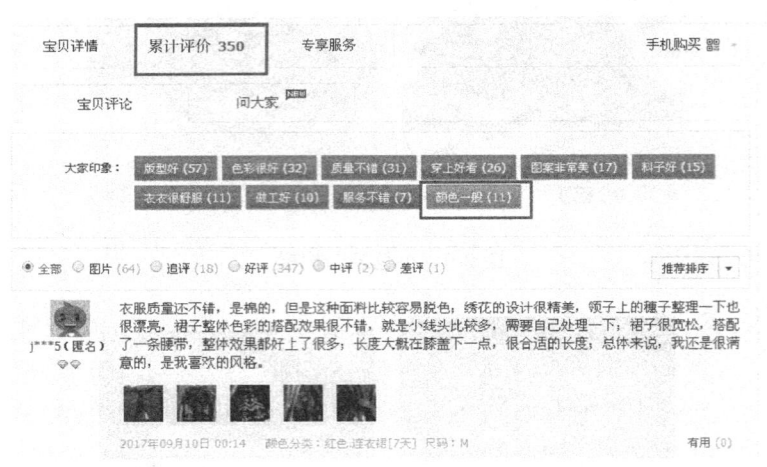

图 2-12　某款连衣裙的评价

3）目标消费者定位法

目标消费者定位法就是找到目标消费者关注的焦点，根据消费者的关注点来定位自己的产品。那么，从哪里才能知道消费者购买商品时所关注的焦点呢？宝贝详情页中"问大家"可以帮你解决这个问题。找到一款产品，打开这个宝贝的详情页，页面累计评价的下方有"问大家"功能菜单，在这里可以看到目标消费者所关注的焦点。仍以图 2-11 所示的连衣裙为例，"问大家"里显示目标消费者关注最多的问题是衣服的颜色是否偏暗，如图 2-13 所示，而且发现很多消费者评价该款衣服的颜色确实偏暗，因此可以此作为切入点，从目标消费者所关注的焦点中找到自己需要定位的产品。

4）产品独特性定位法

产品独特性定位法需要根据产品的特点，创造出一种独特的概念，帮助卖家形成相对的竞争优势。当然，这种独特概念的创造就需要卖家有比较好的思维能力和创新能力。这种定位方法与前面几种方法相比更加困难，而且在淘宝网店，没有永久的绝对竞争优势，只要你的产品概念好、有市场，很快就有人去复制。就像前面提到的枸杞一样，一旦小包装市场销量好，就会有很多这种小包装的枸杞进入市场。

项目 2　网店定位分析

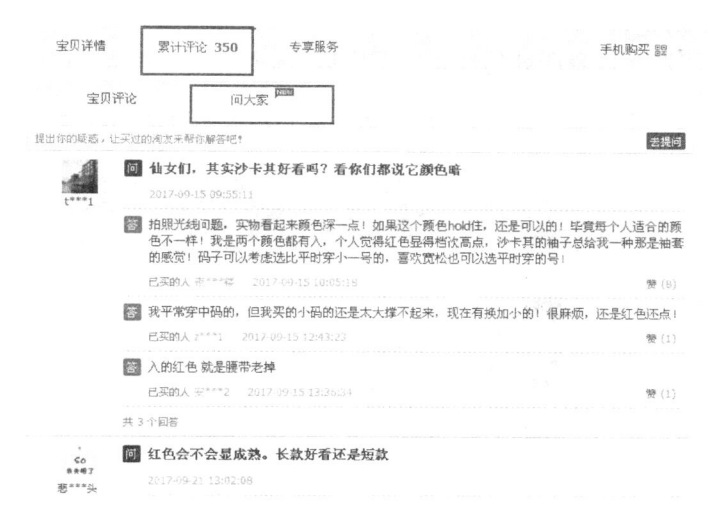

图 2-13　某款连衣裙"问大家"中的内容

5）切入单一属性定位法

切入单一属性定位法（做"小而美"的店铺）就是只选择一个很小的细分市场，只服务于某类细分的人群，然后用心去研究这类人群的个性化特点，全方位地去满足他们。最典型的例子就是专做大码女装的店铺，这种店铺的顾客黏性大，老顾客回购率、满意度都是非常高的。

2．网店产品定位的基本类型

根据网店产品定位的方法，可以把网店产品定位分为以下几个类型。

1）价格优势定位

价格优势即可以利用自身产品的进货渠道优势，为店铺选择物美价廉的产品，让自己的产品有较高的价格竞争力。例如靠近广州、义乌小商品批发市场的卖家，就具备价格优势的条件，能更方便地为自己的店铺寻找物美价廉的产品。

2）品牌优势定位

品牌优势即可以选择销售一些有一定知名度的品牌产品。例如，可以开设品牌折扣店、品牌代购店等。图 2-14 所示为某一品牌折扣店，店铺销售的都是知名品牌的产品。

图 2-14　某品牌折扣店销售的产品

3）特色产品优势定位

特色产品优势即针对自身所处的地理位置优势，选择本地一些特色产品进行销售。图 2-15 所示为销售某地特色产品的店铺。

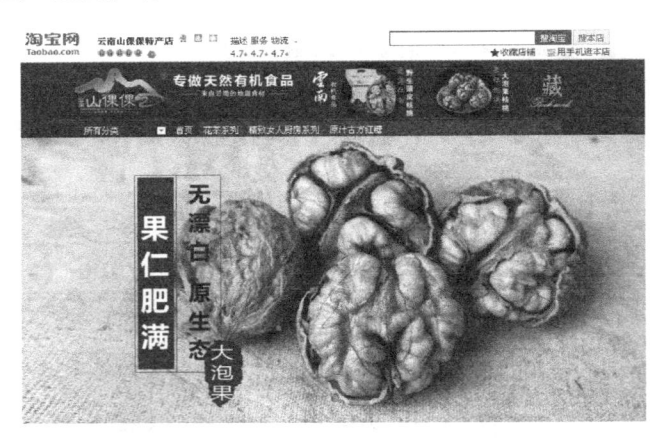

图 2-15　销售某地特色产品的店铺

4）消费者优势定位

消费者优势主要针对某一特殊喜好的消费人群。图 2-16 所示店铺的目标消费人群为一群喜欢漫画和 cosplay（角色扮演）的年轻人。

图 2-16　某一特殊偏好消费人群的店铺

3．网店产品定位注意事项

1）无定位

卖家根据自己的喜好选择产品，把自己喜欢的都拿来卖，类似于杂货店，不能给买家一种专业卖家的感觉，也不能在买家心里留下鲜明的印象，导致产品形象不清晰。作为新手卖家，只有将网店的产品做好定位，突出不同于一般的产品特色，才能树立与竞争者不同的产品形象。

阅读材料 2-1　产品定位五步法

2）定位特色不准确

卖家所突出的定位特色不具有竞争优势。在产品定位中所强调的定位特色最好是独一无二的，只有这样，才能突出本网店产品的优势，才能吸引顾客购买。

3)所突出的定位特色不具有促销力

在产品定位中,所强调的定位特色应该是顾客购买产品时较为关注和看重的。但有些卖家简单地认为确定定位特色就是找卖点,在没弄清楚目标顾客购买产品时主要考虑哪些因素的基础上,想当然地确定卖点,结果产品的卖点与顾客的买点不相符,导致网店的定位特色不具有促销力。

2.1.5 产品价格定位

产品定价是一项比较困难的工作,价格定得过高会失去很多潜在的客户,价格定得过低则会减少利润,甚至造成收支难以平衡,而且过低的价格还有可能在行业内掀起价格大战,形成恶性的市场竞争。作为淘宝网新手卖家,如何对产品进行合理的定价呢?

首先,要保证卖家自己的利润点,定价时要考虑商品的成本、费用和预期利润。作为新手卖家,在对店铺产品进行定价的时候,不能定太高,也不能定太低,定好的价格不要轻易改变。其次,包含运费之后的价格应该略低于市面上同类产品的价格,如市面上 iPhone 8 手机价格是 6 000 元,那么网店销售同款产品时价格可以定为 5 980 元。最后,可以对产品定价采用拉开档次的策略,既有高价位产品,也有低价位产品。有时为了吸引消费者眼球,增加人气,还可以将一两款商品按成本价出售。如果不确定商品的网上定价情况,可以利用淘宝网的价格区间和行业价格分布来确定自己的定价区间,再根据自身产品的成本费用确定最终的价格。

1. 产品定价方法

在为产品进行定价时,应该遵循成本与价格相匹配的原则。商品的成本加上费用、预期利润等项,就构成了商品的价格,这是产品定价的总原则。只有在考虑产品的生产成本、机会成本、销售成本、储运成本等基本定价因素的基础上,结合网店经营的多种因素,运用合适的产品定价方法,才能制定出合理的产品价格。产品的定价方法主要有以下几种。

1)产品组合定价

产品组合定价是把网店里相互关联的产品组合起来进行定价,组合中的产品往往属于同一个商品大类,如女装,有上衣、裤子、连衣裙、套装等几个品类,可以把这些商品品类组合在一起定价。这些商品品类的成本差异,以及客户对这些产品的不同评价,再加上竞争者的产品价格等一系列因素,决定了这些产品的组合定价。因此,产品组合定价可以采用以下定价方式。

(1)连带产品定价策略。针对这类产品定价时,有意识地降低了连带产品中购买次数少、顾客对降价比较敏感的产品价格,如笔记本电脑的价格。提高连带产品中消耗较大、需要多次重复购买、顾客对价格提高反应不太敏感的产品价格,如与笔记本电脑配套使用的无线鼠标的价格。

(2)系列产品定价策略。对于既可以单个购买又能配套购买的系列产品,实行成套购买价格优惠的定价策略。由于成套销售可以节省流通费用,而减价优惠可以扩大销售,这样,流通速度和资金周转速度就能大大加快,有利于提高店铺的经济效益。

2)薄利多销定价

网上顾客一般在多个购物网站对比过同样产品的价格,价格是否便宜是影响顾客下单的重要因素之一。那么,如何制定出既有利可图又有竞争力的价格?薄利多销定价策略是一个不错的选择。对于一些社会需求量大、资源有保证的商品，适合采用薄利多销的定价方法。这时要有意识地压低单位利润水平，以相对低廉的价格，扩大和提高市场占有率，争取实现长时间盈利的目标。

3）折扣定价

折扣定价方法在产品定价中经常使用，可以分为数量折扣定价和心理性折扣定价两种。

（1）数量折扣定价。数量折扣是指对购买产品数量达到一定数额的顾客给予折扣，购买的数量越大，折扣也就越多。采用数量折扣定价可以降低产品的单位成本，加速资金周转。数量折扣有累计数量折扣和一次性数量折扣两种形式。累计数量折扣是指一定时期内购买的累计总额达到一定数量时，按总量给予的一定折扣，比如常说的会员价格；一次性数量折扣是按一次购买数量的多少而给予的折扣。

（2）心理性折扣定价。当某类产品的相关信息不被顾客所了解，商品市场接受程度较低，或者商品库存增加、销路又不太好的时候，可以采用心理性折扣定价策略。因为消费者都有喜欢折扣价、优惠价和处理价的心理，只要采取降价的促销手段，这些商品就有可能在众多的商品中脱颖而出，吸引消费者的眼球，大大增加成交的机会。

2．淘宝产品定价技巧

对于在淘宝网上销售的产品，可以通过淘宝网的价格区间、行业价格分布来对要销售的产品进行价格分析。

1）通过淘宝网的价格区间来定价

淘宝网价格区间是在搜索某类宝贝的时候，这类宝贝在淘宝网上的售价范围。可以通过一个例子来介绍如何通过淘宝网价格区间对自己店铺的产品进行价格定位。

首先，打开淘宝网首页，假设商家要卖的产品是女式衬衫，在搜索栏输入关键词"女式衬衫"，价格区间设在 0～61 元，如图 2-17 所示，单击"搜索"按钮。

图 2-17 搜索"女式衬衫"的价格区间

在搜索结果列表中，将鼠标移向价格柱形图处，可以查看用户喜欢的价位占比，如图 2-18 所示。从统计的数据中可以看到用户对女式衬衫价格的喜欢程度：价格为 0～61 元，31%的用户喜欢；价格为 61～124 元，42%的用户喜欢；价格为 124～395 元，24%的用户喜欢；价格在 395 元以上，3%的用户喜欢。从上面的数据不难看出，女式衬衫价格为 61～124 元比较受欢迎，因此可以把产品价格定位在 61～124 元。

项目 2　网店定位分析

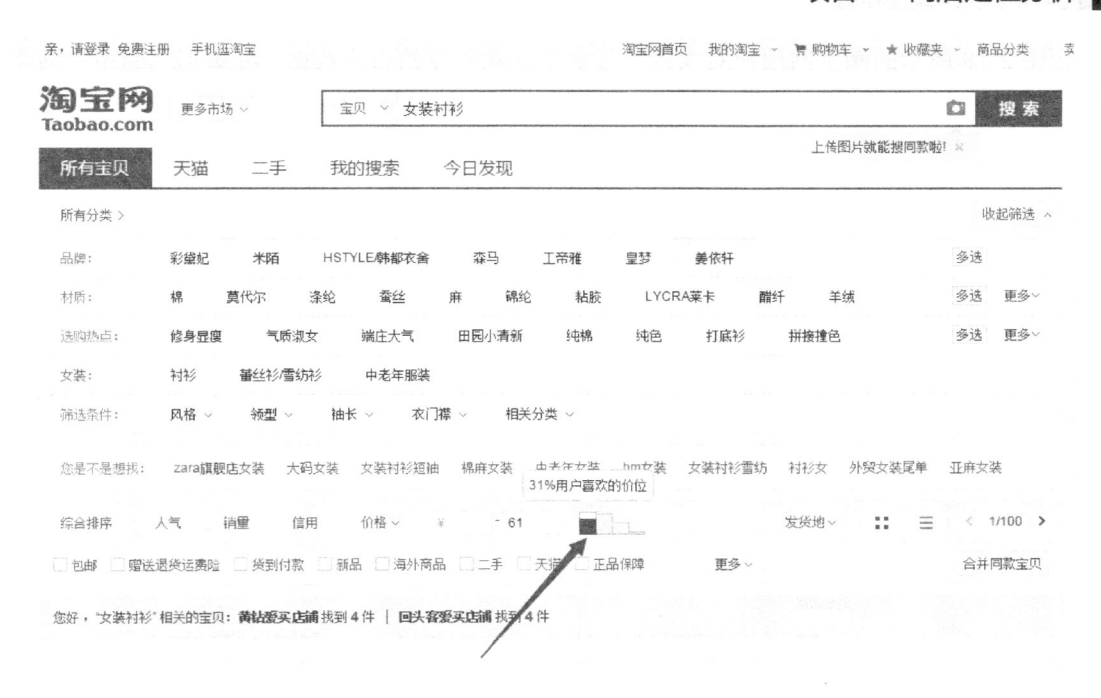

图 2-18　用户喜欢的价位占比

2）通过行业价格分布来定价

通过淘网宝的价格区间，可以定位自己网店产品的价格区间，但是如果需要定位具体的价格，就要对某一价格区间的搜索结果进行分析，找出在这一价格区间里销量较好的产品的定价作为参考。这个方法比较复杂，我们可以通过行业价格分布更快地定位自己产品的价格。

通过阿里指数，可以很清楚地知道某类商品的行业价格分布，由此可以更准确地对自己的网店产品进行价格定位。

下面还是以女式衬衫为例，进入阿里指数（https://index.1688.com/），输入关键词"女式衬衫"进行搜索，搜索结果如图 2-19 所示。

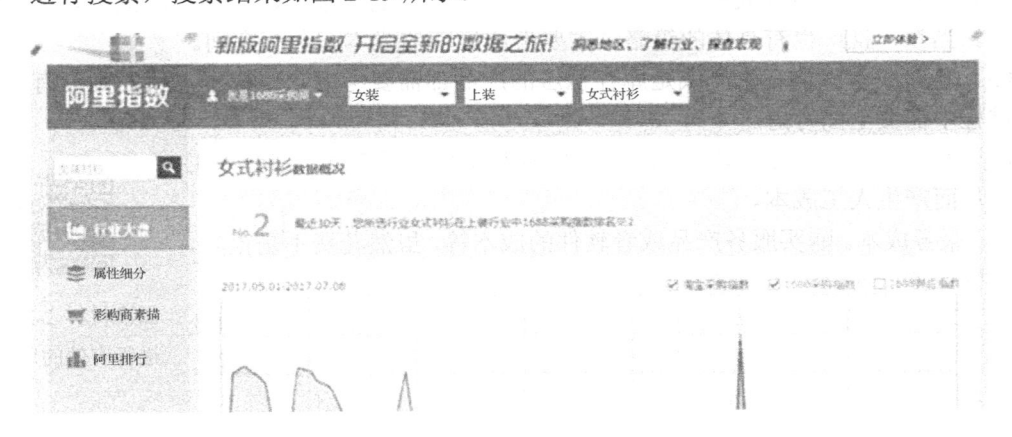

图 2-19　"女式衬衫"的阿里指数

单击"属性细分"项，可以查看到女式衬衫的行业价格区间，如图 2-20 所示。数据显示，最近 30 天，1688 市场的女式衬衫行业，买家浏览最多的商品价格带为 42～61.7 元，采购最多的商品价格带为 42～61.7 元，由此可以得出，女式衬衫行业的合理价格区间为 42～61.7 元。

结合图 2-18 所示的淘宝网用户对女式衬衫价格喜欢程度的占比数据，可知 42%的用户喜欢的价格区间是 61～124 元。因此，可以将自己网店的产品价格定在 61～124 元。

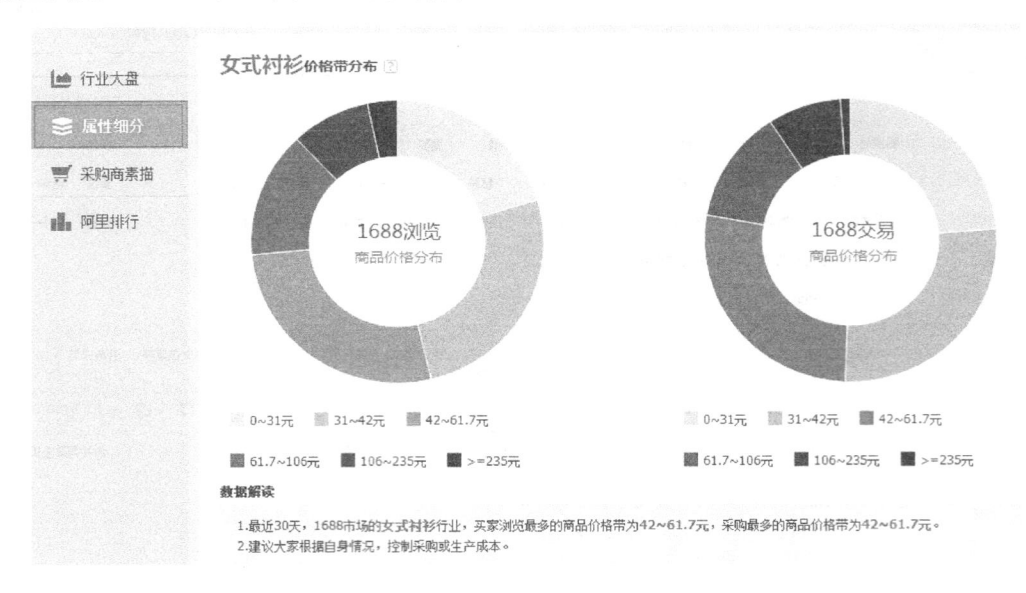

图 2-20　女式衬衫的行业价格区间

3．影响产品定价的因素

通过淘宝网的价格区间及行业价格分布的分析，选定了合适的价格区间之后，就要针对具体的产品给出合理的价格，合理的定价还应考虑以下几个因素。

（1）产品成本。产品成本是指进货成本或者生产成本。

（2）运费成本。如果产品包邮，在设置价格的时候就需要加上运费。

（3）促销成本。店铺促销活动也会使成本增加。例如赠品的成本，满减的金额、赠品，以及包邮带来的运费成本等。

（4）推广成本。很多人都没有考虑到这一点。如今的淘宝网，想不推广就可以运营好店铺很难。当然，推广也有具体的策略，需要考虑推广的成本和利润空间。

（5）仓储成本。自有生产或是库存积压的产品都需要考虑仓储成本，代发则没有。实际定价过程中需要全面考虑。

（6）人工成本。在实际运营过程中，会因为各种原因支付一部分人工费用，从而产生人工成本。

（7）服务成本。购买服务产品或者软件的成本等，虽然花费不是很多，但也需要计算在内。

（8）不可控成本。在实际情况中，可能会产生额外的成本，如处理产品质量问题、处理顾客的反馈意见、安抚顾客等额外开支的费用，对于这些不可控的成本要作预估，并留有一定空间。

阅读材料 2-2　如何进行有效的定价？

2.1.6　产品人群定位

网店产品、价格定位之后，面临的最大问题就是把产品卖给"谁"，也就是确定目标客户群体的问题。市场之大，消费者何其众也。因此，在确定目标客户群体的时候，首先要针对所有的客户进行初步判别和确认，可以从人群身份、年龄、消费水平等方面进行分析。

1. 人群身份

每个进店浏览的人都有一个特定的身份，如学生、白领、上班族、企业家等，这些身份标签的背后都有对应的年龄段。

2. 人群年龄

对于人群的年龄，淘宝网进行了年龄阶段的划分，如图2-21所示。

图2-21 淘宝网对人群年龄阶段进行的划分

淘宝网年龄阶段划分标准：18～24岁，小年轻；25～29岁，青年；30～34岁，青壮年；35～39岁，中青年；40～49岁，中年；大于50岁，中老年。

不同的人群身份对应不同的年龄阶段，不同的年龄阶段对应不同的消费水平。

3. 人群消费水平

人群中，不同年龄的消费水平不一样，所需要的产品也就不一样，每个进店消费人群都有自己的心理消费价位。因此，运营前期不要设置差距太大的价格区间，以免客户流失。例如，一个店铺有10个宝贝，定位的人群年龄区间是25～29岁，如果你的定价有几十元的、100多元的、200多元的、300多元的……这样的价格定位就容易导致客户流失。

阅读材料2-3 精确锁定目标顾客人群的定位

任务2.2 网店货源

对于新手卖家来说，货源的存在是网店存在的关键。因此，货源的寻找就显得十分重要。那么，如何快、准、狠地找到货源呢？

2.2.1 网店货源渠道

作为新手卖家，可以通过以下渠道选择货源。

（1）线上渠道：天猫供销平台、阿里巴巴批发网。

（2）线下渠道：生产厂家、产业带/批发市场、个体户/农户。

（3）自身渠道：自制手工品。

我们可以通过表2-1来分析这几种进货渠道的优缺点。

表2-1 进货渠道的优缺点对比分析

渠道分类	进货渠道	优点	缺点
线上渠道	天猫供销平台	商品的品牌价值高，店铺的专业形象好	对店铺有要求，途径稀少，较难获得货源
	阿里巴巴（www.1688.com）	一手货源，进价较低，供货稳定	质量不好把握，对时间和数量有要求
线下渠道	生产厂家	货源丰富，途径便捷，支付方便，信用有保证	有量的要求，商品质量不好把握
	产业带、批发市场	货品丰富，质量有保证	耗费时间、人力
	个体户、农户	一手货源价格，接地气，可以进行差异化营销	需要有一定的人脉
自身渠道	自制手工品	自产自销，货源不受外界因素影响	对个人的技能要求高，不是人人都可以做的

新手卖家可以根据自身网店的定位及所处的位置选择合适的进货渠道，建议以线上和线下渠道相结合的方式作为店铺的进货渠道。

2.2.2 网店货源的选择方法

选择了进货渠道之后，怎样找到适合自己的进货商家呢？有什么标准？以线上进货渠道为例，可以通过正向选择和反向选择两种方法，对进货商家进行选择。

1. 正向选择

正向选择，即首先在阿里巴巴上寻找和选择商家，然后确定该产品是否好卖。

1）寻找商家

寻找商家，可以通过以下方法。

（1）关键词查找。

（2）类目查找。

（3）源头好货：产业带所在的源头。

（4）甄选好货：经过各方面质检，产品质量有保障，但是种类比较少。

（5）新品快定：面向设计师集群和有格调的商家。

2）选择商家

选择商家，可以通过下列方法。

（1）看商家实力店铺首页是否有金牛标签。

（2）看发货速度、旺旺响应速度、货描相符、诚信通年份是否高于行业的平均水平。

（3）看售后保障信息是否齐全（保证金、质量保证、发货保障和换货保障）。

（4）看整个店铺风格是否与产品定位一致。

3）评价选款

确定所选商家之后，评价选款。

（1）在阿里巴巴商家的店铺找到一款产品，保存该产品的图片。

（2）进入淘宝网站，在搜索栏中单击"相机"图标。

（3）上传刚刚保存的商品图片，搜索外观相似的宝贝。

（4）通过对比，看淘宝网店铺里面的宝贝跟阿里巴巴店铺里的宝贝是不是一样——主要对比价格、主图详情，如果与其合作有没有优势。

（5）最后拍下一件样品，判断这款产品的质量。

2．反向选择

反向选择，即在淘宝网上寻找已经被验证为畅销的产品，然后找到其进货渠道。反向选择的步骤分为以下几步。

1）如何找款

（1）进入淘宝网首页，输入关键字"女装"，勾选新品，按销量排序，搜索结果如图2-22所示。

图 2-22　淘宝网搜索"女装"新品

（2）找到近期新品上架卖得好的宝贝，单击打开详情页面，如图2-23所示。

2）如何评价这款产品

（1）观察热卖宝贝的月销量、收藏量及累计评价，收藏人气与月销量的比值在 5～10 之间说明是真实交易，好卖，是潜力款。此外，评价数量与月销量的差距越大越好。

（2）找同款。同种商品的卖家数量不要太多，不同价位都要有销量。图 2-24 和图 2-25 所示的是一款相同产品的不同卖家，该款热销产品同款只有一家，价格一样，销量也相当。说明这款产品市场竞争力比较小，价格为 59 元是比较畅销的。

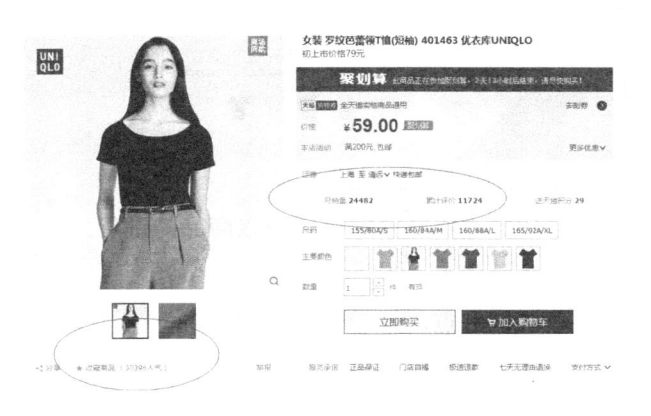

图 2-23　某款畅销女装　　　　图 2-24　某款热销产品

图 2-25 热销产品的同款产品

3）如何找热销款的货源

（1）在 360 浏览器的扩展中心，安装"淘货源"插件，如图 2-26 所示。

图 2-26 "淘货源"图标

（2）安装插件后，登录卖家账号，找到图 2-24 所示的那款产品，单击进入网页，如图 2-27 所示，图中显示同款商品的货源为 300 件。

图 2-27 某畅销款产品的货源

（3）浏览产品的进货渠道，选出合适的进货商家即可完成该商品的进货。

3．货源选择注意事项

在网店货源的找寻过程中，要注意以下几点。

（1）线下选择距离近的货源，可以很好地把控品质和供应链。

（2）一手货源更有价格优势，更容易直接了解产品。

（3）线下的货源便于做宝贝策划，打造差异化的产品。

（4）选择大于努力，建议多选、多比较，不要太草率。

项目 2　网店定位分析

任务 2.3　"羽我女装"店铺定位及货源选择

1. 店铺定位

（1）网店类目为韩版女装。

（2）风格定位为清新简约风格。

（3）产品定位为特色产品，主要销售的是时尚韩版女装。

（4）价格定位主要采用产品定价法，在综合考虑产品成本、运费成本和促销成本的基础上，制定出合理的产品价格。

（5）人群定位为 20～29 岁的小年轻及青年。

2. 货源选择

（1）利用线上加线下货源渠道进行选择。

（2）运用正向选择法选择货源，步骤如下。

① 在阿里巴巴搜索栏输入关键字"韩版女装"，单击"搜索"按钮，搜索结果如图 2-28 和图 2-29 所示。

② 选择其中一个商家，如图 2-30～图 2-32 所示，该商家是实力商家，且发货速度、旺旺响应速度、货描相符均高于行业平均水平。另外，该商家是 8 年的诚信通，信用级别比较高。最后看整体的店铺风格是清新简约风，比较符合自身店铺的定位，因此确定从这家进货。

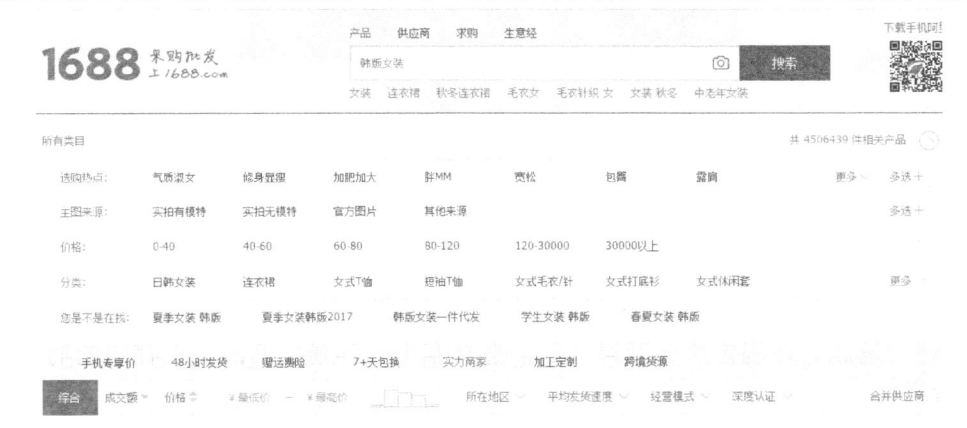

图 2-28　韩版女装货源搜索结果 1

图 2-29　韩版女装货源搜索结果 2

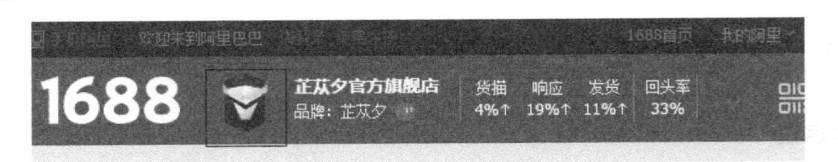

图 2-30　带金牛标签商家的店铺首页

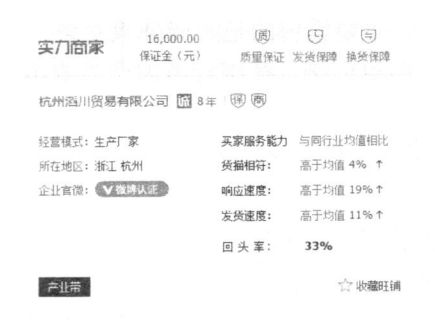

图 2-31　某商家的店铺信息

图 2-32　某商家的店铺装修风格

（3）评价选款。在确定所选商家之后，选择其中一款畅销产品，保存它的商品图，如图 2-33 所示。

图 2-33　某一商家的畅销商品图

打开淘宝网，在搜索栏中单击"相机"图标，如图 2-34 所示。

项目 2　网店定位分析

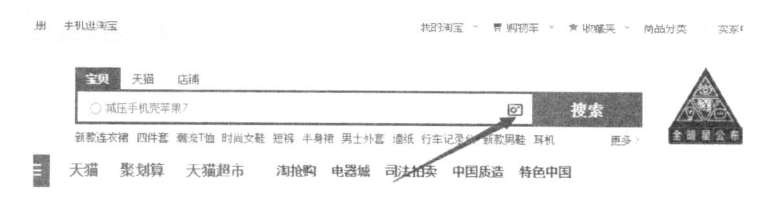

图 2-34　淘宝网首页

上传刚刚保存的商品图片，单击"搜索"按钮，搜索结果如图 2-35 所示。

通过对比，判断商家里面的宝贝跟阿里巴巴店铺里的宝贝是不是一样——主要对比价格、主图详情，如果选择销售该款产品有没有优势。

（4）查看这款产品的质量。拍下一件样款，以确认商品的质量是否有保障。

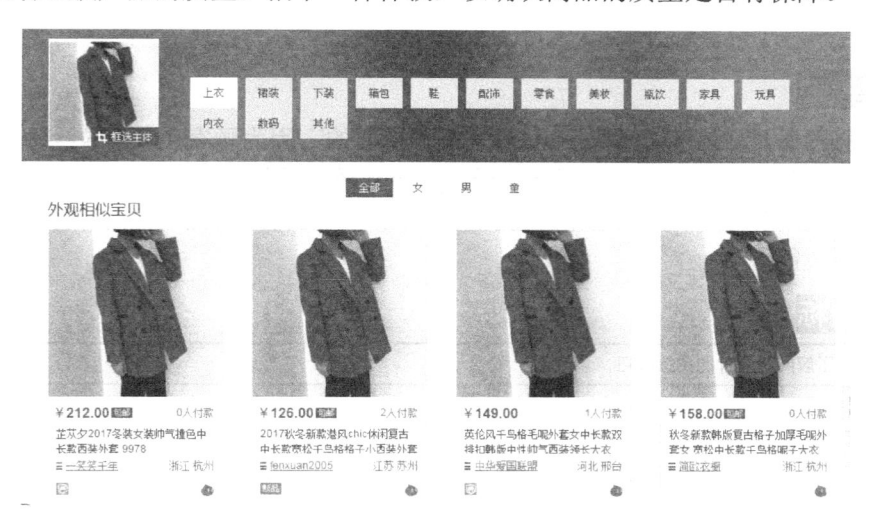

图 2-35　商品的搜索结果

项目小结

本项目通过分析网店定位的三要素，让卖家能够对自己开设的店铺进行精准的定位。网店定位三要素分别是产品定位、价格定位和人群定位。产品定位通过"小而美"的产品品类及网店店铺风格来确定网店销售的产品；价格定位通过综合分析淘宝网价格区间、行业价格分布来制定合理的定价；人群定位主要对人群身份、年龄、消费水平进行分析并确定网店的目标客户。

项目实训

【实训 1】　请根据自己店铺的实际情况选择一个类目进行网店风格定位，再从产品定位、价格定位和人群定位三个方面对自己开设的网店进行定位分析，并生成网店定位分析报告。

【实训 2】　选取某个行业，分析如何为网店寻找合适的货源渠道。

项目 3
网店装修

项目概述

网店装修的质量,对于店铺推广而言是至关重要的,因为顾客主要从文字和图片来了解网店的产品。一个店铺的美感很大程度上提高了店铺及商品的档次,这不仅可以给人信任感,还可以体现店铺的特色,起到重要的视觉营销作用,从而树立店铺的品牌形象。本项目将讲述网店的装修技能。

学习目标

知识目标	了解网店图片的拍摄技巧
	了解图片的基本处理技巧
	了解淘宝旺铺的基本分类
	了解淘宝首页和详情页的设计
能力目标	能够使用相机拍摄图片
	能够设计基本的店铺首页
	能够设计产品的详情页

案例导入

小王开通了"羽我女装"店铺并进行了店铺定位,接下来就是产品上架和网店装修了,但是装修要怎么做?要学会哪些美工知识?

项目实施

任务 3.1 网店图片的拍摄

3.1.1 拍摄网店图片的基本技巧

网店销售从另外一个层面来说即是视觉营销。图片是网店商品的灵魂,它能够通过视觉去引发顾客了解商品的兴趣和产生购买的欲望。

1. 图片拍摄的器材

网店图片拍摄的器材可以是便携数码相机、数码单反相机,也可以是手机。

便携数码相机比较适合精品类和静物拍摄的淘宝网小卖家，数码单反相机则比较适合淘宝网大卖家或者街拍。网店图片的拍摄精髓不在于相机本身，而在于拍摄的技巧。

网店图片拍摄主要的辅助器材有：三脚架、灯光、反光板、背景布。三脚架起到固定相机的作用，可以保证图片的清晰度；灯光主要用于室内拍摄，可以保证图片的正确曝光；反光板主要使灯光照不到的暗部提亮，以提升表现物体的层次感；背景布可以保证拍摄环境的干净整洁，保证图片的简洁。

影棚拍摄需要卖家具备一定的摄影基础知识，适合有模特儿的商品拍摄，优点是可以自由补光。它的基本需求是影棚面积约为 15 平方米，需要 4 盏灯、3 个柔光罩、1 个裸灯和 1 个背景布，如图 3-1 所示。

图 3-1　影棚拍摄灯光道具

灯光箱的拍摄适合没有任何摄影基础的卖家，基本能满足网店图片拍摄的需求。它的优点是无须布光、占用空间小、适合拍摄体积较小的静物，如图 3-2 所示。

2．拍摄宝贝靓照的技巧

宝贝的图片会直接影响淘宝店铺的销售，所以宝贝图片的展现尤其重要。随着淘宝网规则规范化，图片的版权保护意识越来越强，作为新的淘宝店家，更应该学习拍摄技巧，以拍出心仪的商品图片。

1）摄影的基础：光圈、快门、ISO 和景深

（1）光圈。光圈的作用是用来控制镜头进光量的大小，在快门数值不变的情况下，光圈数值越小，进光量越多，拍摄的画面越光亮；光圈数值越大，进光量越少，拍摄的画面越暗，如图 3-3 所示。

图 3-2　灯光箱

（2）快门。快门的单位是秒，常见的数值是 1、1/4、1/8、1/15 和 1/30，数值越小，进光量越少，拍摄的画面越暗。快门是通过调节开关来控制进光量的大小，而光圈是通过控制孔径的大小来控制进光量。

（3）ISO（感光度）。ISO 数值越大，画面的颗粒感越强。

光圈、快门和 ISO 数值如图 3-4 所示。

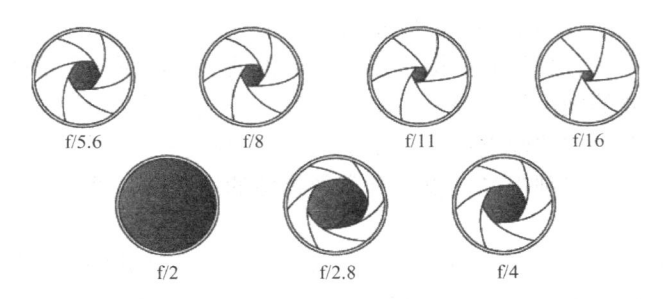

图 3-3　单反相机调节光圈

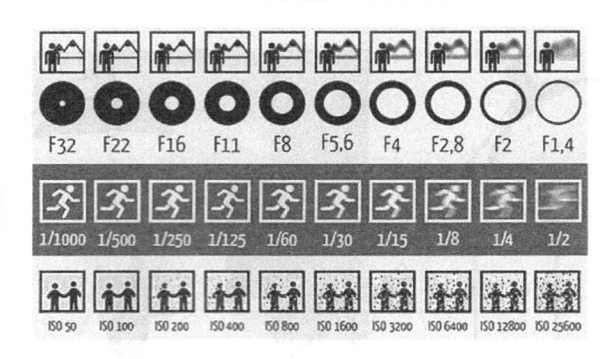

图 3-4　光圈、快门和 ISO 数值

（4）景深。当镜头对准拍摄主体的时候，被拍摄主体与其前后的景物有一段清晰的范围，这个范围就叫景深，景深不会一下子突然由锐利变成模糊，而是逐渐变成模糊的。影响景深的因素有以下几点。

① 光圈数值大小：光圈数值越大，景深越小，如光圈数值为 f/2.4，背景就较模糊；光圈数值越小，景深越大，如光圈数值为 f/16，背景就较清晰。

② 拍摄距离远近：主体越近，景深越小；主体越远，景深越大。

③ 镜头焦距长短：镜头焦距越长，景深越小；反之，景深越大。

2）淘宝图片的基本类型

淘宝网图片的基本类型分为以下几种：模特儿摄影棚纯色背景图片与内搭景图片、模特儿外景拍摄图片、静物纯色背景图片与静物搭配拍摄。例如，图 3-5 所示为模特儿摄影棚纯色背景图片与内搭景图片，图 3-6 所示为模特儿外景拍摄图片，图 3-7 所示为静物纯色背景图片与静物搭配拍摄图片。

图 3-5　模特儿摄影棚纯色背景图片与内搭景图片

图 3-6　模特儿外景拍摄图片

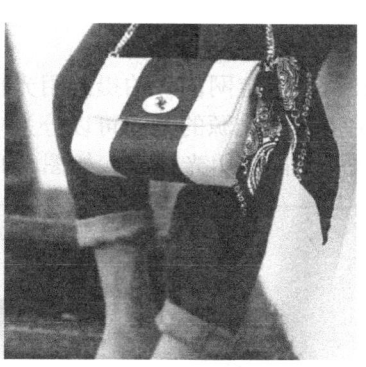

图 3-7　静物纯色背景图片与静物搭配拍摄图片

3）淘宝网图片的拍摄技巧

（1）构图的技巧。摄影主要是用光的技术，而构图则是让图片整体看起来更协调。

① 中间构图：中间构图是比较简单的构图方式，将物体放在画面的中央，对准焦点进行拍摄即可，如图 3-8 所示。

图 3-8　中间构图

② 三分构图：三分构图是利用图片的黄金分割点，将画面分为 9 等份，类似一个"井"

字。通常人们的视觉中心在画面的右边，可以将三分构图的黄金分割点放在右下角或者右上角处，如图3-9所示。

③ 对角线构图：对角线构图将主体的位置安排在对角线处，可以让视觉点有延伸感、动感，容易吸引人的视线。整个画面的冲击力比较强，更能突出主体，如图3-10所示。

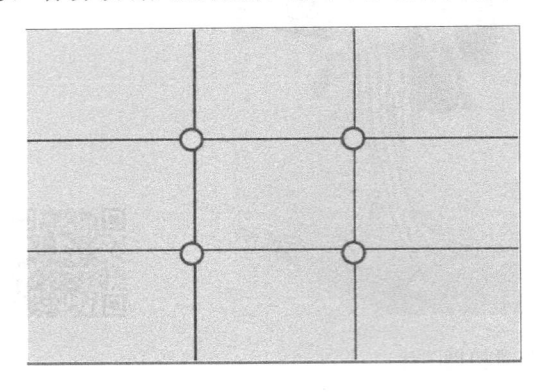

图3-9 三分构图　　　　　　　　　　图3-10 对角线构图

（2）用光的技术。淘宝网图片拍摄的用光技术主要分为两种：一种是自然光源拍摄，另一种是人造光源拍摄。按光源的方向可以分为顺光、逆光、侧光、顶光和底光。依据光源方向的不同，可以采用不同的用光技术，如图3-11所示。

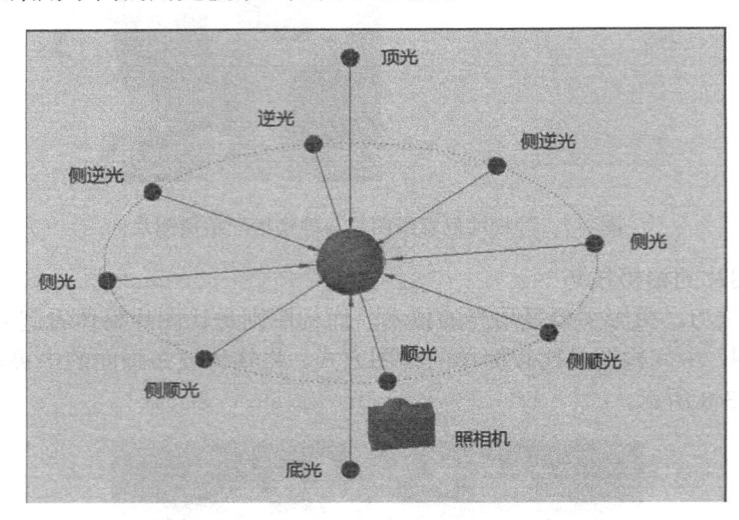

图3-11 用光的技术

① 顺光拍摄。大多数淘宝网的图片采用顺光拍摄。顺光也叫"正面光"，投射光线的方向和照相机的拍摄方向是一致的，顺光拍摄时光线不能太强，否则会造成拍摄对象的层次感和立体感缺失。图3-12所示为顺光拍摄的图片。

② 逆光拍摄。逆光是指投射的光线与拍摄角度的方向相反，逆光拍摄方法在拍摄唯美人像时经常被采用，但是并不好掌握。通常用逆光拍摄的静物，可以表现物体的轮廓感和通透感，如图3-13所示。

③ 侧光拍摄。侧光是指光源从物体侧面照射过来，侧光拍摄的物体的影子会比较长且富有表现力，结构十分明显，明暗反差鲜明、清晰，景物层次丰富，如图3-14所示。

图 3-12 顺光拍摄的图片

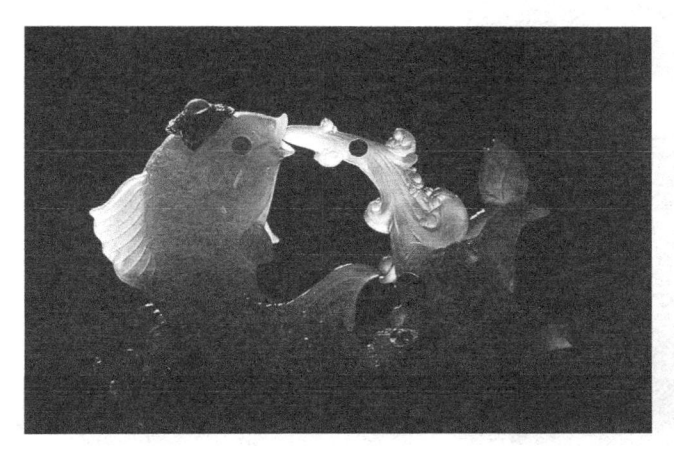

图 3-13 逆光拍摄的图片

图 3-14 侧光拍摄的图片

阅读材料 3-1 网店图片拍摄教学

3.1.2 网店图片处理软件介绍

网店图片只有经过前期拍摄加上后期的处理，才可以更加完美。即使前期拍摄不足，也可以通过后期软件技术处理来补救。下面介绍几款图片处理的常用软件。

计算机图片处理软件有以下三种。

（1）Photoshop（以下简称 PS）。PS 是目前图片处理的主要软件之一，也是网店装修设计的主要软件。PS 的概念是图层像素的概念，后面介绍的图片设计软件也主要以 PS 为主。

（2）Lightroom（以下简称 LR）。LR 强大的图片管理功能是非常实用的，可以实现图片的批量处理、预设和导出。

（3）美图秀秀。该图片处理软件对于 PS 和 LR 而言，比较适合初学者。美图秀秀批处理图片的尺寸的功能非常有用，可以一键批处理想要的图片尺寸，如图 3-15 所示。

图 3-15 美图秀秀批处理界面

手机图片处理软件有以下两种。

（1）Snapseed。该软件除了具有 PS 处理的功能外，更主要的是它能充分利用触控屏幕操作的特性，让软件的操作变得非常简单，即使是一个新手也可以处理出非常精美的照片。

（2）简拼软件。该软件是一款简单的手机拼图软件，它界面简洁，可以自由设计图片。

任务 3.2 网店图片的美化

3.2.1 图片批量处理

网店拍摄的图片通常是 raw 格式或者 jpg 格式，处理图片时要将两种图片的格式都保存。因为 raw 格式可以保留图片完整的信息；jpg 格式保留图片的细节信息比较少，如果图片曝光过度或者过暗都无法调节回来。

下面以 LR 为例来批量处理图片，步骤如下。

（1）打开 LR，执行"文件"→"导入照片"→"选择源"命令，如图 3-16 所示，导入需要处理的图片。

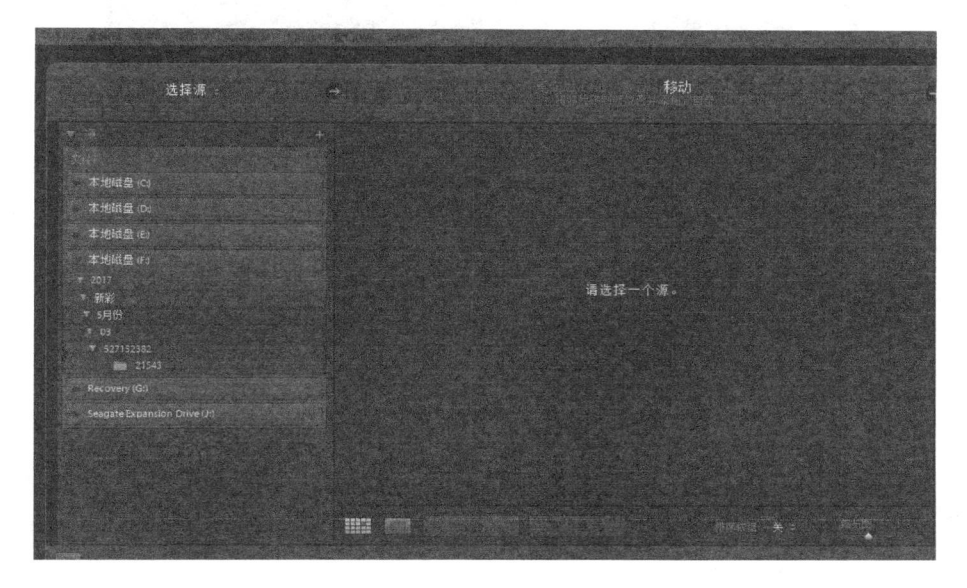

图 3-16　导入照片

（2）选中需要修改的图片，单击"修改照片"按钮，如图 3-17 所示。此图偏暗，需要调整窗口右侧功能列表的"曝光度"，拖动"曝光度"的按钮向右滑，则图片整体提亮。

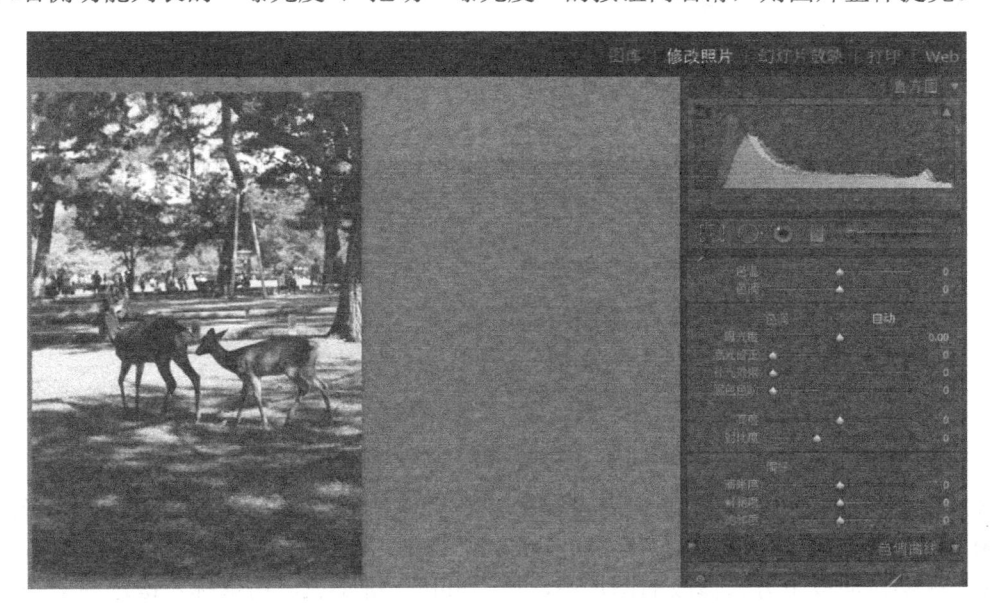

图 3-17　调整图片亮度

（3）依次调节"亮度"→"对比度"→"清晰度"，调整到符合自己想要的基础色调，如图 3-18 所示。

图3-18 调整图片的基础色调

（4）确认好基础色调以后，执行"修改照片"→"新建预设"命令，打开"新建修改照片预设"窗口，预设名称为"修图"，保存在"用户预设"文件夹里，如图3-19所示。

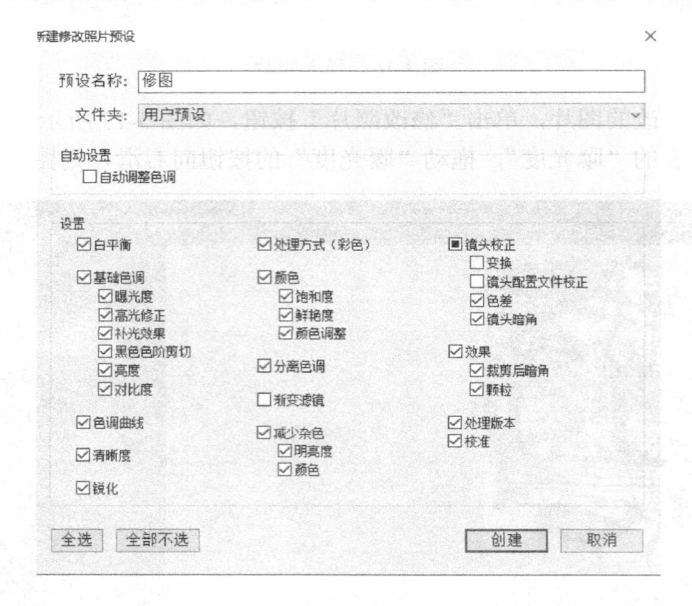

图3-19 "新建修改照片预设"窗口

（5）在操作面板的左侧功能列表窗口中，找到刚刚保存的修图预设文件"修图"，如图3-20所示。

（6）在操作面板下方未修改的图片中，按"Shift"键不放，用鼠标左键选中多张图片，如图3-21所示。

（7）单击新建的"修图"预设文件，然后单击窗口右下侧的"同步"按钮，进行同步设置，如图3-22所示。将刚刚保存的修改照片预设都同步到其他需要修改的图片上，从而达到一键批量修改图片的效果。

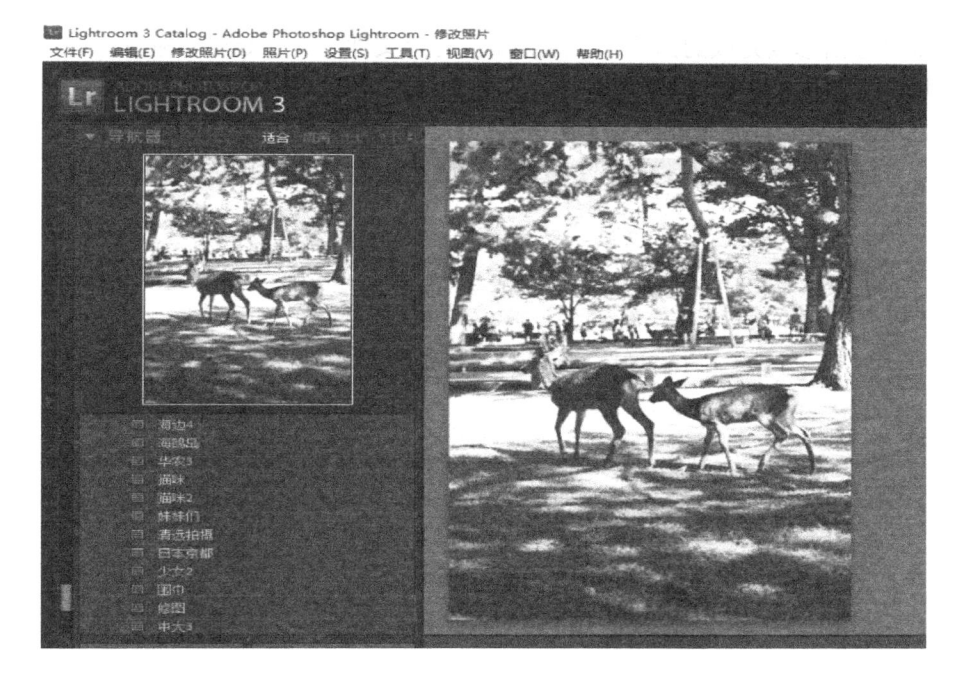

图 3-20　打开预设修图

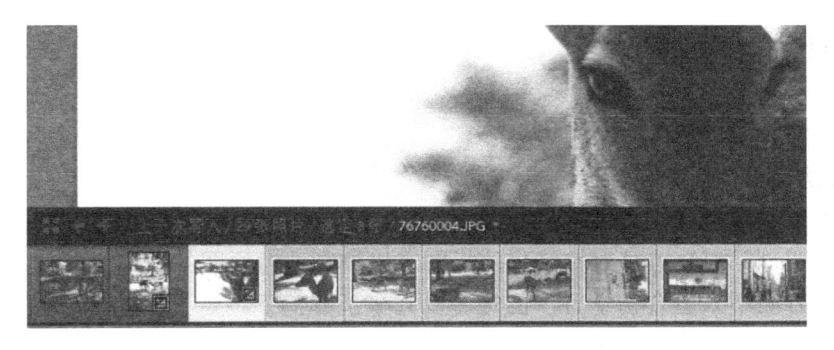

图 3-21　选择多张图片

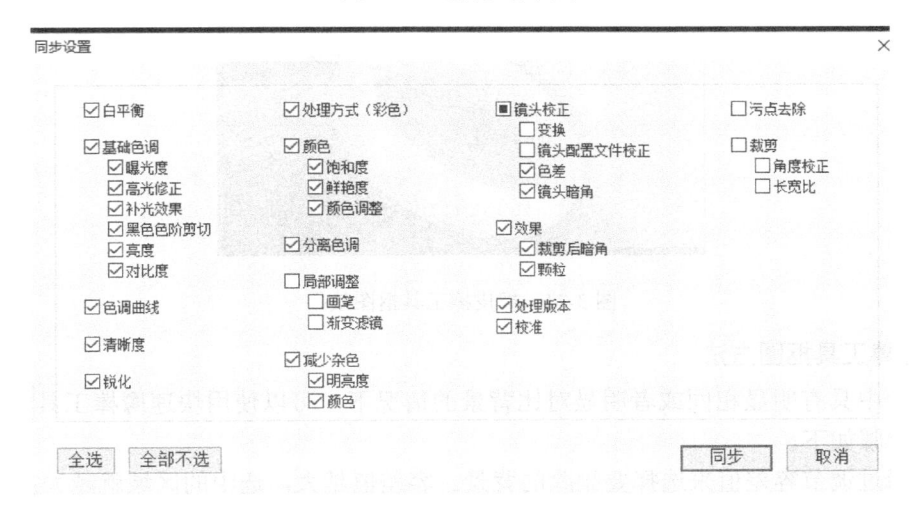

图 3-22　同步设置

（8）批量导出修改完成的图片。在主菜单执行"文件"→"导出"命令，进行导出设置后就可批量导出图片，如图 3-23 所示。

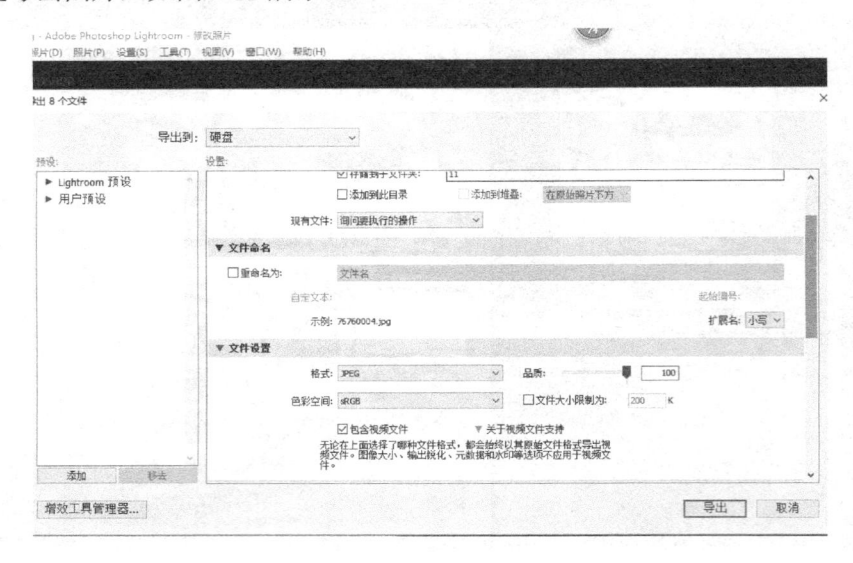

图 3-23　批量导出图片

3.2.2　图片抠图技巧

下面以 PS 为例讲解图片的抠图技巧。

1. 橡皮擦工具抠图方法

橡皮擦工具抠图方法比较简单。在 PS 中，只要用 这个工具，调整画笔的尺寸去擦除不需要的背景即可，但缺点是对精细化的抠图难以控制，对原图的破坏比较大，如图 3-24 所示。所以这种方法不太适合初学者，但是可以大概了解一下。

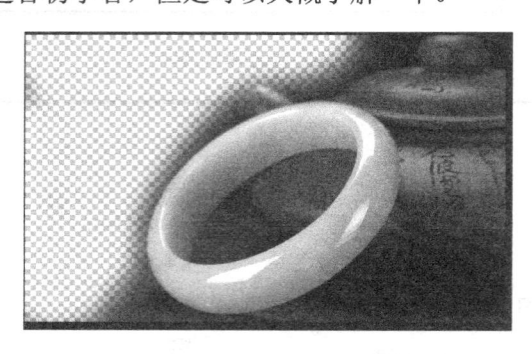

图 3-24　橡皮擦工具抠图效果

2. 魔棒工具抠图方法

在图片中具有明显相同或者明显对比背景的情况下，可以使用快速魔棒工具 进行抠图。操作步骤如下。

（1）通过调节容差值来选择要删除的背景。容差值越大，选中的区域就越大；容差值越小，选择的区域就越小。将容差设置为"20"，如图 3-25 所示。

图 3-25 设置容差值

（2）在 PS 工具栏，单击魔法棒工具，选中背景区域，按"Shift"键的同时用魔法棒工具叠加选择的范围，之后按"Ctrl+Shift+I"组合键反选，选中需要抠出来的图片，如图 3-26 所示。

图 3-26 选中需要抠出来的图片

（3）按"Ctrl+J"组合键，将抠出来的图片复制到图层，如图 3-27 所示。

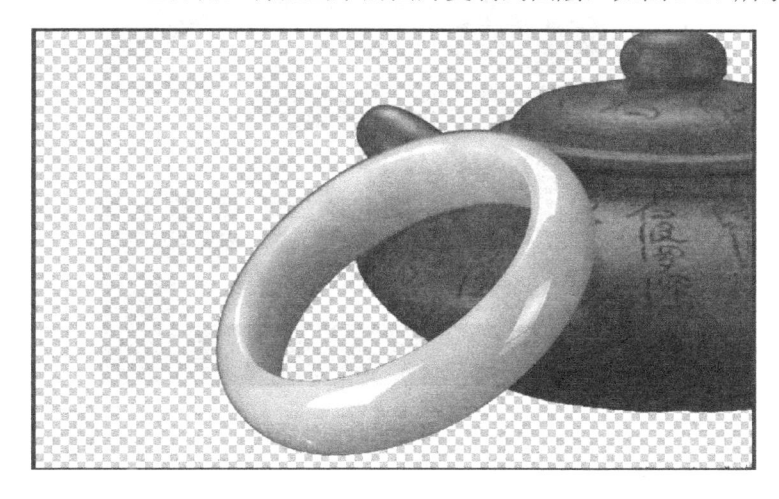

图 3-27 复制图片

（4）当看到图片边缘有部分没有抠干净的时候，可以用选择菜单里的"调整边缘"工具对边缘进行调整，如图 3-28 所示。

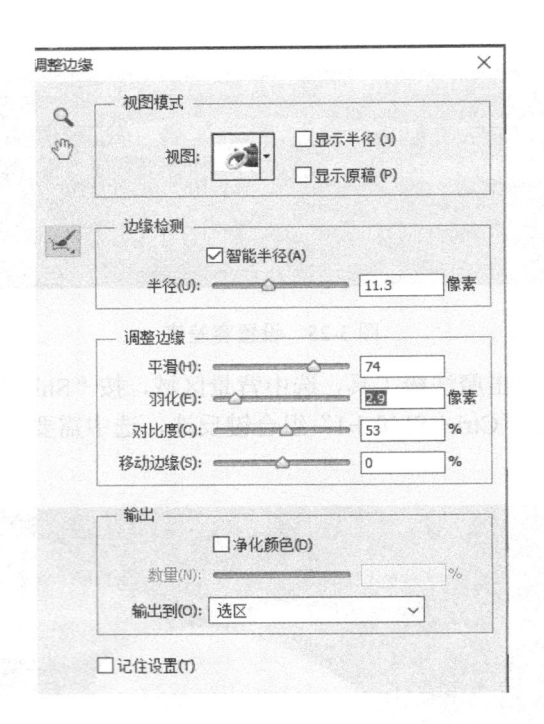

图 3-28　调整边缘

3. 钢笔工具抠图方法

钢笔工具适用于抠背景比较复杂、主体和背景颜色不分明的图像。严格来说，用钢笔工具抠出的图片比较精细，但也比较费时间，掌握这个工具需要大量的练习，操作上也比较难，不太适合初学者，但这是一定要掌握的工具，操作步骤如下。

（1）用钢笔工具 创建路径，起点与终点结合即完成路径绘制，如图 3-29 所示。

图 3-29　钢笔工具创建路径

（2）按"Ctrl+Enter"组合键将路径载入选区，如图 3-30 所示。

（3）使用矩形工具 ，在选区单击鼠标右键，执行"调整边缘"命令，设置平滑参数，并设置输出到"新建图层"，单击"确定"按钮，如图 3-31 所示。

图 3-30　将路径载入选区

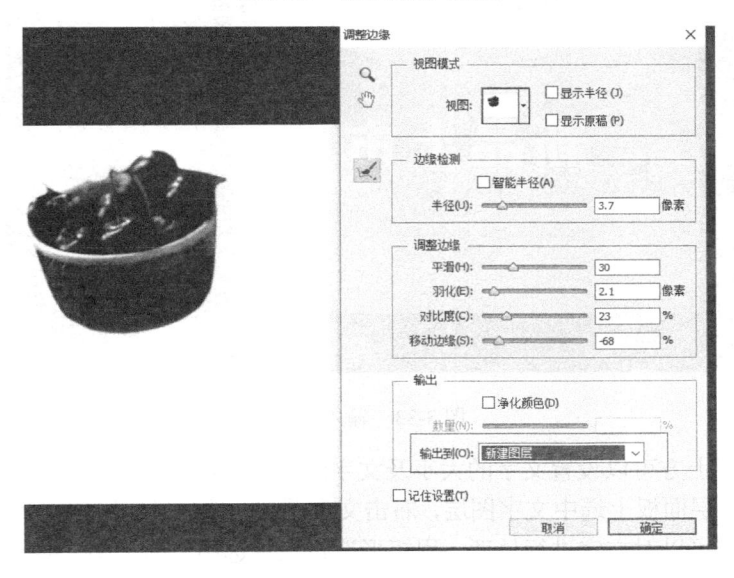

图 3-31　调整边缘并输出到新图层

（4）在图层面板下方，创建新的填充或者调整图层，选择"亮度/对比度"选项，调节亮度和对比度，如图 3-32 所示。

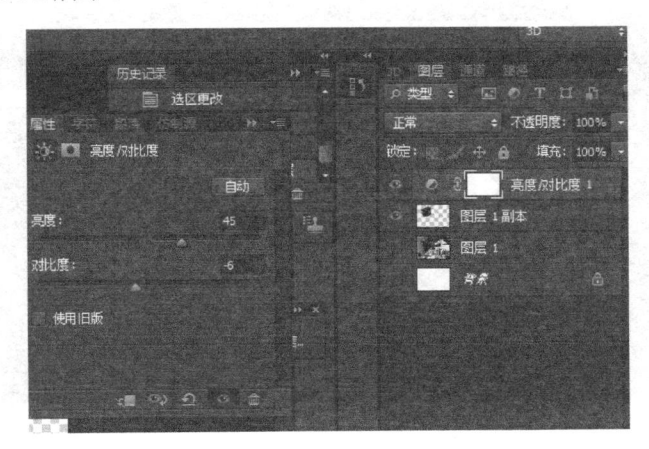

图 3-32　调整图层的亮度与对比度

3.2.3 图片的文字处理

PS 图片文字处理功能强大，这里只讲述格栅化文字、添加半透明背景框、添加外框突出文字三种方法。

1. 格栅化文字

（1）在工具栏中选中文字工具 T，输入文字"新品上市"，如图 3-33 所示。

图 3-33　输入文字

（2）在菜单栏上方可以设置文字的大小及文字的颜色，也可以按"Ctrl+T"组合键来控制文字的大小；在图层面板上选中文字图层，右击文字图层，选择"栅格化文字"，文字图层转变为图像模式；接着可以对文字进行处理，用矩形选择工具选中"新"字，并且按"Ctrl+T"组合键来变换文字的大小，如图 3-34 所示。

图 3-34　改变单个文字大小

（3）单击图层面板下方的菜单工具 fx 选择投影模式，增强文字的立体感，如图 3-35 所示。

图 3-35　投影菜单设置

2．添加半透明背景框

在图片不是纯色的情况下，可以采取添加半透明背景框，将文字与图片区别出来，这也是个不错的方法。

（1）导入一张图片作为照片背景，在工具栏中选择矩形工具，如图 3-36 所示。

（2）设置图像的填充色为白色，描边不添加颜色，如图 3-37 所示。

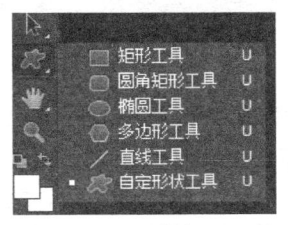

图 3-36　工具栏矩形工具

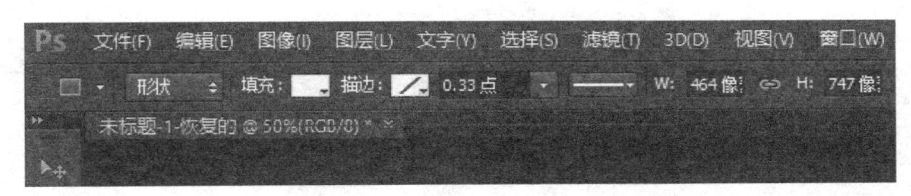

图 3-37　设置填充色

（3）将图层的不透明度设置为 72%，如图 3-38 所示。

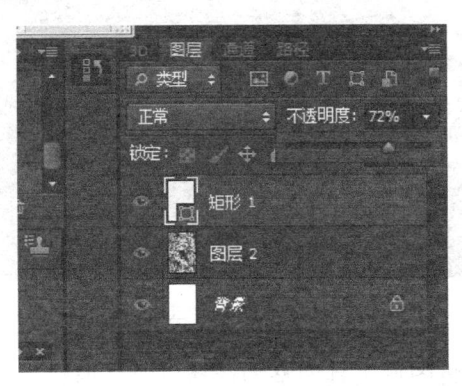

图 3-38　设置图层不透明度

（4）将文字工具调整为直排文字工具，输入直排文字"新品上市"，如图 3-39 所示。

图 3-39　输入直排文字

3．添加外框突出文字

下面介绍一种简单的方式，在图片上加上边框或者背景可以突出文字的效果。

（1）设置背景色为红色，文字颜色为白色，在图层上面输入文字"全场包邮"，如图 3-40 所示。

图 3-40　输入文字

（2）在左侧工具栏中，将图形工具调整为选择自定义形状工具　；在界面上方工具栏可以设置自选图形的参数，在形状中选择方框，不填充，描边颜色为白色，描边的大小为 3.22 点，如图 3-41 所示。

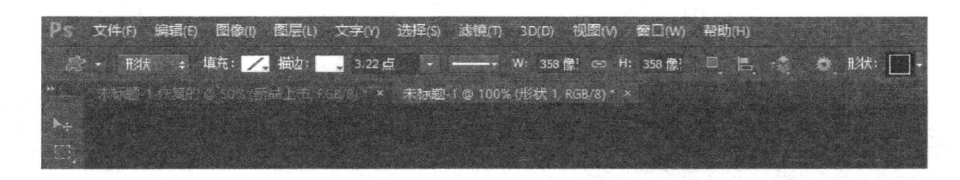

图 3-41　自选图形参数设置

（3）根据图形的大小完成方框的绘制，如图 3-42 所示。

图 3-42　添加外框

4. 添加背景来突出文字

还可以为文字添加背景来突出文字，与同版面的文字有所区分。

（1）在文字的下方输入"新店开业　全场五折"，如图 3-43 所示。

图 3-43　输入文字

（2）在左侧图形工具栏中，选择图形工具 ▊，颜色设置为白色，绘制比文字范围略大的矩形，如图 3-44 所示。

图 3-44　绘制矩形框

（3）将文字图层的位置移动至矩形背景上方，将文字的颜色改为红色，就可为文字添加底纹，如图 3-45 所示。

图 3-45　为文字添加底纹

5. 添加横线来突出文字

为了区分文字与文字之间的不同，也可以简单地用横线来划分区域，如图 3-46 所示。

图 3-46　用横线来区分不同的文字块

阅读材料 3-2　教你处理各种难图

任务 3.3　网店整体布局技巧

3.3.1　淘宝旺铺的基本介绍

　　淘宝店铺分两种，一种是普通店铺，另一种是淘宝旺铺。
　　淘宝店铺（Taobao shop）指的是所有淘宝卖家在淘宝所使用的旺铺或者店铺，淘宝旺铺是相对普通店铺而产生的，每个在淘宝网新开的店，系统默认为普通店铺。
　　淘宝旺铺（个性化店铺）服务是由淘宝网提供给淘宝网卖家，允许卖家使用淘宝网提供的计算机和网络技术，实现区别于淘宝网一般店铺的展现形式的服务。它可以帮助你实现个性化店铺页面展现功能，简单来说，就是花钱向淘宝网买一个有个性、全新的店铺门面。
　　店铺与旺铺的区别如下。
　　◇普通店铺是淘宝网自带的模板，只有几种风格可以更换。
　　◇旺铺的首页装修内容有店招（通栏）、促销栏、分类。
　　淘宝旺铺的版本主要有旺铺专业版、旺铺基础版和淘宝智能版，如图 3-47 所示。
　　旺铺专业版：旺铺基础版可以升级为专业版，需要一定的升级费用，一钻以下会员可以免费试用旺铺专业版，另外还可以附赠 10GB 的免费图片空间。
　　旺铺基础版：无须订购，所有用户均可以免费使用；店铺的首页可以设置 950px×150px 的店招，可以设置 500px 宝贝促销区域，卖家可以设置 5 个自定义页面，可以嵌套 HTML 代码。
　　淘宝智能版：淘宝智能版新增千人千面功能，模块主要有"新客热销"和"潜力新品"。"新客热销"是展示店内爆款的模块，而"潜力新品"是为店铺近一个月上新产品进行推广的模块。

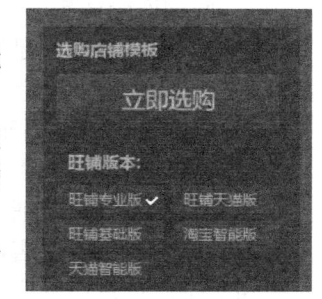

图 3-47　旺铺版本图

3.3.2　店铺首页设计技巧

　　店铺的设计美观与否直接影响顾客是否有兴趣去了解产品的详细描述。淘宝店铺的首页设计需要突出重点，在首页的展示中需要突出店铺的品牌、活动海报和爆款宝贝产品的展示。

淘宝店铺基本的首页设计主要有以下几个部分：店招、导航分类、店铺的活动海报、宝贝分类展示、客服咨询、宝贝分类、宝贝列表展示及底部展示，如图3-48所示。

```
┌─────────────────────────────────┐
│   店招（logo+品牌宣传语+活动信息）   │
├─────────────────────────────────┤
│            导航分类               │
├─────────────────────────────────┤
│                                 │
│          店铺的活动海报            │
│                                 │
├─────────────────────────────────┤
│                                 │
│          宝贝分类展示              │
│                                 │
├──────────┬──────────────────────┤
│          │                      │
│  客户咨询  │                      │
│          │                      │
├──────────┤      宝贝列表展示      │
│          │                      │
│  宝贝分类  │                      │
│          │                      │
├──────────┴──────────────────────┤
│            底部展示               │
└─────────────────────────────────┘
```

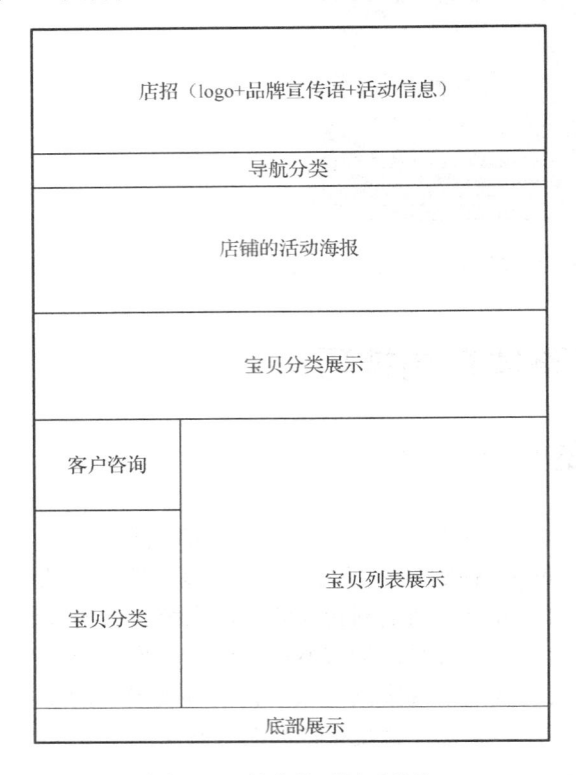

图 3-48　基本首页展示模块

1. 简约而不简单的店招设计

店招，顾名思义就是网店的招牌。招牌设计的内容简单即可，应突出店铺品牌的理念、品牌的含义和店铺的颜色，还可以加入促销信息。

1）店招包含的主要元素及功能

（1）店招名称：网店名称或品牌logo，一般出现在左上方或者中间位置。

（2）关注或收藏店铺的入口：方便消费者再次光临，一般出现在最右侧位置。

（3）广告语：展现店铺的特色和卖点，一般与店铺名称设计在一起。

（4）推广信息：网店的促销信息、优惠信息等，放在显眼醒目的位置。

2）店招与店铺风格的统一

下面简单介绍一下什么样的店铺适合运用什么样的店招，这不是绝对的，仅供参考。

（1）店铺有一定的品牌知名度，店招只需要放一个logo就可以了，简单明了，如图3-49所示。

ZARA

图 3-49　只有一个 logo 的店铺招牌

（2）有鲜明特点的店铺风格，可以用"logo＋产品图片"的形式，如图3-50所示。

图 3-50 "logo＋产品图片"的店铺招牌

（3）正在推广公司的品牌理念和形象，可以用"logo＋宣传语"的形式，如图 3-51 所示。

图 3-51 "logo＋宣传语"的店铺招牌

（4）多元化店招。店招设计还可以加入促销信息、收藏功能等元素，如图 3-52 所示，但要注意运用恰当，太多则显得拥挤凌乱。

图 3-52 多元化店招

2．清晰明了的导航栏

宝贝的导航栏可以按照以下方式来进行分类。
（1）功能款式：比如衣服有短袖、连衣裙、上衣、裤子等。
（2）季节信息：夏季特卖、夏季上新等。
（3）活动信息：会员专享、手机专享等。

一般而言，人们的视觉中心是从左到右，栏目的左侧三个内容是最大的视觉中心区域，人们通常会把重点放在左三；另外，如果内容放不下，可以用特殊颜色来突出栏目。

3．活动海报的设计技巧

活动海报的主题需要明确定位，通常是产品上新、节假日活动。海报的构图设计主要有以下三种。

（1）左侧文字、右侧图片展示，如图 3-53 所示。

图 3-53 "左文字右图片"活动海报

（2）左侧图片、右侧文字展示，如图 3-54 所示。
（3）中间文字、左右两侧图片展示，如图 3-55 所示。

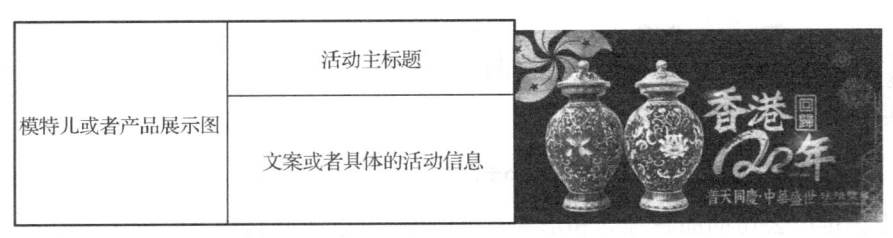

	活动主标题	
模特儿或者产品展示图	文案或者具体的活动信息	

图 3-54 "左图片右文字"活动海报

	活动主标题	
模特儿或者产品展示图	文案或者具体的活动信息	模特儿或者产品展示图

图 3-55 "中间文字、左右两侧图片"活动海报

4．宝贝分类展示和底部展示设计技巧

宝贝分类展示区域内容有每日上新、活动产品及爆款展示，展示各类销量较高的商品。一般的新手美工对图片处理能力还不是很强，为了能让商品分类进行展示，会选用旺铺自带的模块——宝贝推荐。它的优点是能让商品分类进行展示，缺点是不能让商品个性化展示，默认抓取都是宝贝的主图，所以在使用这个模块的时候，要注意统一主图风格。

店铺底部设计内容有导航信息、栏目搜索、品牌相关信息、质量保证说明信息、客户服务信息，等等。这部分内容往往容易被忽略，从而使整个首页看起来不够完整，给人有头无尾的感觉，常见的底部设计如图 3-56 所示。

图 3-56 底部展示设计效果

3.3.3 详情页的基本设计

在淘宝网流量日益珍贵的今天，转化率越来越重要，影响转化率的因素有很多，其中最重要的是宝贝的详情页。宝贝的详情页是指顾客单击一个产品可以了解产品具体的细节和价值的页面介绍，详情页设计遵循的两个根本原则是体现产品的价值和建立顾客的消费信任感。

宝贝详情页的展示对于引导顾客消费非常重要，需要展示的信息有活动海报信息、搭配产品购买信息、产品的细节图展示和售后特殊说明等。宝贝详情页的分类及主要内容如图 3-57 所示。

促销说明类	店内活动 搭配购买 促销信息 关联信息
商品展示类	图片展示 信息参数 图片搭配 图片包装
实力展示类	公司的资质 公司品牌 销量品质
评价管理类	买家评价 买家秀 买家测试
交易说明类	发货说明 退款退货 物流 尺码

图 3-57 宝贝详情页的分类及主要内容

详情页基本框架如图 3-58 所示。

产品海报（促销信息或者卖点优势）：引起注意
产品全景图（提升兴趣）
卖点优势（体现产品价值）
产品属性功能（表格或者图片展现）
产品细节图展示（了解产品/4张图即可）
检查报告或者使用报告（建立信任/打消疑虑）

图 3-58 详情页基本框架

阅读材料 3-3　灵感设计网站：花瓣网

阅读材料 3-4　素材中国

确定好基本的框架之后，根据店铺产品的属性确定详情页设计基本色调。定好色彩，准备好素材图片后，就要用 PS 选择合适的文字对图片进行排版。越是简单大气的页面，越不需要太多元素，尽量少用图层样式，清爽舒适的页面要多点留白。

任务 3.4　"羽我女装"店铺装修

3.4.1 店铺 PC 端首页装修

1. 店招设计

店招设计步骤如下。

（1）店招的尺寸设为宽度 950 像素，高度 120 像素。打开 PS，执行"文件"→"新建"命令，在弹出的对话框中设置如图 3-59 所示的参数。

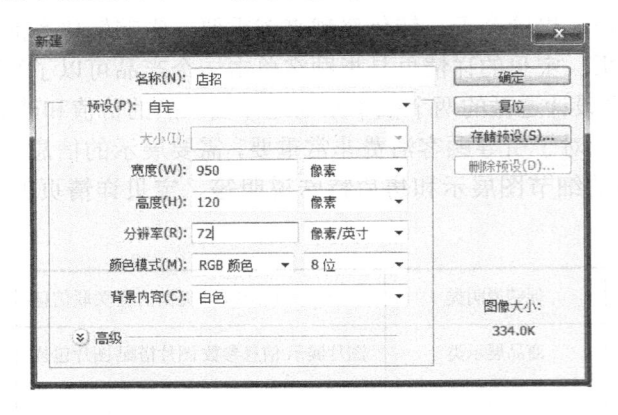

图 3-59　店招参数设置

（2）导入店招的品牌 logo 图片，如图 3-60 所示。

图 3-60　导入店招的品牌 logo 图片

（3）制作宣传语。在工具栏中选择"横排文字工具"，在图片的右下侧输入店铺的宣传语"时尚风格拒绝跟风 您的衣橱您做主"，如图 3-61 所示。

图 3-61　制作宣传语

（4）制作椭圆形店招图片。用"移动工具"把店铺的主打产品图片拖进店招画布，将图片进行栅格化，放在整个页面的左侧，利用"椭圆选择工具"，依次框选需要保留的主图，按"Ctrl＋Shift＋I"组合键进行反选，按"Del"键删除反选的部分，只留其中的圆形主图部分，如图 3-62 所示。

图 3-62　椭圆形店招图片设计效果

（5）设计"收藏店铺 品牌故事"图片入口。将"收藏店铺 品牌故事"通过文字工具输入到图片的右侧，用自定义形状工具选择心形做点缀，完成的店招效果如图 3-63 所示。

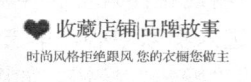

图 3-63　设计"收藏店铺 品牌故事"图片入口

（6）上传店招图片。把制作完成的店招图片保存为 jpeg 或者 png 格式，然后上传至图片空间（后面涉及图片上传，均按照以下步骤进行操作）。

① 进入卖家中心，打开店铺管理的"图片空间"，如图 3-64 所示。

图 3-64　打开店铺管理的"图片空间"

② 在上传图片之前，先新建文件夹（养成图片分类的好习惯），单击"新建文件夹"按钮，如图 3-65 所示，输入新文件夹名，比如"店铺装修—店招"。

图 3-65　新建文件夹

③ 文件夹建立以后，单击"上传图片"按钮，把图片存放在刚刚新建的文件夹中，如图 3-66 所示。

图 3-66　上传图片至图片空间

(7)将店招图片上传至店铺。

① 进入卖家中心,单击"店铺装修"进入卖家装修后台,将鼠标放在店招模块上,单击右上角的"编辑"按钮,如图 3-67 所示。

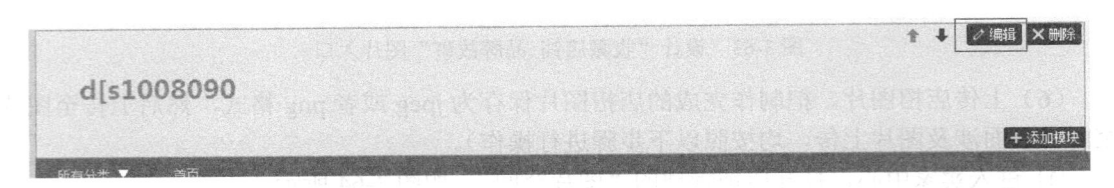

图 3-67　编辑店铺招牌

② 选中"默认招牌"单选按钮,不勾选"是否显示店铺名称"复选框,高度设置为 120px,单击"选择文件"按钮,如图 3-68 所示。

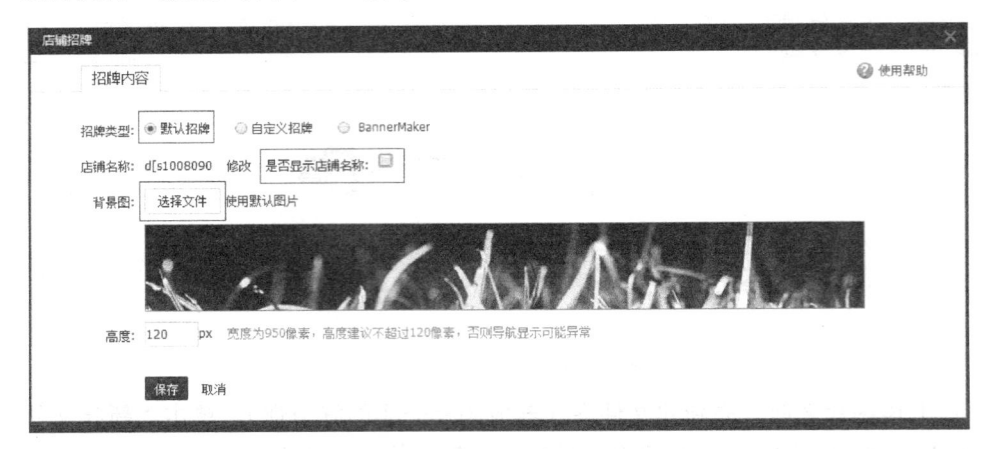

图 3-68　店铺招牌参数设置

③ 单击"从淘盘选择"选项卡,找到图片所在的文件夹双击打开,选中店招图片,如图 3-69 所示。

图 3-69　选择店招图片文件

④ 单击"确定"按钮保存，再单击右上角的"预览"按钮，发现本来看似完整的店招两侧还有空白处，如图 3-70 所示，这是由于页头的背景有颜色的原因造成的。上面设计店招的背景色是白色，因此，在这里可以选择不显示页头的背景色，就可以达到整体页面统一的效果。如果店招背景色是其他颜色，则需要调整页头的背景色与之相同，使页面风格统一，如图 3-71 所示。

图 3-70 店招预览效果图

图 3-71 设置页头的背景色

⑤ 单击"预览"按钮，店招设计的最终效果如图 3-72 所示。

图 3-72 店招设计的最终效果图

2. 导航栏设计

导航栏设计的操作步骤如下。

（1）打开淘宝旺铺，执行"页面管理"→"宝贝分类"→"添加手工分类"命令，根据导航栏需求输入分类名称，如图 3-73 和图 3-74 所示。

图 3-73 选择"宝贝分类"

图 3-74 输入分类名称

（2）添加完毕之后，回到装修的首页，将鼠标放在导航的区域，单击"编辑"按钮，如图 3-75 所示。

图 3-75 编辑导航栏

（3）单击右下角的"添加"按钮，再单击"宝贝分类"按钮，在需要显示的导航前面的复选框中打钩（前提是设置好分类，如果没有设置，可以单击"管理分类"），如图 3-76 所示。最终确定选择的导航分类如图 3-77 所示。

（4）单击"确定"按钮，导航的预览如图 3-78 所示。

图 3-76 设置导航分类

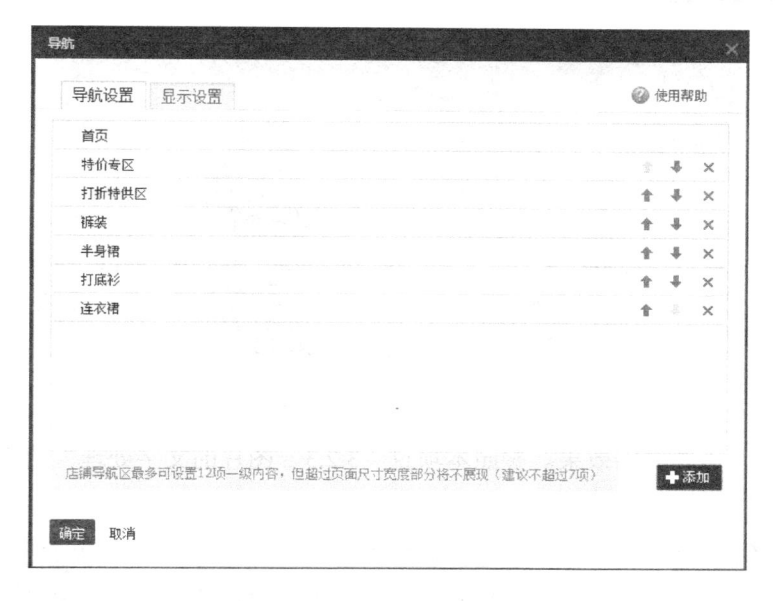

图 3-77 确定选用的导航分类

图 3-78 导航栏设计效果图

3．店铺的活动海报设计

店铺的活动海报设计步骤如下。

（1）设置页面大小。打开 PS，执行"文件"→"新建"命令，设置宽度为 950 像素（固定尺寸），高度为 400 像素（高度依据实际情况可以设为 100~600 像素中的数值），分辨率为 72 像素/英寸，背景内容为白色，如图 3-79 所示。

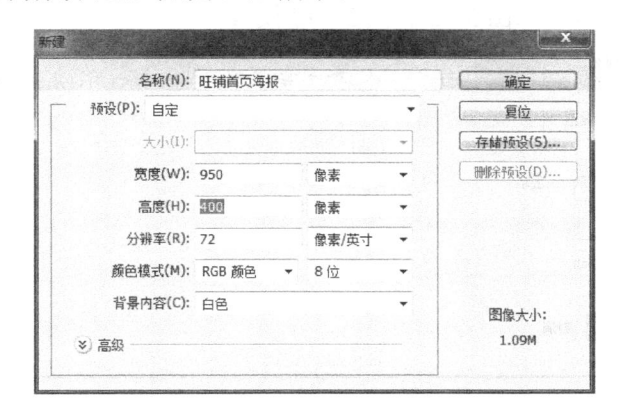

图 3-79 活动海报页面参数设置

（2）导入图片素材。使用"移动工具"，拖进准备好的素材，然后按"Ctrl+T"组合键可以变换图片大小（按"Shift"键可以等比例缩放图片），如图 3-80 所示。

图 3-80　导入图片素材

（3）在图片上设置文字效果。参照本项目"3.2.3　图片的文字处理"的方法，制作出如图 3-81 所示的效果图。

图 3-81　完成的海报效果图

（4）制作图片轮播效果。顾名思义，图片轮播肯定需要两张以上的图片，而且要求图片的尺寸一样，海报保存的格式为 web 页面格式。用相同的方法再制作一张尺寸一样的图片，保存之后，将图片上传至图片空间（前面有介绍，这里就不再重复）和淘宝旺铺中。

进入旺铺装修后台，在模块中选择"图片轮播"，单击打开"图片轮播"设置窗口，可以进行显示设置和内容设置，如图 3-82 和图 3-83 所示。

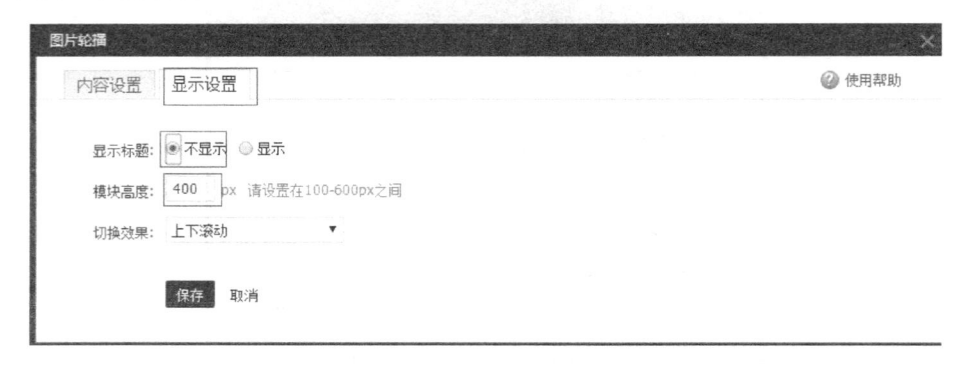

图 3-82　图片轮播显示设置

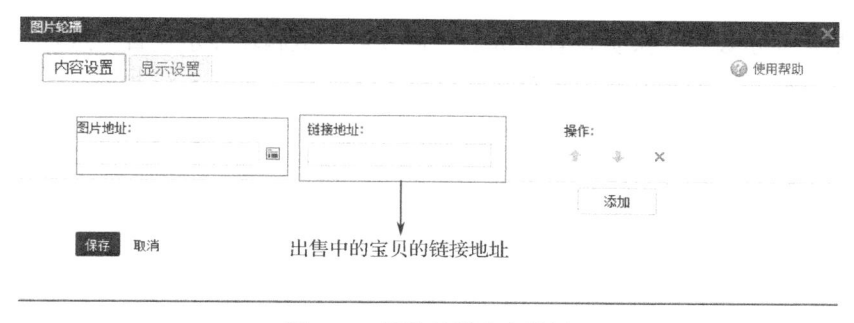

图 3-83　图片轮播内容设置

内容设置中图片的地址可以直接从上传的图片文件夹中选择，出售中的宝贝的链接地址可以直接复制，如图 3-84 所示。

图 3-84　出售中的宝贝的链接地址

4．宝贝分类展示设计

宝贝分类展示设计步骤如下。

（1）宝贝设置。进入卖家中心选择"店铺装修"，选择"电脑页面装修"，在左侧基础模块选择"宝贝推荐"，将模块拖动到右侧页面，将鼠标放在模块上方，选择"编辑"，弹出"宝贝设置"菜单，如图 3-85 所示。宝贝设置里的推荐方式分为"自动推荐"和"手工推荐"两种，自动推荐方式需要设置排序方式、宝贝分类、关键字、价格范围和宝贝数量（宝贝的数量等于行数乘以每行宝贝个数的积，如排 3 行，每行 4 个宝贝，则宝贝的数量为 12 个）。

如果想让推荐的宝贝选择更加准确，也可以选择"手工推荐"，如图 3-86 所示。

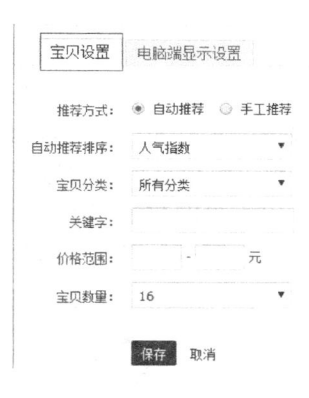

图 3-85　"宝贝设置"菜单

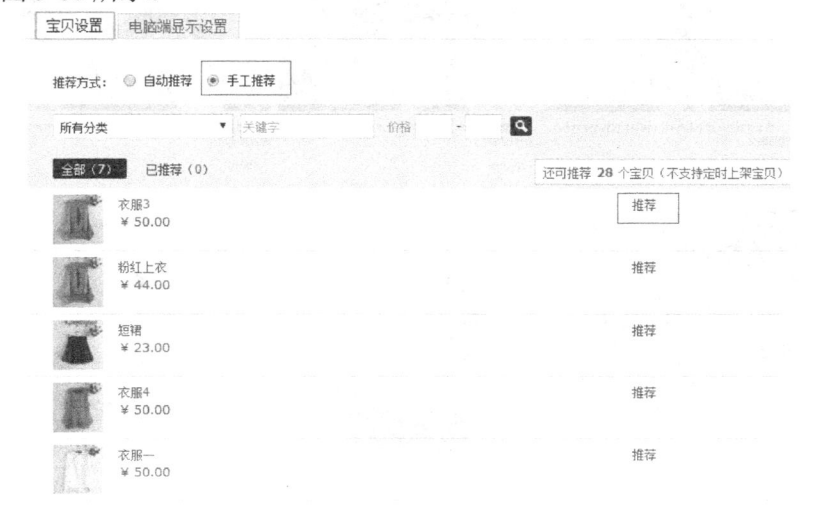

图 3-86　手工推荐宝贝

（2）电脑端显示设置。宝贝设置完成后，需要对"电脑端显示设置"进行设置，设置的参数有是否显示标题、展示方式、是否显示折扣价等信息，如图3-87所示。

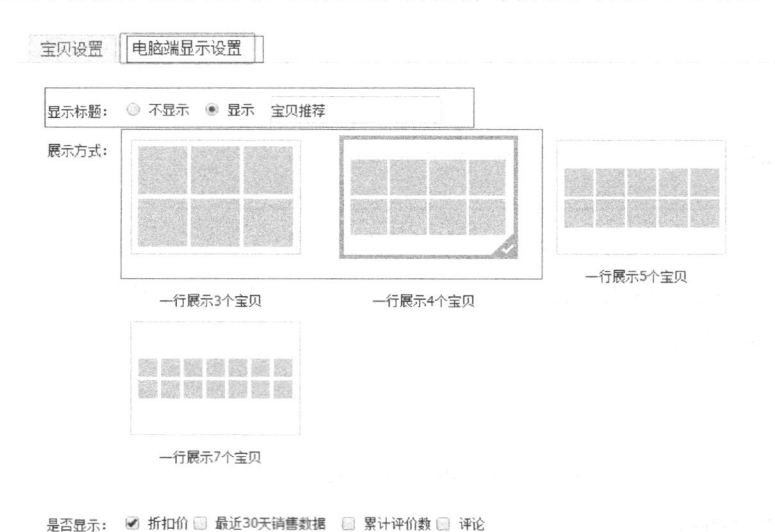

图 3-87 "电脑端显示设置"菜单

如果设置显示标题，则可以修改标题文字。显示方式最常见的是一行展示 3 个宝贝或者 4 个宝贝，也可以根据页面的选择一行展示 5 个或者 7 个，注意每行宝贝的数量乘以行数要与前面宝贝设置里的数量相等，否则会出现空白区域。

保存设置，完成最终的效果如图 3-88 所示。

图 3-88　宝贝展示的最终效果图

5．底部展示设计

底部展示设计操作步骤如下。

（1）将设计好的底部图片上传到图片空间，复制图片的地址，如图3-89所示。

图3-89　复制底部图片的地址

（2）回到卖家中心的后台装修页面，拖动左侧区域的自定义模块到右侧底部，如图3-90和图3-91所示。

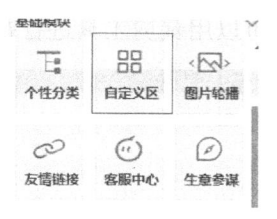

图3-90　自定义区

图3-91　对底部自定义区进行编辑

（3）选择编辑模块，将图片的地址和收藏店铺的链接地址添加进去即可，如图3-92所示。

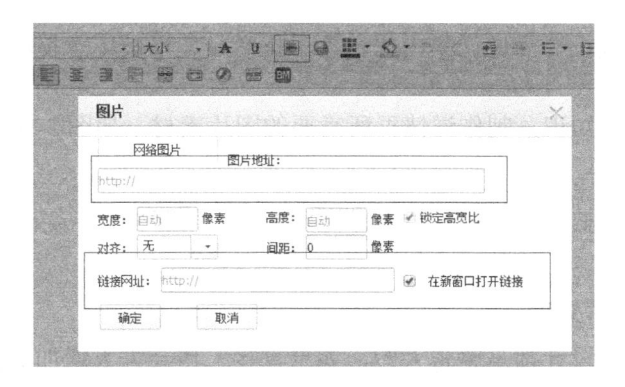

图3-92　底部链接设置

（4）单击"确定"按钮保存，预览效果如图 3-93 所示。

BOOK MARK 收藏本店

QUALITY ASSURANCE　　BUSINESS INTEGRITY　　TRUTHFUL DESCRIPTION　　INTENTIONS OF SERVICES
品质保证　　　　　　　　诚信商家　　　　　　　　如实描述　　　　　　　　　用心服务

2012 淘宝(中国)软件有限公司 版权所有

图 3-93　底部效果预览图

3.4.2　"羽我女装"店铺详情页设计

下面开始对"羽我女装"店铺的详情页进行排版设计。

1．参数设置

打开 PS，新建一个宽度为 750 像素、高度为 20 000 像素（图片高度可以稍微设置高一点，如果页面没有达到 20 000 像素，则可以用裁剪工具进行裁剪）的图像，如图 3-94 所示。

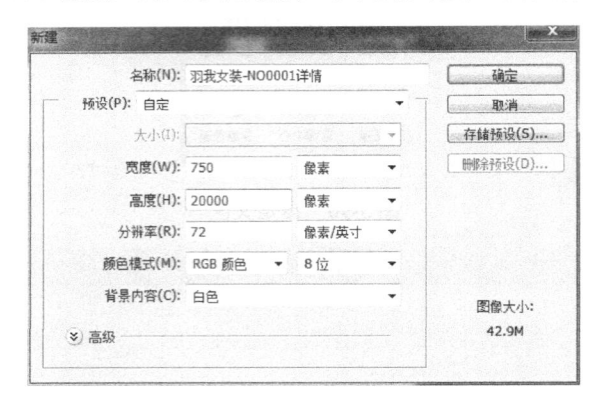

图 3-94　详情页参数设置

2．详情页素材设计

促销活动文字排版设计需遵循集中化、不干扰商品、不破坏意境和主次分明的原则，如图 3-95 所示。

根据本项目所学的知识，制作详情页所需要的图片素材，如图 3-96 所示。

3．详情页排版设计

根据详情页基本框架制作完成女装的详情页素材，如图 3-97 所示。实际运用中可以根据结构的需要进行调整。

4．详情页图片切片处理

由于宝贝的详情页设计都是整张大图，如果直接上传会大大增加页面的跳失率，因为图片太大，加载的速度就会比较慢，导致页面打开的速度也变慢，所以产品的详情页一定要通过切片和优化存储，才能满足消费者的正常浏览的需求。

图 3-95 促销活动文字设计

图 3-96 部分图片素材展示

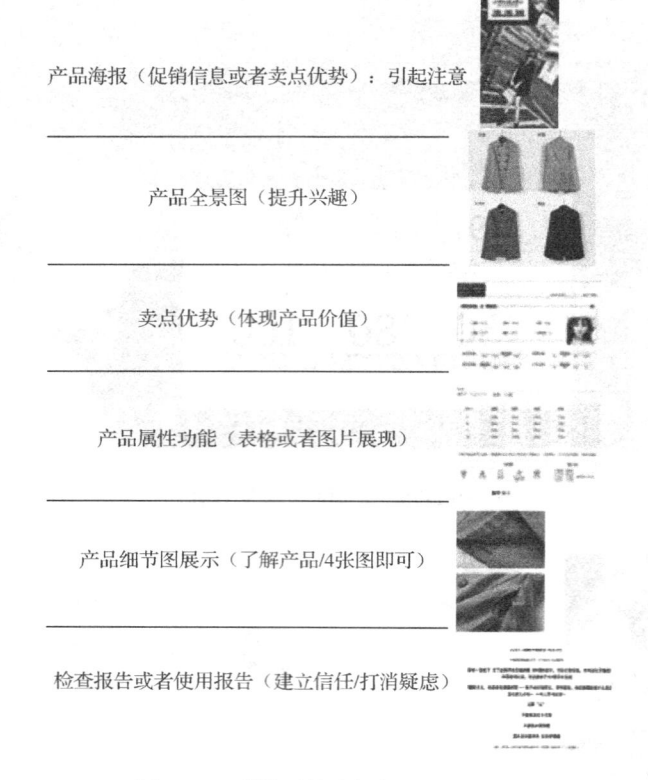

产品海报（促销信息或者卖点优势）：引起注意

产品全景图（提升兴趣）

卖点优势（体现产品价值）

产品属性功能（表格或者图片展现）

产品细节图展示（了解产品/4张图即可）

检查报告或者使用报告（建立信任/打消疑虑）

图 3-97　详情页基本框架及对应素材

详情页图片切片处理步骤如下。

（1）在 PS 面板中，按"Ctrl＋R"组合键调出标尺工具，如图 3-98 所示。

图 3-98　调出标尺

（2）按住鼠标左键，从"标尺"的上方往下拉辅助线，把辅助线拖到第一个模块和第二个模块中间，尽量使两条辅助线之间的距离小于一屏，如图 3-99 所示。

（3）设置完辅助线，选择"切片工具"，然后单击"基于参考线的切片"按钮，如图 3-100 所示。

（4）执行"文件"→"存储为 Web 所用格式（100%）"命令，如图 3-101 所示。

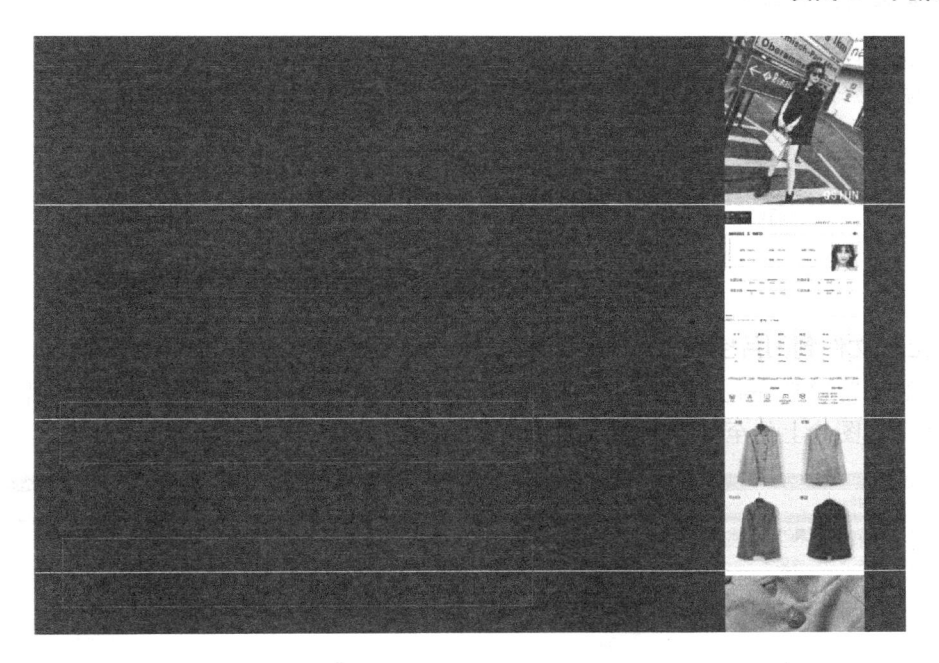

图 3-99 设置切线参考线

图 3-100 基于参考线的切片

图 3-101 "存储为 Web 所用格式(100%)"存储菜单

（5）选择图片存储的路径，把"格式"修改为"仅限图像"，然后单击"保存"按钮，如图3-102所示。

图3-102 存储切片图像

5．上传文件到图片空间

在存储位置找到 images 文件夹，双击打开，在文件夹中可以看到都是经过切片的图片缩略图，然后将图片上传至图片空间，如图3-103所示。

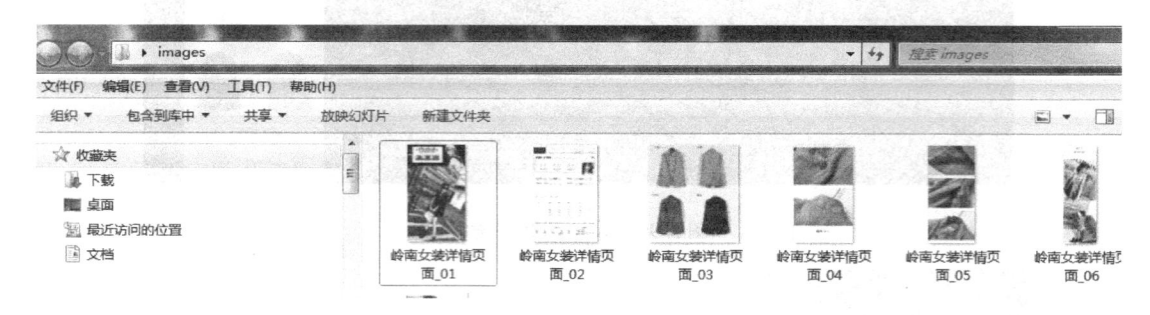

图3-103 切片文件缩略图标

6．发布详情页

进入卖家中心，如果产品没有发布，则选择发布产品；如果产品已经发布，只需要对详情页进行修改，然后单击"出售中的宝贝"按钮即可。

发布详情页的操作步骤如下。

（1）选择出售中的宝贝，单击"编辑宝贝"按钮，进入发布宝贝后台，找到"宝贝描述"模块，单击"电脑端"按钮，打开"电脑端描述"窗口，选择编辑的图片，如图3-104所示。

图3-104 选择编辑的图片

（2）单击"插入图片"按钮，然后单击"从图片空间选择"选项卡，找到图片在图片空间存储的位置，如图3-105所示。

（3）找到图片位置，按照顺序单击每张图片，图片的右上角出现"√"，说明图片已经被选中，如果在选择图片过程中顺序不正确的话，可以在"已选择的图片"中进行拖动修改，修改完成以后单击"插入"按钮，如图3-106所示。

图 3-105　从图片空间选择图片

图 3-106　按顺序选中要发布的图片

(4) 最后单击"发布"按钮即可，如图 3-107 所示。

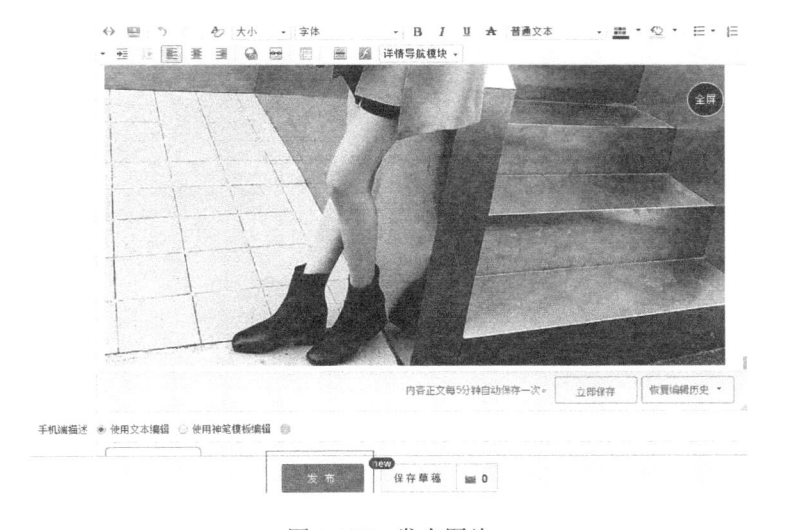

图 3-107　发布图片

项目小结

本项目介绍了网店图片的拍摄技巧、图片美化技巧和网店整体布局技巧。通过学习，读者可以了解相机的基本使用方法，掌握拍摄网店图片的构图和用光技巧；运用图片处理软件进行网店图片的美化；学会店铺首页设计和详情页的设计。在网店整体布局中，店招是品牌展示的窗口，也是首页所有模块中最特殊的，是最先进入消费者眼球的模块，如何利用好店招传达信息十分重要；页尾导航的作用是拉回即将跳转店铺的顾客，这是一个与首页形成闭环的模块；详情页的设计要采用图文并茂的方式完美地展现产品。总之，网店装修设计需要遵循以下原则：引起注意、提升兴趣、建立信任、打消疑虑、催单成交。

项目实训

【实训1】 在淘宝网或者天猫搜索自己喜欢的五家店铺的店招海报并截图，结合本书所讲的知识点分析店招设计的几个要素，设计自己的店招。

【实训2】 制作海报：利用抠图工具抠产品图片，利用文字工具为海报添加文字，结合海报设计的知识点设计两张店铺的活动海报。

【实训3】 收集素材，构建布局框架，确认页面配色，选择合适的字体，创作一个宽为750像素、高为20 000像素的宝贝详情页。

项目 4

网店客服

📒 项目概述

网店客服是网店服务人员通过网络提供给消费者的一种服务，双方通过文字、图片的传递形成互动，达到服务的目的。客服是网店运营重要的组成部分。不同的网店，发展规律不一样，对客服人员的数量及服务内容要求也不一样。本项目主要介绍客服的分类与职责、客服工作的检验指标、常用的客服神器设置及客服的绩效管理。

📒 学习目标

知识 目标	了解网店客服的分类与职责
	了解客服工作的检验指标
	了解客服绩效管理的相关项目
能力 目标	能够使用千牛工具进行客服团队管理的设置
	能够使用千牛工具进行互动服务窗口的设置

📒 案例导入

网店装修完成后，小王的"羽我女装"店铺已经建立起来。运营一段时间以后，小王觉得工作太多，自己忙不过来，需要招聘客服人员。那么客服是如何分类的？如何衡量和检验客服工作的质量？如何对客服工作进行安排？客服工作又需要用到哪些工具呢？

📒 项目实施

任务 4.1 网店客服概述

4.1.1 网店客服分类与岗位职责

1. 网店客服的分类

网店客服一般分为售前客服和售后客服，如图 4-1 所示。就大中型网店而言，对客服工作进行分类是非常有必要的。因为大中型网店订单繁多，客户服务的信息量非常大，如果没有一个合理的分工，很难让客服工作有条不紊地进行。

图 4-1　网店客服分类示意图

2. 网店客服的工作职责

1）售前客服的工作职责

售前客服主要从事引导性的服务，如解答客户对产品质量等方面咨询的问题，服务过程包括从客户进店咨询开始至订单付款完成。售前客服的主要职责有以下几个方面。

（1）负责每日客户的接待工作，快速应答并及时响应客户咨询的问题，引导客户进行下单，登记特殊订单并交给售后和仓库处理。

（2）针对已拍下而未付款的订单进行客服回访，尽量让客户付款并达成交易（买家下单的时候，可能会有疑虑导致未付款，通过沟通可以消除买家的疑虑，最终促成交易）。

（3）核对已经付款的订单信息，避免出错。

（4）接受培训并主动了解产品信息。熟悉产品，掌握新产品的营销技巧，能够配合运营部门的营销计划做出自己的总结。

（5）负责店铺页面纠错，关注库存情况。

（6）完成上级主管交代的其他工作。

2）售后客服的工作职责

（1）负责每日客户接待。快速应答并及时响应客户咨询的售后问题，登记有问题的售后订单。

（2）负责处理维权订单。处理及跟进维权订单的进展情况，如果有客户申请维权，务必在最短的时间内处理。涉及处罚类的投诉，需要在半个小时至 1 个小时内与客户沟通，尽量说服客户撤销投诉。客户有过高的要求可以向上级主管征求意见。

（3）退换货处理。必须按要求备注有问题的退换货订单，优化流程，提高效率。

（4）退款处理。保证每天退款处理的及时性，保证退款速度小于行业的平均值，检查所有超时未完成退款的订单情况。

（5）排查已付款未发货的订单。每天排查后台有没有未及时发货的订单，有问题则立即联系仓库解决，不能解决则电话联系买家并解释原因。

（6）接受培训并主动了解产品信息，以便应对买家提出的产品问题。

（7）售后记录与总结。负责收集售后问题，针对这些问题制定相应的解决方案。分析退换货率和退换货原因，找出问题的根源，从源头解决退换货原因。

阅读材料 4-1　网店客服工作流程

（8）完成上级主管交代的其他工作。

4.1.2　客服工作的检验指标

1. 客服询单转化率

每个客服的工作情况和工作效率都不一样，如何检验客服的工作？常用的检验指标有哪些？

购买转化可以分为静默转化和询单转化。静默转化是指客户进入店铺后直接购买，询单

转化是指通过咨询客服打消疑虑后再进行的购买。检验客服工作的第一个指标是询单转化率，询单转化率计算公式为

$$询单转化率 = 咨询付款人数 \div 咨询人数 \times 100\%$$

比如，100位客户向某位客服咨询了商品的相关信息，其中有40位客户下单购买，那么这位客服的询单转化率为40%。一般而言，普通日用品的询单转化率要达到40%~60%。

那么，可以通过什么工具来查看客服的询单转化率呢？一是通过官方千牛工具的接待中心查看，另外还可以通过第三方工具进行查看。千牛接待中心界面如图4-2所示。

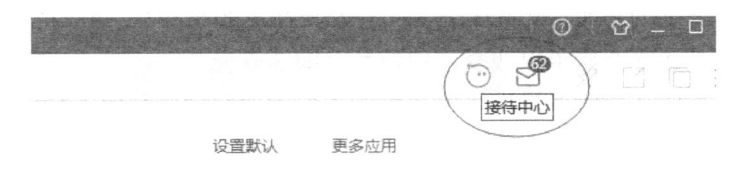

图4-2　千牛接待中心界面

打开接待中心，可以看到总订单数和今日接待数，如图4-3所示。

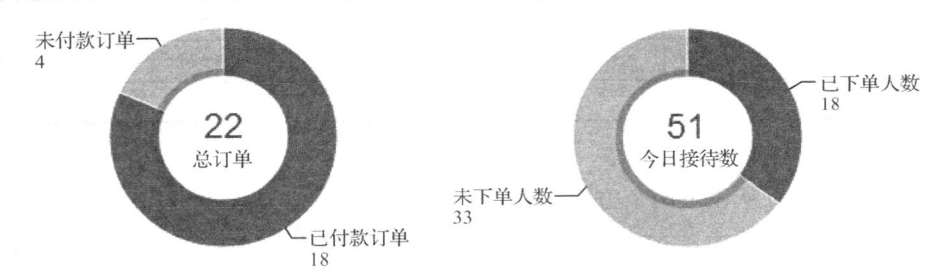

图4-3　千牛接待数据

通过订购第三方服务平台提供的客服绩效管理工具，也可以查看询单转化率，比如赤兔实时绩效软件，如图4-4所示。

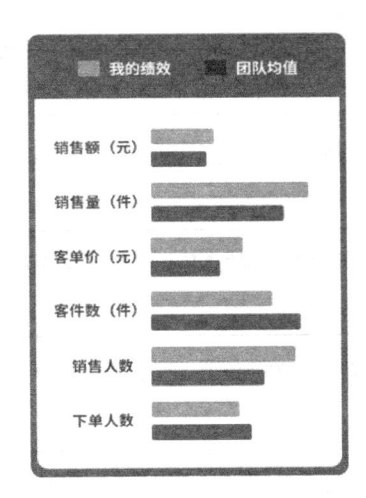

图4-4　赤兔实时绩效软件界面

影响询单转化率的因素非常多，通过询单转化率的指标数据，能够直观地了解客服工作的效率。

2. 客单价

客单价（Per customer transaction）指的是每位客户一定时间内在某网店中的平均消费金额，它是检验客服工作的第二个指标。

1）如何计算客单价

客单价的计算方式有两种：

$$客单价 = 商品平均单价 \times 每位客户平均购买商品的数量$$

$$客单价 = 支付宝成交金额 \div 成交用户数$$

用第二种算式来举例说明，某个店铺有四位客户前来购买商品，他们的成交金额是 2 000 元，那么客单价等于成交金额除以成交的用户数，即 500 元。

参照客单价，客服客单价就是由这位客服服务后的成交金额与服务后成交人数的比值。

表 4-1 所示为某淘宝网店三名客服的一周成交情况统计表。通过数据的对比可以看出，即使是同一个网店的客服人员，由于各种主观或者客观因素，客单价也是有差别的。

表 4-1 某淘宝网店三名客服一周成交情况统计表

客服	接待客户（人）	成交量（件）	成交笔数（笔）	成交额（元）	客单价（元）
客服 A	205	100	70	34 956.5	499.4
客服 B	202	140	102	38 678.6	379.2
客服 C	204	89	55	25 256.2	459.2

2）如何提升客单价

提升客单价，可以从以下两个方面入手。

（1）提升客户服务的语言表达技巧。要想通过客服与客户沟通来促进成交量的提升，必须掌握以下技巧。

① 首次接待客户用语。首次接待客户时要热情且及时，回复客户的时间应尽量控制在 15 秒以内，回复客户的平均时间应尽量控制在 30 秒以内。若不能及时回复，应先跟客户道歉，例如：

> 亲，您好，××为您服务！请问，有什么可以帮您的吗？我们正在举行"全场满两件包邮"的活动：即日起，在本店任意购买两件商品即可包邮，亲选好需要的宝贝后，用购物车一起拍下联系我修改邮费哦！

② 特殊情况接待语。如果因特殊情况延误回复（延误时间超过 2 分钟），需要告诉客户原因，例如：

> 亲，真的很抱歉，因为咨询的 MM 比较多，回复稍微慢了点，我会尽快回复您哦，谢谢您的谅解。

如果当前咨询量比较大，不能及时回复，可以将新接入的客户转给其他不忙的客服，转出之前应先发快捷语，例如：

> 亲，十分抱歉，由于我这边咨询人数过多，影响了回复速度，现帮您转接其他客服，稍后会有客服主动与您联系，请您留意下别的旺旺消息哦，感谢您的配合。

如果发了首语以后客户一直没有响应，客服应该主动询问客户是否需要帮助，例如：

> 亲，您还在吗，请问有什么可以帮您的呢？

如果碰到的问题不能立即回复，应先告知客户正在查询，例如：

> 请您稍等，马上为您查询……

③ 结束语。结束语适用于核对完客户的付款及订单信息后，保证已确认完客户订单及做好相关备注的情况。若客户拍下未付款，需要在订单备注栏里做未付款提醒，并发未付款提醒语。例如：

> 亲，谢谢您对××的关注，有什么需要帮忙的您随时联系我，我是客服××，祝您购物愉快！

如果确认客户已经购买了商品，还应该推荐搭配产品，最后核对订单信息，告知售后条款并发送祝福语。例如：

> 亲，感谢您的支持，我们支持七天无理由退换货，若收到货不满意请及时联系我们处理，若满意，请记得5分好评以示鼓励哦，我是客服××，祝您生活愉快！

（2）区别对待不同类型的客户。客服要学会判断客户的类型，从而做出有效的销售引导。一般来说，客户可以分为以下几个类型。

① VIP型——我的地盘你做主。这类客户是店铺的老客户，咨询问题会比较简单。耐心回答这类客户的问题并给予店铺最大折扣和优惠政策。

② 疑虑型——朋友姿态，耐心讲解。这类客户下单时会很难下决定，问的问题也多，这时需要做的就是耐心回答他提出的问题，把他可能会问到的问题的答案都告诉他，减少沟通时间。

③ 情感型——轻松掌握，引导购买。用好的服务态度去感染他。

④ 理智型——态度诚恳，有一说一。如实描述店铺的商品，并耐心解答他的问题。

阅读材料4-2 有一种客服部叫"全球客户满意中心"

3．旺旺客服的响应速度

检验客服工作的第三个指标是旺旺客服的响应速度。在网店运营过程中，很多卖家想尽办法获取流量，但是往往流量来了，转化率却很低，主要原因是因为他们忽略了客服在响应速度和效率上的提高。客服更快的回复速度和更短的回复时间能够提升咨询客户的成交量。

旺旺客服的响应速度分为平均响应速度和首次响应速度。对客服来说，重要的是平均响应速度，而不是首次响应速度。客服响应速度有三种查看方式：淘宝网卖家中心店铺管理的"子账号管理"，如图4-5所示；管理客服分流中的实时数据，如图4-6所示；第三方客服绩效管理工具"赤兔"。

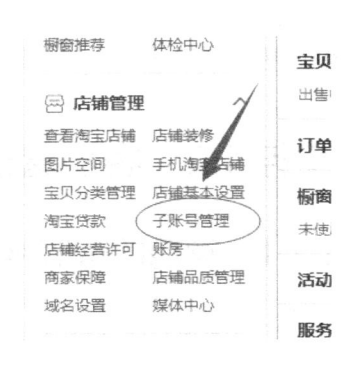

图4-5 子账号管理

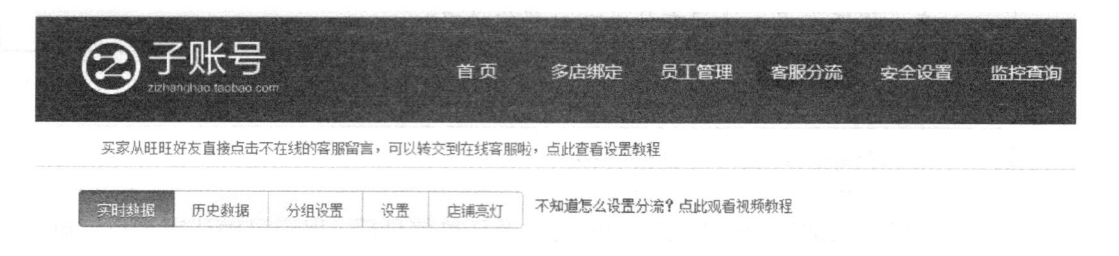

图 4-6　子账号管理客服分流

通常来说，客服平均响应速度多少比较好呢？可以肯定的是越快越好。一位优秀客服的平均响应速度要求在 20 秒以内，首次响应速度要求在 5 秒以内。提高旺旺响应速度有以下几种方法。

（1）提升打字速度和打字技巧。打字速度快是从事客服工作的必要条件，招聘客服时这个条件是硬指标，一个合格的客服打字速度应该在每分钟 50～60 字。要成为一个优秀的客服，首先要努力提高打字速度，练习时可以使用网上的打字软件，比如金山打字通，如图 4-7 所示。

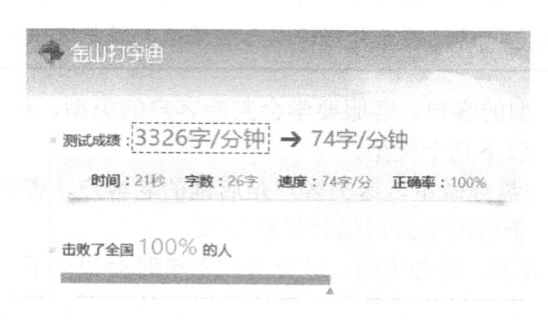

图 4-7　金山打字通

（2）熟悉产品信息和店铺活动内容。一个优秀的客服应该对产品信息、店铺活动内容非常熟悉，如果只有等自己翻资料、问同事才能回答客户提出的问题，会延长客户的等待时间，从而降低旺旺的平均响应速度。熟悉产品信息、店铺活动内容是衡量客服是否专业的主要因素。

（3）巧用客服工具，对客服常用语言进行规范设计。在客户咨询量比较大的情况下，客服对常用工具（如千牛工具）语言快捷键越熟悉，旺旺响应的速度就越快。

任务 4.2　客服管理

4.2.1　常用的客服神器

一般来说，平常买家的咨询服务需求并不是太多，但在一些节日来临（如"双 11"购物狂欢季），卖家激情备战之时，客户服务工作难免心有余而力不足。尽管网店日夜加派人手，仍然难以满足买家的咨询服务需求，这就需要借助客服软件的功能进行辅助。这里介绍在大型促销活动时，解决客服工作痛点的三种方式：客服团队管理、客服机器人和互动服务窗。

1. 客服团队管理

千牛客服工具中客服团队管理是提升旺旺响应速度的一大神器，它具有如下功能。

（1）批量修改团队签名。有了团队签名功能，再多的子账号也不怕，可以随时根据店铺活动进行回复。团队签名就是显示在旺旺聊天窗口的签名，所有的子账号统一显示给消费者，消费者可以根据需求选择客服。由于目前淘宝网大部分订单已经转移到手淘端，所以团队签名功能已经用得不多了。

（2）自动回复。一些常见的问题可以使用自动回复功能。例如，"发什么快递""什么时候发货"等。

（3）批量修改团队快捷短语，统一管理客服话术。淘系平台有大量的卖家和买家使用千牛、旺旺工具跟买家沟通，买家经常提问一些常见的问题，都是一样的答案，如果咨询的人比较多就会忙不过来，批量修改团队快捷短语就可以解决这类问题。

（4）设置店铺禁用语，以防止客服口误。客服由于每天都要面对形形色色的人，有时候可能会头脑不清晰，不小心回复一些影响店铺订单的信息，尤其是新手客服，对平台规则不熟悉，更容易出现这种问题。为了避免客服口误，设置统一的店铺禁用语是非常有必要的。

2. 客服机器人

客服智能机器人是官方开发的一款免费工具，客户咨询的各种问题，智能机器人都可以自动回复，它是提升客服效率的一款利器，尤其是店铺活动期间咨询量大的时候，它不会让你漏掉任何一个客户的咨询。客服机器人不仅能轻松帮你接待客户，还能促进店铺成交。由于手淘端暂时不支持千牛客服机器人，这里不做详细介绍。它主要有以下两个功能：自动回复和数字回复导购。

3. 互动服务窗

由于淘宝网手机端占比太高，淘宝网卖家的主战场已经转移到手机端了。因此，淘宝网推出了新的无线端旺旺聊天窗口工具——互动服务窗，在与买家沟通过程中为商家提供丰富的互动服务功能。淘宝网互动服务窗有很多强大的自动回复功能。淘宝网互动服务窗界面如图4-8所示。

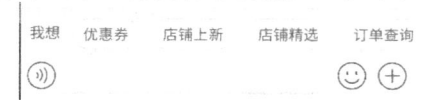

图 4-8　淘宝网互动服务窗

互动服务窗可设置的菜单如下。

（1）官方标配菜单。系统自动抓取项：店铺上新、猜你喜欢、订单查询和优惠券（其中优惠券抓取的是"公开推广"状态的优惠券，请大家一定要确保优惠券处于这种状态，否则系统不能成功抓取，前台不展示）。需要手动配置项：买家秀、客服专线、店铺精选。

（2）自定义链接。该链接可以是店铺内的商品，也可以是 H5 等。如果是店铺商品的链接，请注意，链接的地址不能是计算机端的链接，一定要是无线端的链接（注：必须是手淘网环境内的链接；链接前后不能空格；需要前置 http://）。

（3）"素材库功能"里的图文卡片、视频卡片和"双11"店铺精选卡片。这类功能有点类似微信公众号的弹出图文信息功能。

4.2.2　客服绩效管理

前面介绍了常用的客服工具，下面介绍如何进行客服的绩效管理。如果一个淘宝网卖家将网店客服的地位定得很低，那么这样的网店不会有很大的发展。为什么这么说呢？因为客服是整个网店的核心环节。很多运营者可能碰到过这种情况：同行的客服人员比自己店铺的客服人员少了一倍，为什么每个季度的销售额会比自己的店铺多出一倍甚至是几倍？自身在推广的力度及资源上并不比对方差多少。

客服是什么？一个合格的客服应该具备三大意识：服务意识，能服务好客户、处理好售后问题；销售意识，能根据店主的需求去销售产品；品牌意识，能让客户深层次地了解并认同店铺。

从绩效考核管理的角度来看，客服绩效的好坏与客服的销售技巧、工作能力、工作态度等因素有关。网店运营者往往会考虑如何管理好客服团队，让客服人员都能具备高效的产出，所以客服的绩效管理工作非常重要。下面来介绍一下客服绩效考核的一般考核点。

1．服务质量

服务质量是衡量客服是否合格的基本标准，描述的是客服对待工作的基本态度，在客服绩效管理中，它是非常重要的，占40%。根据重要程度，管理者会设定一定的权重和比例，对客服的服务质量进行数字化的绩效管理。下面举例说明如何评价客服服务质量的绩效管理，如表4-2所示（KPI指标为关键业绩指标）。

表4-2 客服服务质量绩效管理

比重	序号	KPI指标	所占比重	详细描述	考核标准	得分值
服务质量 40%	1	旺旺回复率	10%	旺旺回复率是指客服回应客户咨询人数的一个比例，比如当日所有客户的咨询客服都回应了，那么旺旺回复率就是100%	KPI=100%	10分
					98%≤KPI<100%	8分
					95%≤KPI<98%	6分
					92%≤KPI<95%	4分
					KPI<92%	0分
	2	旺旺响应时间（秒）	10%	响应时间是指从客户咨询到客服回应的每一次时间差的均值	KPI≤30	10分
					30<KPI≤40	8分
					40<KPI≤50	6分
					KPI>50	0分
	3	服务态度	10%	服务态度是指客户对客服的评价，或者因为售前、售后的问题，客户对客服的投诉和不满，以及差评	无违规	10分
					1~2次	7分
					3~5次	4分
					5次以上	0分
	4	差评次数	10%	差评次数是指由于服务态度问题而造成的客户差评的次数（对于每个客户给的差评，应去查看与该客户的聊天记录）	无差评	10分
					1次	6分
					2次	4分
					3次	0分

2．客服业绩

对于网店运营来说，最重要的是店铺的业绩。同样，衡量一个客服是否优秀，业绩指标的考核也非常重要。在客服的绩效管理中，客服业绩权重也是最高的，占45%。下面举例说明如何对客服业绩绩效进行管理，如表4-3所示。

表 4-3 客服业绩绩效管理

比重	序号	KPI 指标	所占比重	详 细 描 述	考 核 标 准	得分值
客服业绩 45%	1	指标完成率	15%	实际销售额/计划销售额	KPI=100%	10 分
					90%≤KPI<100%	9 分
					80%≤KPI<90%	8 分
					70%≤KPI<80%	7 分
					60%≤KPI<70%	6 分
					50%≤KPI<60%	5 分
					40%≤KPI<50%	4 分
					KPI<40%	0 分
	2	咨询转化率（成功率）	10%	最终下单人数/咨询人数	KPI≥70%	10 分
					60%≤KPI<70%	9 分
					50%≤KPI<60%	8 分
					40%≤KPI<50%	7 分
					30%≤KPI<40%	6 分
					KPI<30%	0 分
	3	下单成功率	10%	最终付款人数/下单人数	KPI≥95%	10 分
					90%≤KPI<95%	9 分
					85%≤KPI<90%	8 分
					70%≤KPI<85%	6 分
					KPI<70%	0 分
	4	客单价（元）	10%	通过本旺旺服务且最终付款：销售额/下单付款人数（有效客单价）	KPI≥310	10 分
					290≤KPI<310	9 分
					270≤KPI<290	6 分
					KPI<270	0 分

3. 日常工作表现

与其他岗位一样，客服岗位应该也要对日常的工作表现进行考核，如出勤率、团队协助能力、业务技能的掌握情况等。对于客服日常工作表现的考核，一般不宜设置过多，以服务质量和客服业绩两个方面为主。下面举例说明如何考核客服的日常表现，如表 4-4 所示。

表 4-4 客服日常工作表现管理

比重	序号	KPI 指标	所占比重	详细描述	考核标准	得分值
工作表现 15%	1	出勤率	2%	每月的出勤情况	当月出勤情况	2 分
						1 分
						0 分
	2	业务技能考核	2%	每月会不定时考核，考核分为口试与笔试，同时会有神秘客户进行暗访	每月业务技能考核情况	2 分
						1 分
						0 分
						−2 分

续表

比重	序号	KPI 指标	所占比重	详细描述	考核标准	得分值
工作表现 15%	3	工作积极性、团队合作精神、品德、言行和执行力	3%	能否对工作提出有建设性的改进建议，能否主动协助其他同事解决问题；与团队配合情况、团队合作情况等，发现工作问题及时与同事进行沟通	A	3分
					B	2分
					C	1分
	4	协助跟进服务金额（万元）	8%	客户下单后的跟进服务金额（催款或处理售后），如果没有催款，只有售后，就只能得到总分数一半的分数	2≤KPI	8分
					1.7≤KPI<2	6分
					1.4≤KPI<1.7	5分
					KPI<1.4	3分

4．其他自由设置项

一般来说，客服的绩效管理由"服务质量＋业绩＋工作表现"来设置。但是在网店客服的绩效管理中，往往有一些特殊情况，如被客户表扬、提出了一些对于店铺运营有帮助的意见和建议、被客户持续投诉，等等。对于这些特殊情况，建议管理者建立适当的机制来对客服进行加减分的绩效管理。下面举例说明如何进行客服加减分的绩效管理，如表 4-5 所示。

表 4-5　客服加减分管理

比重	序号	KPI 指标	详细描述
加减分	1	投诉	内部投诉：在工作过程中，因个人原因的工作不配合或其他原因造成公司内部人员投诉的，经查证属实一次扣 5 分
	2	违规	在工作过程中，因个人原因造成公司外部人员对公司有不好的评价，导致不同程度有损公司形象和声誉的行为，属个人违规行为。凡本人有一般违规行为，一次扣 10 分；凡本人有较严重的违规行为，一次扣 20 分；凡本人有特别严重违规行为，当月绩效得分为 0 分，公司有权解除劳动合同
	3	表扬	部门奖励：月度内员工在工作中有突出表现或进行了额外的工作，可由部门负责人酌情给予一定的加分，最多加 2 分。 人力资源部奖励：月度内员工积极参加公司组织的活动，在其他方面有突出表现，如乐于助人，获人力资源部表扬一次，加 2 分。 根据员工表现，可酌情给予一定奖励，此项加分上限为 10 分。被客户表扬加 2 分；表现突出（如工作态度好，进步快，学习能力强等），加 2～5 分；客户在评价中被公开表扬，加 3 分
	4	特殊贡献	为公司节约成本 500 元以上（如电话费、房租费、招聘费等）。 针对公司管理及其他事务提出合理性建议及解决方案，被公司采纳并给予奖励。 员工在其他方面有突出表现，为公司赢得社会声誉的行为，获得上级领导嘉奖的，根据贡献的大小，酌情给予一定的奖励，此项加分上限为 10 分
	5	店铺三项评分	卖家服务评分每下降 1%，客服团队每人扣除 1 分，依次类推；每个月提升 1%，每人加上 1 分，依次类推

任务 4.3 "羽我女装"店铺客服设置

阅读材料 4-3 那些年,我们走过的客服绩效管理

1. 设置客服分类

设置客服分类步骤如下。

（1）为每个客服配备子账号。首先进入卖家中心后台,在"店铺管理"中找到"子账号管理",如图 4-9 所示。

（2）在部门结构中,新建客服部门,分为售前客服和售后客服,如图 4-10 所示。

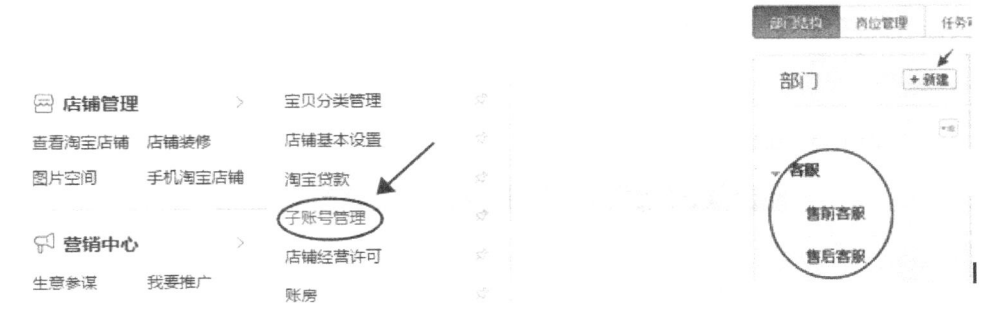

图 4-9 子账号管理

图 4-10 新建子部门

（3）填写客服员工的账号信息,如图 4-11 所示。填写完成之后,单击顶部的"确认新建"按钮,子账号设置成功。如果是售前客服选择岗位为"售前客服",售后客服则选择岗位为"售后客服"。

图 4-11 填写客服员工的账号信息

（4）子账号设置成功之后,就可以在网店装修中自己喜欢的位置增加旺旺客服了。这里以淘宝网自带的客服中心为例,说明如何添加旺旺客服。

① 进入"卖家中心"→"店铺管理"→"店铺装修",如图 4-12 所示。
② 进入 PC 首页装修后,找到客服中心模块,如图 4-13 所示。
③ 单击"编辑"按钮,将客服中心添加到自己想添加的页面。

④ 根据旺旺分组及自己的客服工作时间，进行客服中心内容设置，如图 4-14 所示，最后保存即可。

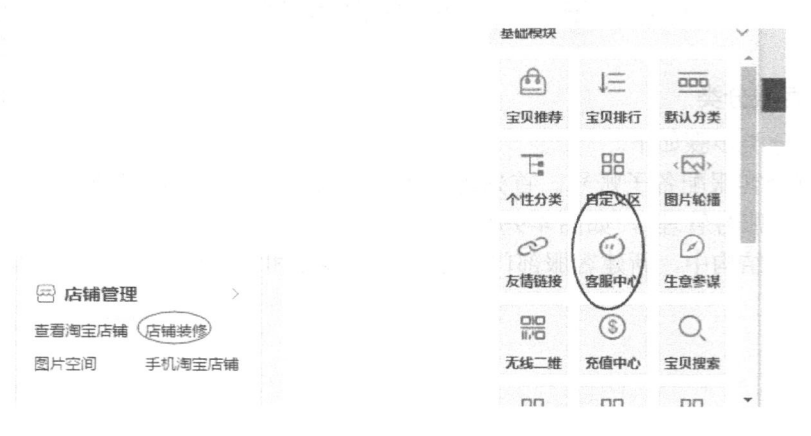

图 4-12　店铺装修入口　　　　　　　图 4-13　客服中心入口

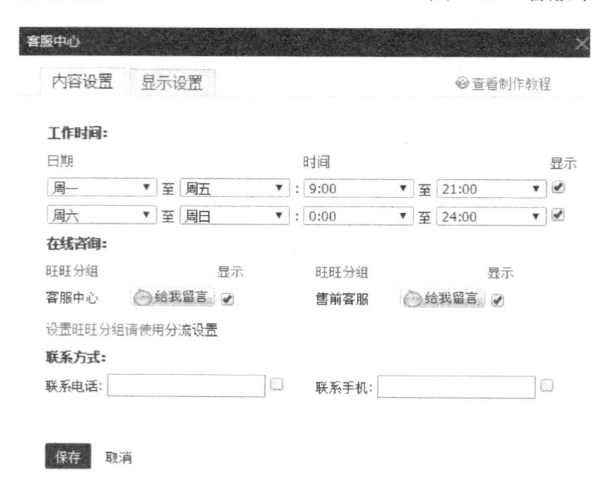

图 4-14　客服中心内容设置

2. 管理客服团队

以千牛服务工作台的客服服务设置为例，对客服团队进行统一管理。

（1）进入千牛服务工作台的应用中心，执行"客服工具"→"团队管理"命令，进入团队管理主界面，界面显示有团队签名、自动回复、快捷短语、禁用语、商品推荐和消息设置几个选项，如图 4-15 所示。

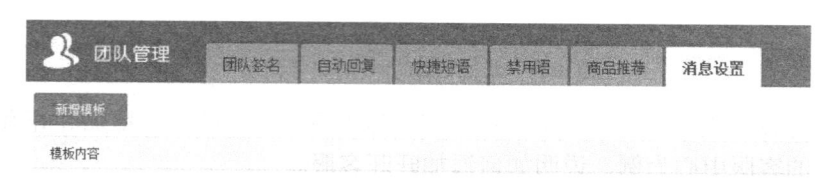

图 4-15　千牛客服团队管理

（2）设置团队签名。单击"团队签名"选项卡，输入签名内容，选择是否"允许客服个人修改"(若勾选"允许客服个人修改"复选框,则允许客服在个人账号上修改个性签名),勾选"保存时立即生效"复选框,如图4-16所示,最后保存就可以完成团队签名的设置。

图4-16 团队管理的团队签名

(3)设置自动回复功能。使用团队管理的自动回复功能,可根据客服分组的情况,设置不同的自动回复内容。自动回复包含模版(应为"模板",此处与界面保持一致)名称、模版内容、关联问题、卖家卡片4个选项,如图4-17所示,根据要求设置相关内容即可。

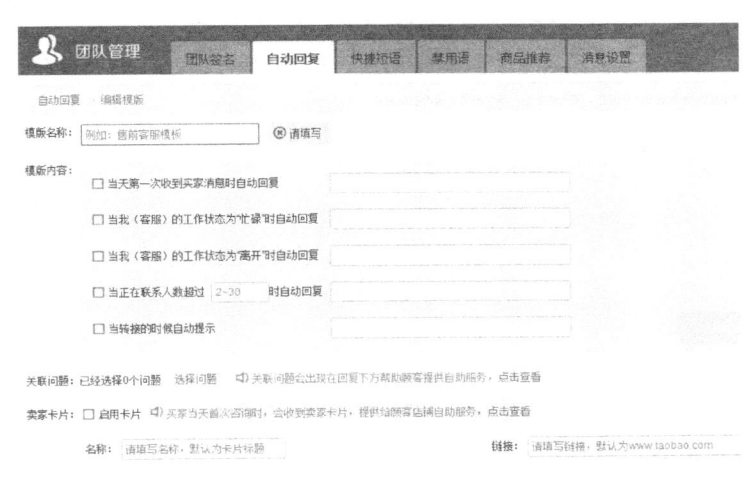

图4-17 团队管理的自动回复

(4)设置团队快捷短语。在"快捷短语"选项卡中,单击"新增分组"标签,输入分组名称和快捷短语,单击"保存"按钮,如图4-18所示,也可以直接导入快捷短语。

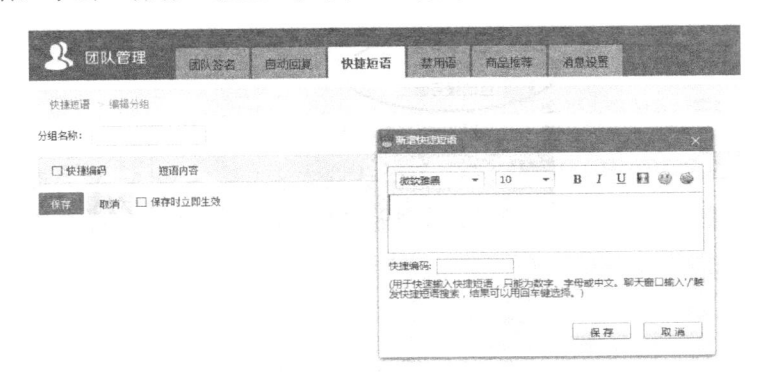

图4-18 团队管理的快捷短语设置

设置完成后，在客服快捷短语窗口中将显示个人和团队的快捷短语，如图 4-19 所示。

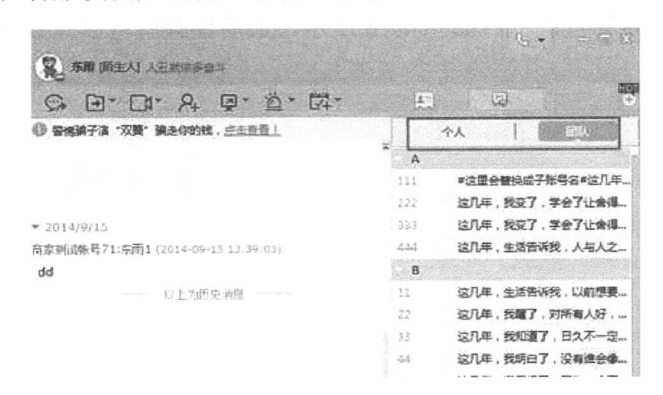

图 4-19　客服旺旺的快捷短语窗口

（5）设置禁用语。如果咨询量大，为防止客服无意中说错话，可根据店铺的情况输入禁用语。例如，"不开发票"之类的文字，有可能造成店铺被扣分，可在此设置为禁用语，如图 4-20 所示。

图 4-20　团队管理的禁用语

3. 设置互动服务窗

设置互动服务窗操作步骤如下。

（1）首先登录千牛工具，在搜索界面输入"互动服务窗"，打开"互动服务窗"应用窗口，如图 4-21 所示。

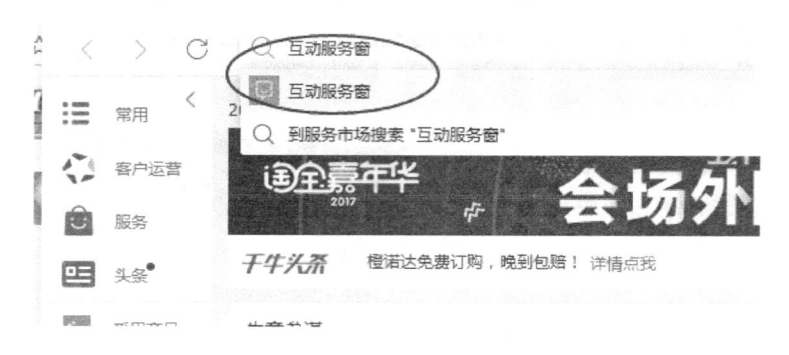

图 4-21　互动服务窗入口

（2）根据需要单击"＋"按钮，进行服务窗的菜单设置（具体操作在此不再赘述），如

图 4-22 所示。

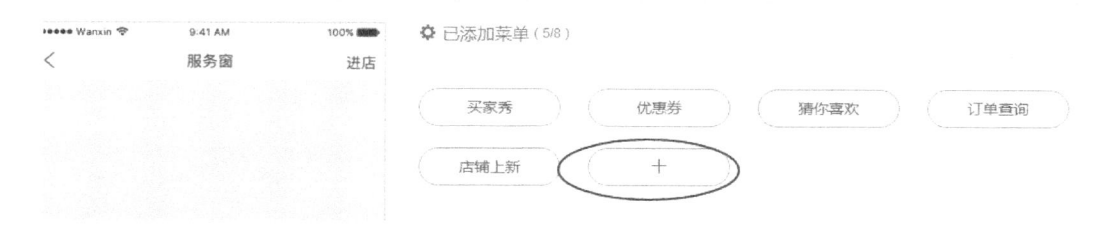

图 4-22 互动服务窗的设置

项目小结

客服是网店必须配备的岗位。本项目介绍了如何对网店客服进行分类，他们的职责是什么；作为客服管理人员如何制定客服的考核指标，如何通过设置客服的绩效管理来提高客服对店铺的关注度；常用的客服神器有哪些，应该怎样去设置。通过本项目的学习，读者基本能够对网店客服有了一个系统、详细的了解。

项目实训

【实训 1】 在自己的网店中设置多个客服。

【实训 2】 使用千牛客服团队管理工具在自己的店铺中进行团队签名、自动回复、快捷短语和禁用语的设置。

【实训 3】 设置自己手淘店铺互动服务窗功能。

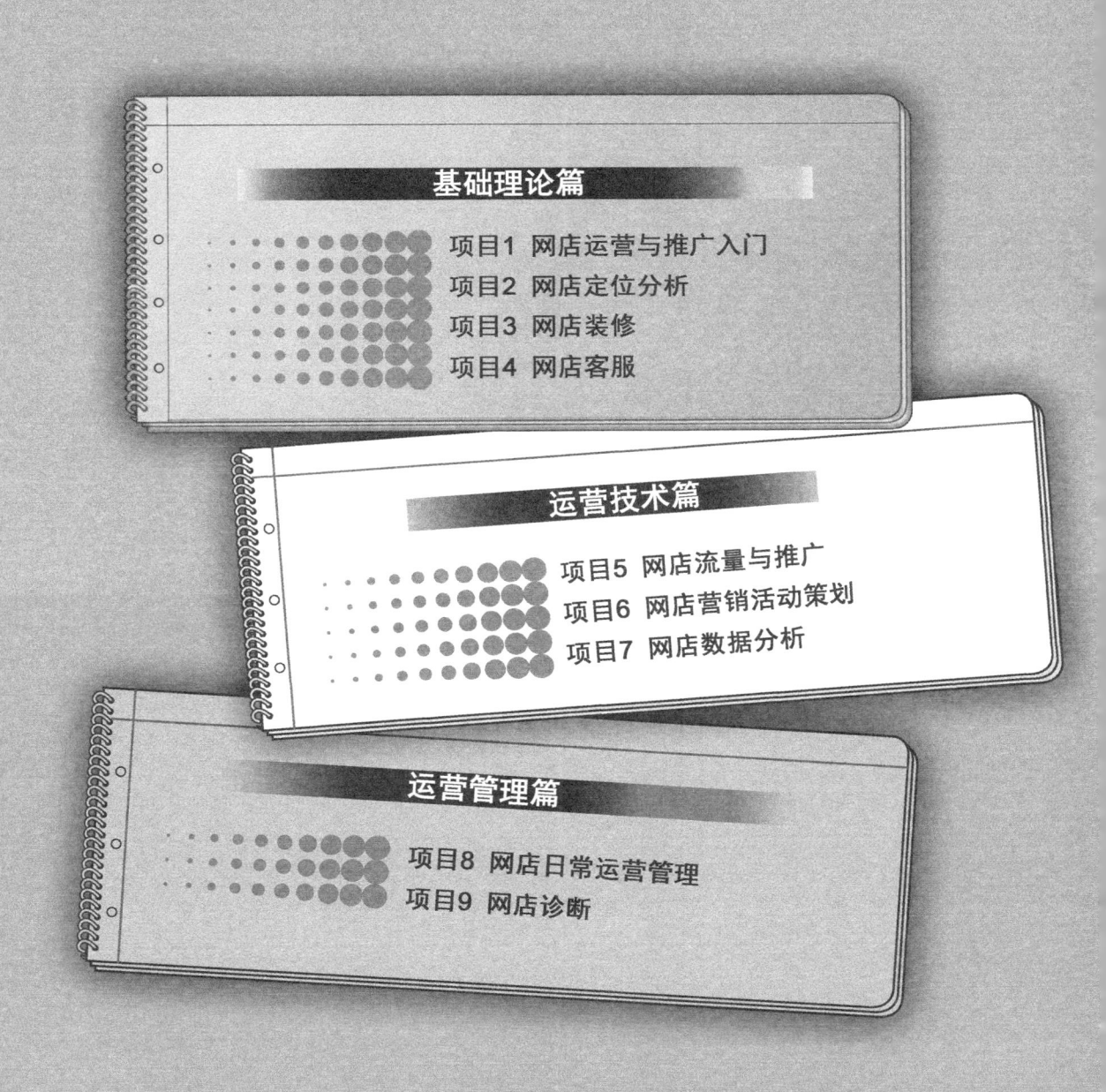

运营技术篇

基础理论篇

- 项目1　网店运营与推广入门
- 项目2　网店定位分析
- 项目3　网店装修
- 项目4　网店客服

运营技术篇

- 项目5　网店流量与推广
- 项目6　网店营销活动策划
- 项目7　网店数据分析

运营管理篇

- 项目8　网店日常运营管理
- 项目9　网店诊断

项目 5
网店流量与推广

项目概述

网店运营过程中，如何引入和提高网店的流量是运营人员每天都需要思考的问题。本项目将介绍网店流量（免费流量、活动流量、内容流量及付费推广流量）的来源及推广技巧，包括淘宝 SEO 优化、直通车运营、钻石展位推广、淘宝客推广、品销宝的投放等。

学习目标

知识目标	了解网店流量来源构成
	了解免费流量、活动流量、内容流量和付费推广流量的主要来源
	了解各付费推广工具的原理
能力目标	能够掌握网店 SEO 优化技能
	能够掌握直通车推广运营技能
	能够掌握钻石展位推广运营技能
	能够掌握淘宝客推广技能
	能够掌握品销宝投放设置

案例导入

9月份，小 A 通过面试成功入职"羽我女装"公司。作为一名推广专员，领导给小 A 安排了工作任务：总结最近 3 个月"羽我女装"店铺的流量情况并分析店铺付费流量和免费流量占比数据；免费流量如何提升；付费流量渠道如何分配；付费流量效果如何优化；在 10 月份将参加一场聚划算活动，制订接下来 3 个月（包括"双 11"）的店铺流量提升计划。

如果你是小 A，你该怎么做？

项目实施

任务 5.1　流量与免费流量

5.1.1　网店流量概述及分类

1. 网店流量的定义

网店流量是指通过各种渠道从平台中进入网店的用户数量。淘宝网店对于流量（访客数）的定义为，通过对应渠道进入店铺页面或商品详情页访问的去重人数。网店流量的计数规则：一个访客在统计时间内访问多次只计为一个流量来源；同一个访客，通过多种渠道进入店铺，则计入多个来源渠道；终端访客数为 PC 端访客数和手淘端访客数的去重总数。

淘宝网店的运营工作围绕着三大指标进行，即流量（访客数）、转化率和客单价。淘宝网店运营核心公式为销售金额＝流量×转化率×客单价。从公式中不难看出，网店销售金额与三大指标息息相关，呈现一个正比例关系。流量的大小反映有多少人进入网店浏览商品，转化率的大小反映进入网店来浏览商品的客户有多少人购买了商品，而客单价反映的则是每个客户平均购买商品的金额。只有客户进店浏览商品，才有可能产生转化率，才有可能形成客单价。因此，流量是转化率和客单价的基础，获取流量是网店运营的核心工作。

2. 网店流量的分类

网店流量主要有两种分类方式，从内容上划分，网店流量可以分为免费流量、活动流量、内容流量及付费推广流量；从网店工具（生意参谋）流量渠道划分，网店流量可以分为淘内免费、付费流量、自主访问和站外流量。

5.1.2　免费流量入口

对于网店运营来说，商家都希望大量获取免费流量；对于发展健康的网店来说，免费流量是网店流量的核心。

1. 免费流量的入口

（1）根据来源将免费流量入口分为淘内免费流量和自主访问流量，PC 端和手淘端的免费流量入口又有所不同，如表 5-1 所示。

表 5-1　免费流量入口分类

分　　类	端　　口	来　　源
淘内免费	PC 端	淘宝首页、淘宝搜索、淘宝站内其他、淘宝足迹、淘宝其他店铺等
淘内免费	手淘端	手淘搜索、淘内免费其他、手淘找相似、手淘微淘、手淘问大家、手淘旺信、手淘其他店铺、手淘拍立得、手淘首页、手淘消息中心等
自主访问	PC 端	购物车、宝贝收藏、直接访问、店铺收藏、我的淘宝首页、已买到的商品等
自主访问	手淘端	购物车、我的淘宝、直接访问等

淘内免费流量和自主访问流量的相同点都是免费流量，不同点主要表现在以下几个方面。

① 流量来源访客性质不同。淘内免费流量主要以新访客为主，访客人群对店铺没有认知或认知度不高，而自主访问流量引入的访客主要以老客户和深度认知客户为主。

② 流量转化率不同。自主访问流量的转化率一般比淘内免费流量的转化率高，主要原因在于店铺渠道引入人群性质有区别，老客户及深度认知客户在转化率上远高于新客户。

③ 流量数量不同。一般来说，淘内免费流量高于自主访问流量，淘内免费流量跟店铺产品SEO优化、免费流量布局等有关，而自主访问流量主要跟老客户维护及深度认知客户的数量有关。

（2）手淘端重要免费流量入口。近年来，在移动电子商务大力发展的情况下，网店无线流量占比不断提高，正常类目的无线流量占比高达90%以上，部分网店无线流量甚至超过95%。因此，在这里有必要介绍几种手淘端的重要免费流量入口，主要包括：手淘搜索、淘内免费其他、手淘首页、手淘每日好店和手淘问大家。

① 手淘搜索：通过手淘客户端的淘宝搜索进入店铺页面或商品详情页。

② 淘内免费其他：通过其他APP来访问淘系APP产生的流量。对于部分无法识别来源的流量，也把它归入淘内免费其他，如通过部分无线活动页面进入的流量、没有打上相关的标记的流量和用户部分日志缺失而无法识别的流量等。

③ 手淘首页：通过手淘客户端的首页直接进入店铺页面或商品详情页（广告banner位、每日好店除外）。

④ 手淘每日好店：通过手淘客户端的每日好店的产品进入店铺页面或商品详情页。

⑤ 手淘问大家：通过手淘问大家进入店铺，包括手淘APP底部的"问大家"和宝贝详情页中的"问大家"。

2．免费流量分类

从网店运营的角度来考虑，淘宝平台免费流量主要分为以下几类。

（1）搜索流量——淘宝SEO。搜索流量，包含PC端和手淘端。从买家购物行为上分析，搜索流量是店铺重要的流量之一，与其他免费流量相比，搜索流量不仅能控制，还能通过技术技巧进行有效的优化。

（2）站外其他流量——社会化媒体流量。站外其他流量也称为社会化媒体流量，通俗来讲，就是在互联网上运用社会化媒体工具产生的流量。例如，通过微博、微信、论坛、QQ群等一系列社交媒体平台所带来的流量，这部分内容涉及网络营销，在本书中不做详细讲解。

（3）老客户CRM流量——自主访问为主的流量。老客户CRM流量，主要是以自主访问为主，来源包括购物车、收藏夹、我的淘宝，以及直接输入宝贝链接、已购买到的宝贝等。

（4）站内其他流量——淘宝站内其他流量。来源包括类目、旺旺、客服推荐等。

需要说明的是，还有一些免费流量不受控制或者作用变小，例如：

在PC端和手淘端很多的免费流量入口（如手淘拍立得、手淘首页、手淘旺信、手淘找相似等），由淘宝平台自主推荐或者自动抓取为主，不受控制而且可操作性差；淘宝论坛等入口的流量，作用比较小，可以归类到社会化媒体流量当中；淘宝平台首页模块改版，类目流量已经变得微乎其微。

5.1.3 免费流量推广之淘宝 SEO 优化

1. 淘宝 SEO 概述

淘宝 SEO，全称淘宝搜索引擎，对应流量分类就是搜索流量，又称自然搜索。淘宝搜索流量是店铺生存的根本。在店铺运营中，淘宝 SEO 的优化和操作是必做的工作，因为无论是付费流量还是免费流量，其目的都是为了能够获得稳定而优质的搜索流量。

在淘宝搜索过程中，权重贯穿整个系统。什么是权重？引用百度百科的解释，权重是一个相对的概念，针对某一指标而言，某一指标的权重是指该指标在整体评价中的相对重要程度。权重是要从若干评价指标中分出轻重来，一组评价指标体系相对应的权重组成了权重体系。在淘宝 SEO 优化当中，权重就是优化店铺和宝贝的各项关键词，优化后宝贝被搜索出来的排序效果不一样，不同的效果表明关键词对于搜索的重要性不同，权重也就不一样。

2. 影响淘宝搜索 PC 端的七大维度

淘宝网店在售商品数量十分庞大，在客户进行搜索商品的时候，是什么因素决定店铺产品的优先排序呢？

一般认为影响淘宝搜索排序的维度可以分为七种，分别是时间维度、文本维度、客户体验维度、宝贝维度、价格维度、店铺维度和个性化维度。这七种维度的模型也是淘宝搜索的基本模型，就好像为商品设置了七个考试关卡，当搜索某个宝贝时，淘宝网就会把搜索引擎中对应的宝贝放到这七个关卡中进行"考试"，每通过一个关卡考试就会获得一个分数，汇总七个关卡的总分数后由高到低进行排序，分数最高的排在第一位，而这些分数其实就是权重。

因此，淘宝搜索 SEO 优化就是针对不同的维度进行优化操作，既然针对的是操作，就必须先了解各个"考试"到底要考查些什么，也就是各个维度到底和什么相关。从目前淘宝搜索技术发展的情况来看，PC 端搜索和手淘端搜索维度几乎是相同的。下面简单介绍影响这七种维度的权重有哪些。

1）时间维度

影响时间维度的权重主要是宝贝自动上下架时间。淘宝网规则规定宝贝在淘宝平台上销售时间以 7 天（168 小时）为一个周期自动上下架，即从宝贝上架销售开始计时，到了离下架还有 48 小时的时候权重开始增加，离下架还有 36 小时至宝贝下架这段时间权重最高，下架以后立即自动重新上架，开始新一轮时间维度的权重周期。时间维度的优化就是要避开同类商品的最高权重时间，让自己宝贝的时间维度的权重最大化。

2）文本维度

影响文本维度的权重主要是宝贝标题和宝贝详情页的描述，以文本相关性来计算权重，宝贝标题搜索中空格和特殊字符不计算权重，文字相关展示既有精确匹配也有中心词匹配，模糊匹配几乎不存在。

所谓文本相关性，是指标题、宝贝描述与买家搜索关键词之间的关联度。也就是说，在满足类目属性后，标题还必须包含该关键词，才有被搜索并优先展示的可能。

因此，标题中关键词的选用及关键词的组合，对于提高相关性、提升排名、获取搜索流量是至关重要的。举个例子，一件连衣裙具备的特征是真丝面料、长袖、蕾丝、圆领，那么根据文本维度权重的特点和文本相关性原则，标题的关键词应为长袖、蕾丝、真丝、圆领、连衣裙，搜索引擎给出标题权重属于高权重；相反，如果写标题关键词为短袖、V 领、纯棉等和宝贝属性描述完全不相关的标题,这种标题获得权重低而且违规。

3) 客户体验维度

客户体验维度涉及内容较多,包括宝贝搜索点击反馈(宝贝点击率)、宝贝人气(宝贝收藏)、宝贝购物体验(宝贝评分、评价),对于目前淘宝网千人千面规则来说,个性化搜索、内容渠道的拓展可以获得更高的客户体验维度权重。

4) 宝贝维度

宝贝维度主要考查宝贝销量和转化率,是所有维度中重要的维度之一。

根据淘宝搜索规则,宝贝销量权重是以确认收货人数来计算的,同样一件商品,1 个客户买 1 000 个宝贝和 1 000 个客户各买 1 个宝贝,虽然销量金额是一样的,但销量权重却不一样,前者计 1 个销量权重,后者计 1 000 个销量权重。

宝贝转化率也是影响宝贝维度的重要因素,宝贝转化率只计算通过搜索流量带来的转化率,也就是通过搜索带来成交量的流量除以总流量,PC 端和手淘端分别计算。

5) 价格维度

对价格维度的权重影响主要有入店客户的成交意向、价格策略定位和价格的稳定性。淘宝店和天猫店的价格策略定位不同,淘宝集市店倾向于质优价廉,天猫店铺更倾向于品牌的高性价比。价格的稳定性也影响搜索权重,多变的宝贝售价会影响宝贝转化率,降低价格维度。

6) 店铺维度

店铺维度也是一项重要的参考维度,包括三项 DSR 评分、宝贝动销率和宝贝滞销率。DSR 评分是指买家在交易完成后给店铺的评分,包括"描述相符""服务态度""发货速度"三项。在淘宝搜索中,集市店店铺信誉度的权重已经越来越低。

7) 个性化维度

个性化维度是利用消费者自身属性(性别、年龄、地域等),结合近期浏览行为(如对某个品类感兴趣、有收藏加购物车等行为)等进行搜索结果个性化展示。随着消费者的升级,客户想了解的搜索排序更具个性化。因此,淘宝网在搜索中加入个性化维度,实现淘宝千人千面,即每一个消费者看到的产品都不一样,充分利用有限的流量资源,解决淘宝网流量红利遇到的瓶颈问题,将更精准的产品推送到消费者面前,提高产品的购买率。

3. 淘宝搜索(手淘端)的特殊维度

虽然影响 PC 端搜索与手淘端搜索的维度基本一样,但是手淘端的特殊功能也能明显增加搜索权重。特别是自 2014 年以来,淘宝平台主要推出手淘端给买家使用,目的是促使更多商家向手淘端发展。

1) 专属的手淘端详情页

阿里巴巴为推动商家使用手淘端,对于在手淘端设置宝贝详情页的用户给予权重增加。从 2014 年调整到现在,实际上手淘详情页设置能带来的权重对搜索流量增加帮助不大,因为现在几乎所有商家都做了手淘端的详情页。

2) 手淘端活动——淘金币

淘金币是淘宝网的虚拟积分。在淘金币平台上,买家能够兑换、竞拍到全网品牌折扣商品;也可以兑换、抽奖得到免费的商品或者现金红包,并可以进行线上线下商家的积分兑入。手淘端搜索中设置手淘端的淘金币活动可以增加权重。

阅读材料 5-1 淘宝天猫搜索模型剖析

3）手机专享价

淘宝网后台设置宝贝折扣价的时候，可以分别设置 PC 端折扣价和手淘端折扣价，手机专享价就是指手淘端的折扣价。手淘端对独立设置了折扣价的宝贝增加权重。

4. 淘宝 SEO 优化

1）文本维度优化

文本维度优化的主要内容是对被搜索宝贝的标题优化。标题优化的目标是精准判定人群和宝贝卖点，获得更好的搜索曝光，寻求精准流量。标题长度为 60 个字符（1 个汉字占 2 个字符，1 个特殊符号或英文字母占一个字符）。

标题切词规则如下。

（1）单字完全匹配规则。搜索关键词中的所有单字都必须完全包含在宝贝标题中。例如，搜索"长袖衬衫"，标题中必须有这四个字，只有完全包含这四个字时才会被显示。

（2）单词纯粹显示规则。搜索的关键词在淘宝网的词库中，标题中含有完整单词的宝贝。例如，搜索"裤子"，淘宝网的搜索引擎认为它是一个单词，搜索结果显示标题中包含完整的"裤子"这个词的宝贝。

（3）词组无序匹配规则。如果搜索的是词组，淘宝网会根据对以前数据的概率分析，进行智能分词，分成两个（或者多个）单词，然后无前后顺序匹配。这时候只要满足单字完全匹配规则即可，没必要满足纯粹显示的原则。

标题优化注意事项如下。

（1）标题中特殊字符不占权重，如空格及 ¥、%、#、@、(、)、{、}、【、】等符号。

（2）营销词组不占权重，如包邮、秒杀、限时折扣。需补充说明的是，营销活动必须真实有效，否则会违反广告法，属于违规行为。

（3）标题上的属性词要和宝贝发布时属性栏信息一致。关键词与属性信息不符是新手运营经常会犯的错误，属性栏信息必须包括标题信息，越详细、准确越好。

如何进行标题优化，将在下一个任务"羽我女装"店铺标题优化中详细讲解。

2）时间维度优化

我们知道宝贝在临下架前 36 小时内权重达到最大，由于下架时间是淘宝平台自动操作的，唯一要抓住的重点就是 7 天为一个周期，可以做的工作就是通过上架来控制 7 天之后宝贝的下架时间。宝贝上下架时间安排技巧如下。

（1）重点宝贝安排在目标客户群体经常网购的时间段来安排下架。优化上下架时间其实就是优化宝贝在什么时候下架最好，整个淘宝平台中几乎每一秒钟都会有宝贝快到下架时间，而优化操作的思路就是让自己的宝贝最大限度地获得较好的权重和转化的可能。

（2）避免和品牌大店下架时间冲突。上下架时间优化除了让宝贝尽可能在目标客户群体经常网购的时段下架以外，还可以有效避免和品牌大店争抢流量。合理安排下架时间，尽可能做到一个星期 7 天内每一天每个时间段都有宝贝能下架，最大限度地争取曝光并且有效避免竞争。

（3）合理地安排宝贝上下架时间。在竞争力大的时段安排部分店内非主推的产品下架，选择一个竞争商品数量相对较少但是转化机会可能更大的时段安排店内主推的宝贝下架。错开时间以后，一周 7 天内都要安排自己的宝贝下架，那么也能在 7 天的搜索展现中保证获得曝光的机会，从而获得稳定流量。

（4）利用橱窗推荐来优化宝贝的上下架时间。什么是橱窗推荐？橱窗相当于实体店铺中放在店铺门面上用来吸引客户的展位。在淘宝搜索中,不在橱窗展示位置上的宝贝被搜索出来的概率极低,能被搜索展示出来的宝贝一定是店内橱窗推荐位置中的宝贝,而每一个淘宝店铺根据店铺经营情况和等级情况的不同,获得的橱窗展示位置也不同。为了最大限度地获得搜索权重,如果把橱窗位置放到刚刚上架的宝贝上,就会造成资源的浪费,应该把橱窗放到快要下架的宝贝上。自动橱窗和自动上下架的调整可以通过第三方平台软件来完成,如"店铺360""名不虚传"等。

3)客户体验度优化

客户体验度主要包括点击率、点击转化率、宝贝评分评价、宝贝人气收藏等,优化客户体验度就是要优化这些内容。

(1)宝贝点击率优化。宝贝点击率和点击转化率的优化重点在于优化主图,点击率公式=点击量/展现量,展现量受搜索排序规则影响难以控制,而点击量则可以通过主图优化和图上的文案达到有效控制。主图优化关键要突出一个重点,吸引点击。要吸引点击不是单纯做出创意主图就可以,还需要参考同行竞争对手的主图。例如,当大部分主图都是华丽大气、添加浓重的色块以博取眼球的情况下,可以把主图风格做成淡雅清新,这样才能更容易吸引买家点击。主图优化还要根据目标客户群体的视觉习惯和需求,优化图片色调和文案。

(2)点击转化率优化。点击转化率优化可以通过店内营销活动及详情页的设计来实现,详情页的设计内容在项目3中已经提及,这里不详细讲解。

(3)宝贝评分评价优化。淘宝 SEO 优化过程中要重视宝贝的评分与评价的优化,及时解决中差评问题及售后情况,有效控制宝贝的差评。在淘宝系统中,差评可以修改为中评,但是不能改为好评,所以需要注意售后跟踪情况,同时还可以使用自动屏蔽软件杜绝职业差评师的差评。

(4)宝贝人气收藏优化。宝贝的收藏、加购可以通过策划收藏送优惠券等活动刺激搜索收藏量。

4)宝贝维度优化

宝贝维度优化主要是针对销量和转化率的优化。新人或者新手运营可能会有疑问,销量和转化率权重高时需要优化,也就是说优化好了才有好的搜索权重,才有稳定精准流量,但是有销量和转化的前提是流量,没有流量也难有销量和转化,如此就陷入一个思维上的死循环,这也是目前大多数店铺经营不善的一个原因。是的,当通过免费的搜索不能带来流量的情况下,转化和销量维度没办法优化。因此,在运营过程中要做流量布局和营销推广。

从公式转化率=成交量/总流量中可以看出,要打破这个死循环,必须从流量入手,也就是要去找流量。相对于站外的社会化媒体流量来说,付费推广的流量来得更为直接,所以才有了付费推广的优化,即用付费推广流量带来成交,从而彻底改变这个死循环。当然,随着目前平台中付费推广费用越来越高,也有人会直接选择通过改变成交量来打破僵局,这个也是常说的"刷单"的来源,也就是目前同行当中戏称"黑车""白车""黑搜索"等操作的来源,这部分对于转化率的优化在后面内容中会详细讲解。

5)价格维度优化

价格维度的优化其实就是价格模型中要保持宝贝价格的稳定性,以及拥有足够的库存深度、丰富的 SKU 分类,这就要求运营商在操作时要注意宝贝价格的影响。

6)店铺维度优化

店铺维度优化包括三项 DSR 评分、宝贝动销率等动态维度优化。

(1)三项 DSR 评分优化。优化 DSR 评分操作可以通过报名一些站外的平台活动如折800、卷皮网、聚划算等来拉高成交量的基数，达到提高店铺 DSR 评分的操作，但最终还是要在日常店铺运营当中注重服务和售后情况，努力提高客户的购物体验。

什么是 DSR 评分？只要去过淘宝平台购物的人都知道，购物以后会有评价系统，当中的三个星级评分就是三项 DSR 获得分数，计算方式是根据半年时间内成交人数评分总数除以成交总人数，也就是计算平均分。三项 DSR 评分计算方式是以半年为一个计算周期，但这个半年不是传统意义上的半年，是指在当前时间往后数半年时间。这里需要注意，公式计算中被除数是成交总人数，也就是只要购买过的人数都计算在内，不管有没有进行评分。比如，如果半年内有 10 个人成交，其中 9 个人给了 5 分好评，1 个人给了 0 分差评或者不给分，这时候获得的 DSR 分数就是（5×9）÷10，结果就是 4.5 分。在淘宝平台上，DSR 评分不仅作为重要搜索维度，更是平台中各种营销活动和付费推广工具使用准入门槛的重要参考指标。如果 DSR 分数达不到指定要求，那么店铺将无法使用付费推广工具和参加各种平台活动，一般来说，评分 4.6 分以上才能保证店铺正常使用各种工具，以及参加平台的活动。因此，在搜索维度中，DSR 评分是非常重要的一个维度。

（2）宝贝动销率优化。所谓动销率，是指店铺内已销售宝贝数量占全店总宝贝数量的比例，优化动销率关键一点在于，及时把滞销品下架删除，同时定时上新，保持店铺的上新率。

除了上面两个维度以外，店铺的售后评分、退款率、退款纠纷率等也会影响店铺维度的权重。

7）个性化维度优化

个性化维度优化主要包括多渠道的布局推广，以及店铺人群标签的精准化。

（1）多渠道的布局推广。利用其他渠道进行产品推广展示，可以提高店铺潜在用户的客户池。这批用户已经对店铺产生过浏览，甚至有加购物车收藏等行为，这些行为是个性化维度下购物轨迹的相关维度，在客户下次进行搜索的时候，店铺的产品个性化维度权重会有一定的加权。

（2）店铺人群标签的精准化。现阶段的淘宝网店运营中，人群定位是一个很核心的模块，人群定位在淘宝网的数据库中更多是以标签来定义的。举个例子，女装店铺的人群，从风格上区分，有欧美风、中国风、日韩风等风格；从价格上区分，有中、高、低档等段位。店铺定位明确了，产品的风格、价格等也需要符合店铺本身定位，这样才有利于获取店铺精准的人群。一个店铺既做欧美风，又做日韩风，一般认为这店类铺面向的人群是不精准的，也导致店铺的人群标签混乱。在个性化维度下，推送相关产品就无法实现精准推送，从而导致该维度权重得分低。

需要补充说明的是，目前在手淘端搜索排序中，以宝贝转化率为重要的参考维度。在转化率＝成交量/总流量公式中，手淘端成交量只抓取通过手淘端带来的成交，包括手淘搜索、手淘端直通车、手淘端钻展、手淘端各个板块带来的成交量，而脱离手淘端带来的成交则不作统计。总流量计算则是全渠道流量，包括站外、站内流量一起统计。如果参加站外第三方平台活动，如折 800、卷皮网等平台活动后，流量权重则会降低。按照这种计算规则，第三方活动平台带来的销量权重和转化率该如何计算？根据规则，宝贝报名第三方活动平台带来的流量计入总流量中，但是由于成交量不是通过搜索获得，所以，不计入转化公式，也就是说，参加第三方平台活动，宝贝维度中宝贝销量权重会增加，但转化率搜索引擎计算权重的宝贝搜索维度反而下降，对宝贝排名除了存在一个销量权重以外，并没有任何其他帮助。

5.1.4 "羽我女装"店铺标题优化

新品在上架前，除了产品的拍摄、详情页的制作之外，最重要的就是针对新品制定一个产品的标题。首先要分析产品及产品的属性，结合这两部分内容来制定新品的标题。

1. 确定标题的核心关键词

从图 5-1 中可以看出，该产品的核心关键词（主关键词）是"A 字裙""半身裙"及"短裙"。有了以上主要的核心关键词，就可以结合产品的使用特性、卖点、目标客户群等进行长尾词的拓展。

廓形：A型　　　　　　　腰型：高腰　　　　　　　货号：GD619B-5049
风格：通勤　　　　　　　通勤：韩版　　　　　　　品牌：other/其他
裙型：A字裙　　　　　　裙长：短裙　　　　　　　图案：纯色
流行元素/工艺：口袋 系带 拉链　　面料：牛仔布　　　　　材质：涤纶
成分含量：51%(含)～70%(含)　　适用年龄：25～29周岁　　年份季节：2017年夏季
颜色分类：黑色（PU皮）卡其色 黑色　尺码：XS S M L XL

图 5-1　产品及产品的属性

2. 选择适合的长尾词

标题的核心关键词是重点，但是为了获取精准的流量，长尾关键词必不可少。长尾关键词的确定需要结合产品自身的特点及用户群体去进行分析。在选取关键词之前，最重要的是先分析出这个产品的客户群，他们的搜索习惯是什么，他们会搜索什么样的词、会怎么搜，他们最终决定购买哪一款，等等。用以上的产品来举例，从产品属性词中可以挖掘出"A 型""高腰""韩版""牛仔布""25～29 周岁"这几个核心属性词。结合产品客户群体来分析，大体可以延伸出几个关键词"高腰 A 字裙""韩版半身裙"等。这些通过属性+主关键词组合出来的词语就是长尾词。以上只是举例，实践中还要结合市场的搜索情况来分析判断。

如何精准选择主关键词和长尾词，先来看一下以下对应关系，产品=用户需求；用户需求=产生搜索；搜索=匹配用户需求；关键词=用户的行为+购买意图（产品信息与用户需求匹配），清楚了以上几个对应关系，在做标题优化时就有更清晰的方向和思路。

在选择长尾词的时候，一般会结合行业搜索情况进行获取。方法有很多，比如淘宝搜索下拉框、直通车选词助手/流量解析、生意参谋市场行情搜索词查询等。

1）淘宝搜索下拉框找长尾词

结合自身产品特性，如淘宝搜索"半身裙"，可以在下拉框中筛选出"半身裙秋""半身裙 a 字裙""半身裙女夏 2017 新款"等长尾关键词，如图 5-2 所示。

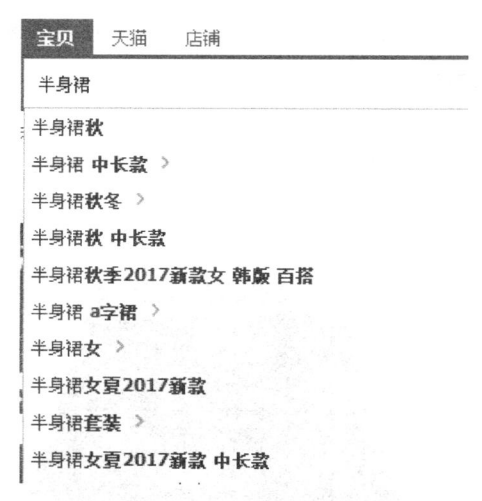

图 5-2 淘宝搜索下拉框找长尾词

2）直通车选词助手/流量解析找长尾词

通过直通车选词助手/流量解析，可以找出长尾关键词，结合行业数据点击率、点击转化率及竞争力进行筛选，如图 5-3 所示。这里需要注意，并非只关注关键词的展现量，展现量高、竞争力大意味着行业竞争力同样大。新品标题更应该注重和产品相关的核心长尾词，这部分词的特点是和产品属性吻合度高、有一定的展现量、点击转化率高，选择这些关键词，更有利于新品阶段获取精准的流量。

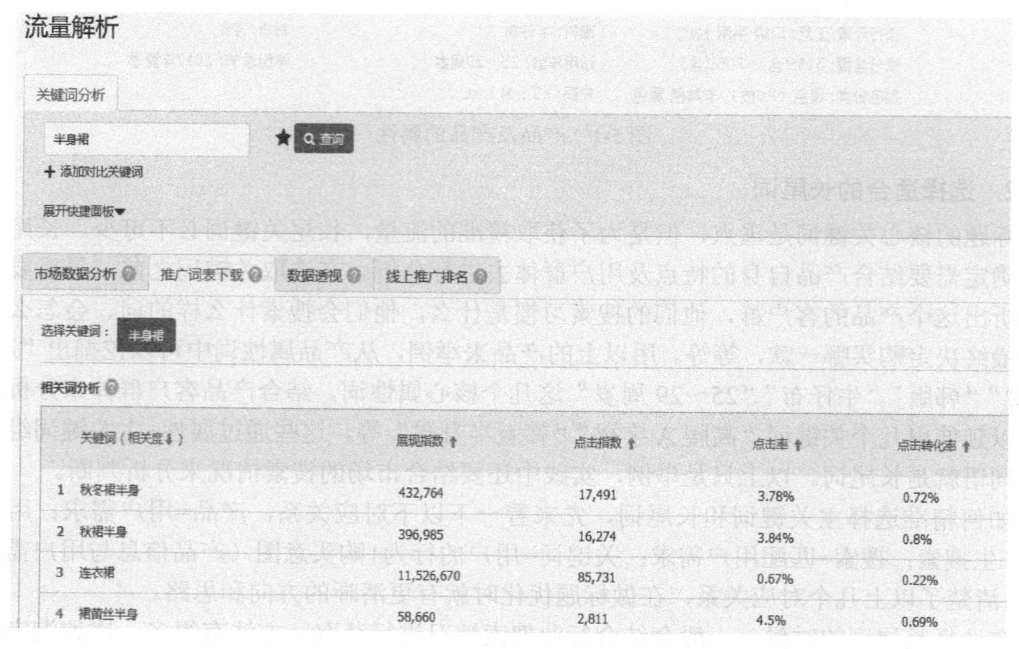

图 5-3 直通车选词助手/流量解析找长尾词

3）生意参谋市场行情搜索词查询找长尾词

操作步骤为进入"生意参谋"→"市场行情"→"搜索词查询"→选择最近 7 天数据→无线端（如果手淘端流量在店铺中占比小于 70%，就选择全网数据），如图 5-4 所示。

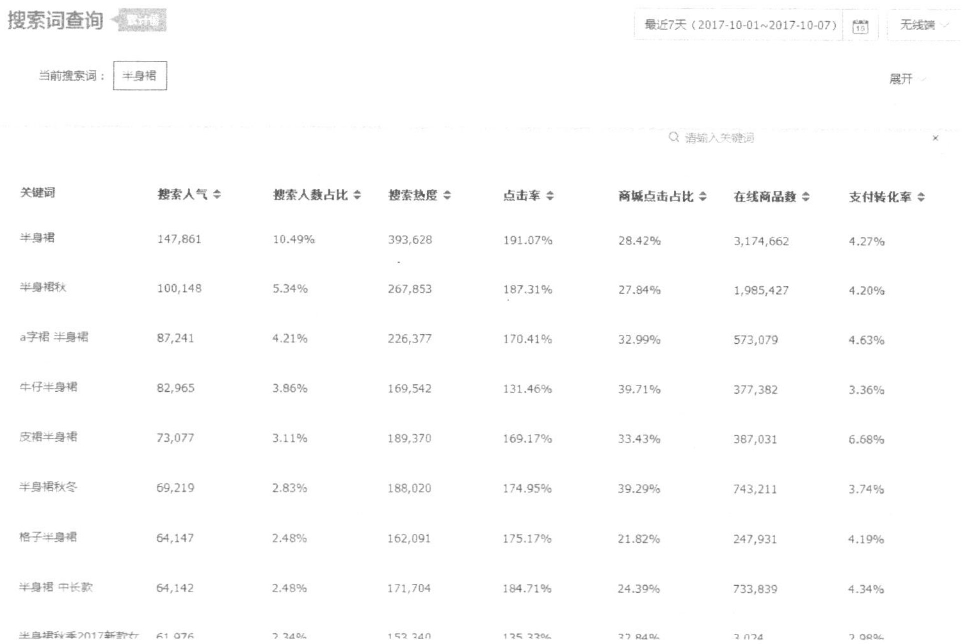

项目 5　网店流量与推广

关键词	搜索人气	搜索人数占比	搜索热度	点击率	商城点击占比	在线商品数	支付转化率
半身裙	147,861	10.49%	393,628	191.07%	28.42%	3,174,662	4.27%
半身裙秋	100,148	5.34%	267,853	187.31%	27.84%	1,985,427	4.20%
a字裙 半身裙	87,241	4.21%	226,377	170.41%	32.99%	573,079	4.63%
牛仔半身裙	82,965	3.86%	169,542	131.46%	39.71%	377,382	3.36%
皮裙半身裙	73,077	3.11%	189,370	169.17%	33.43%	387,031	6.68%
半身裙秋冬	69,219	2.83%	188,020	174.95%	39.29%	743,211	3.74%
格子半身裙	64,147	2.48%	162,091	175.17%	21.82%	247,931	4.19%
半身裙 中长款	64,142	2.48%	171,704	184.71%	24.39%	733,839	4.34%
半身裙秋2017新款女	61,976	2.34%	153,340	135.33%	32.84%	3,074	2.98%

图 5-4　生意参谋市场行情搜索词查询找长尾词

通过查询"半身裙"最近 7 天在行业搜索的数据情况，可以获取搜索人气、搜索热度、点击率、在线商品数等数据。将以上数据按照搜索人气排序，将前 100 个关键词进行复制，用 Excel 表格进行二次处理。在 Excel 中可以将不符合产品属性的关键词进行筛选删除，如包含"中长款""皮""格子""针织"等。同时，在表格中新增一栏，引入关键词竞争力，竞争力＝搜索人气×点击率×转化率/在线商品数×10 000，数值越大意味着关键词的竞争力越小。通过这种方法可以进行关键词筛选，如图 5-5 所示。

关键词	搜索人气	搜索人数占比	搜索热度	点击率	商城点击占比	在线商品数	支付转化率	竞争力
半身裙	147,861	10.49%	393,628	191.07%	28.42%	3,174,662	4.27%	38.0
半身裙秋	100,148	5.34%	267,853	187.31%	27.84%	1,985,427	4.20%	39.7
a字裙 半身裙	87,241	4.21%	226,377	170.41%	32.99%	573,079	4.63%	120.1
牛仔半身裙	82,965	3.86%	169,542	131.46%	39.71%	377,382	3.36%	97.1
半身裙秋冬	69,219	2.83%	188,020	174.95%	39.29%	743,211	3.74%	60.9
半身裙秋2017新款女 韩版 百搭	61,976	2.34%	153,340	135.33%	32.84%	3,024	2.98%	8265.2
高腰半身裙	57,111	2.04%	140,641	173.85%	26.03%	1,362,392	3.69%	26.9
chic半身裙 高腰	42,652	1.24%	89,909	139.33%	10.14%	49,472	1.92%	230.6
chic半身裙 复古	40,673	1.14%	86,097	138.94%	9.77%	33,536	1.85%	311.7
半身裙秋 中长款	38,485	1.04%	96,477	178.57%	25.77%	530,715	3.56%	46.1
纱裙半身裙	36,081	0.93%	101,438	190.02%	22.91%	91,073	4.34%	326.7
半身裙 a字裙	34,970	0.89%	89,620	171.94%	31.05%	573,079	4.06%	42.6
不规则半身裙	33,302	0.82%	84,235	160.63%	19.18%	231,012	2.69%	62.3
针织半身裙	33,134	0.81%	103,073	202.17%	17.68%	342,066	5.60%	109.7

图 5-5　"生意参谋"关键词搜索结果

从图 5-5 中可以获取有效关键词"半身裙""a字裙 半身裙""半身裙秋季 2017 新款女 韩版 百搭""高腰半身裙""chic 半身裙 高腰"等一系列符合产品的长尾词。

除此之外，还可以直接去查看行业热门长尾关键词，然后结合产品进行选择相符的关键词，如图 5-6 所示。通过行业热词榜可以查看近期的热门搜索词、热门长尾词、热门核心词等关键词信息。使用热门长尾词查询功能，选定时间为最近 30 天中的任意一天或者最近 7 天，选择对应类目即可进行查询。

网店运营与推广

行业热词榜

最近7天（2017-10-01~2017-10-07）　女装/女士精品>半身裙　所有终端

热门搜索词　热门长尾词　热门核心词　热门品牌词　热门修饰词

热搜长尾词　　下载

热搜排名	搜索词	搜索人气	商城点击占比	点击率	点击人气	支付转化率	直通车参考价
1	半身裙秋季2017新款…	62,346	32.84%	135.35%	48,043	2.98%	0.82
2	百褶裙秋冬女 2017新…	58,999	39.69%	160.29%	47,271	4.97%	0.84
3	皮裙女2017新款夏韩…	58,258	23.76%	88.76%	41,920	2.24%	0.95
4	短裙秋冬女 2017新款	58,196	43.23%	144.79%	47,107	4.87%	1.04
5	时尚半身长裙	55,550	44.53%	10.09%	4,723	10.56%	0.74
6	短裙女秋	55,372	34.59%	163.15%	43,866	4.87%	1.09
7	秋冬裙子女 半身	43,788	38.14%	140.52%	32,113	3.90%	0.93
8	chic半身裙 高腰	42,718	10.15%	139.30%	29,383	1.92%	0.53
9	chic半身裙 复古	40,738	9.78%	138.93%	27,988	1.85%	0.61
10	半身裙秋 中长款	39,035	25.84%	178.84%	30,299	3.57%	0.96

图 5-6　行业热词榜

经过以上方法筛选后，保留重点关键词，如表 5-2 所示。

表 5-2　筛选后的重点关键词

筛选后的重点关键词
半身裙
半身裙秋
半身裙秋冬
半身裙秋季 2017 新款女 韩版 百搭
半身裙 a 字裙
半身裙女
半身裙女夏 2017 新款
牛仔短裙 韩版 伞裙
百褶裙 半身裙
牛仔半身裙
chic 半身裙 高腰
高腰半身裙
短裙女

续表

筛选后的重点关键词
a字裙 半身裙 短裙
百褶裙秋冬女 2017新款 韩版
短裙秋冬女 2017新款

3．标题组合

经过以上的主关键词确定，以及长尾关键词的筛选，获取部分符合要求的关键词，接下来就是针对关键词进行排序组合。在组合标题之前，先来了解一下标题组合的注意事项。

（1）标题中关键词不要有冲突，要确保关键词和产品的精准匹配，如"宽松"和"修身"，"长款"和"短款"不能放在同一个标题中。

（2）不要出现重复词，避免标题的浪费。

（3）卖点顺序从左到右排序，符合阅读习惯。

（4）长尾词的排序尽量不进行调整，如长尾词"高腰半身裙"，不建议"高腰"和"半身裙"中间再插入其他关键词。

（5）不需要添加促销词，如包邮等，这些关键词在后台进行设置后，会在搜索结果中进行展示。

（6）注意手淘端的短标题，设置不影响产品本身标题的权重，可以将一些促销相关信息进行展示。

结合以上内容，针对案例中新款产品的标题制定如下：

"2017新款秋季chic半身裙高腰A字裙伞裙斜拉链显瘦韩版百搭短裙女"

需要注意的是，标题的关键词需要结合产品本身的属性进行，如分析行业数据的时间是10月初，该商品的上架时间实际在秋季，所以产品属性年份季节勾选也是在2017年秋季。以上标题结合行业及季节制定，需要考虑产品属性进行调整，避免产品标题内容和产品属性内容不一致。

4．标题后续的优化

标题确定后，需要结合数据进行标题的优化，在"生意参谋"→"单品分析"→"来源去向"中（需要付费购买生意参谋流量纵横），可以直接查看该产品通过搜索进入的关键词有哪些，如图5-7和图5-8所示。

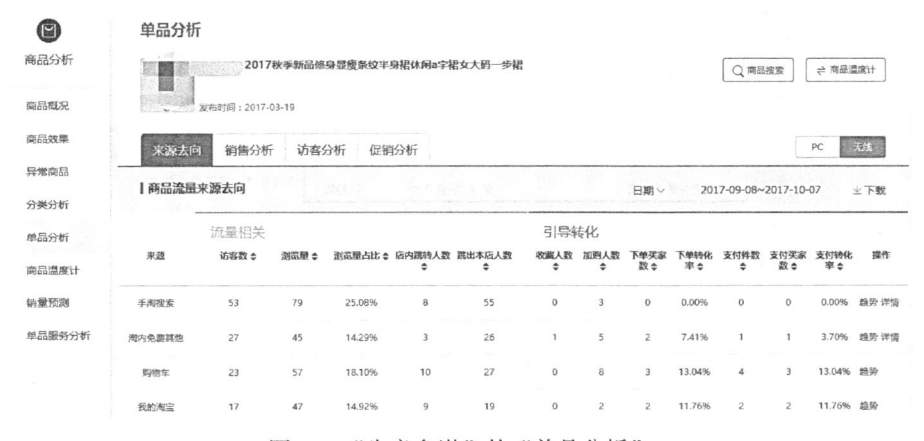

图5-7 "生意参谋"的"单品分析"

图 5-8　来源详情

注：以上 2 个截图的产品和案例分析中产品不一致。

除了以上官方的分析工具之外，还可以通过一些第三方免费工具插件进行分析，如店侦探浏览器插件，如图 5-9 所示。

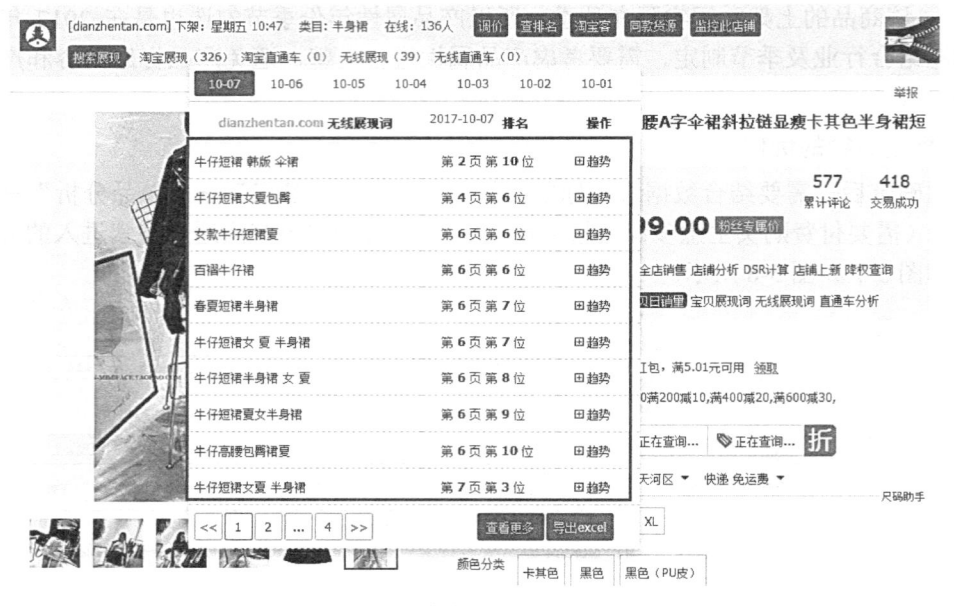

图 5-9　店侦探浏览器插件

另外，一些第三方付费工具也可以针对标题进行诊断，如超级店长等，如图 5-10 所示。

图 5-10 "超级店长"标题诊断

通过以上工具,可以查看搜索排名靠前的关键词,对此可以进行再次优化。优化前,可以先确定标题中权重高的关键词是什么,然后进行针对性的优化。权重高的关键词,是搜索引擎展现最多的关键词,可以进行重点优化。

阅读材料 5-2　淘宝最新权重模型解析以及优化方法

阅读材料 5-3　搜索优化不只是优化标题:淘宝分词结构解析

任务 5.2　活动流量与推广

5.2.1　活动流量及流量分类

淘宝活动流量主要是指通过淘宝活动渠道进入的流量,参照官方的活动类型可以分为平台活动流量、渠道活动流量和类目活动流量。在淘宝网店运营过程中,流量是店铺发展的基础,而淘宝网官方活动可以帮助淘宝网店快速引入大量的流量。

1. 平台活动流量

平台活动流量来源主要有几下几种。

(1)"两新一促一节"四大活动。包括每年 3 月或 4 月春季上新;每年 6 月年中大促;每年 8 月新风尚;每年"双 11"狂欢购物节。

(2)大型的促销活动。包括淘宝网周年庆、腊八年货节、新势力周、开学季、十月保暖季、"99 大聚惠",等等。需要补充说明的是,"99 大聚惠"活动很重要,这个活动中店铺的表现在很大程度上决定"双 11"能够获得多少资源。

(3)传统节日促销活动。包括元旦、圣诞、春节不打烊、情人节、三八女神节、中秋节、国庆出游,等等。

2. 渠道活动流量

渠道活动流量来源主要有聚划算、淘抢购、天天特价、淘金币、免费试用、清仓、周末淘宝、淘宝众筹、最淘宝、全民抢拍、每日首发、有好货、范儿，等等，以上渠道活动报名都有固定入口。

3. 类目活动流量

类目活动流量来源主要有类目频道活动和类目主题活动。每个一级类目都有属于自己的类目频道，频道内会有固定频道活动，以及不定期的主题活动。想知道不定期的活动（一些季度或年度规划）可以提前与类目小二沟通。比如内衣抢新为淘宝内衣类目频道的固定活动，每周一、周四更新。

很多卖家不知道可以参加哪些官方活动，其实活动都是有层级的，卖家可以根据店铺实际情况去参加对应的活动。前期，积极参与类目活动，优化店铺基础销量。因为类目活动流量没有那么大，活动主题和引入的人群相对精准，前期参与类目活动可以带来较好的转化，店铺整体销量、评分各种基础指标都可以得到很大提升。进一步说，可以关注渠道活动，店铺需要销售额，推广爆款需要多样化的流量，渠道活动流量比类目活动流量大，可以稳定店铺流量增长。最后，如果前两个类别活动都做过且效果良好，店铺也有了销量基础，基础权重优化到一定程度后，就可以整合全年运营规划，争取大型的平台活动。

5.2.2 平台活动流量推广之"双11"

1. "双11"平台活动简介

"双11"全称是"双11全球狂欢节"，是淘宝天猫平台一年一度最大的平台活动。2009年11月11日，天猫平台第一次举办促销活动，虽然参与的商家数量和促销力度有限，但营业额远远超出预想的效果，于是11月11日成为天猫举办大规模促销活动的固定日期。随着电子商务的发展，一年一度的"双11"成为中国电子商务的年度盛宴，除了淘系平台，其他电子商务平台也相应地参与到这个盛宴中，并且逐渐影响到整个电子商务行业。

2009年至今，"双11"已经走到了第8个年头，从最初的5 000万元销售额，到2017年的1 682亿元，实现了千倍增长，每一年的"双11"都见证了中国电子商务的快速发展，"双11"淘宝天猫历史销售额如图5-11所示。"双11"已经不仅仅是一个电子商务促销活动，更是一个全民狂欢的节日，并且规模越来越大。从原来的单纯线上促销，到2015年联合电视台打造的一场"双11"晚会，平台活动一直不断在变革创新。

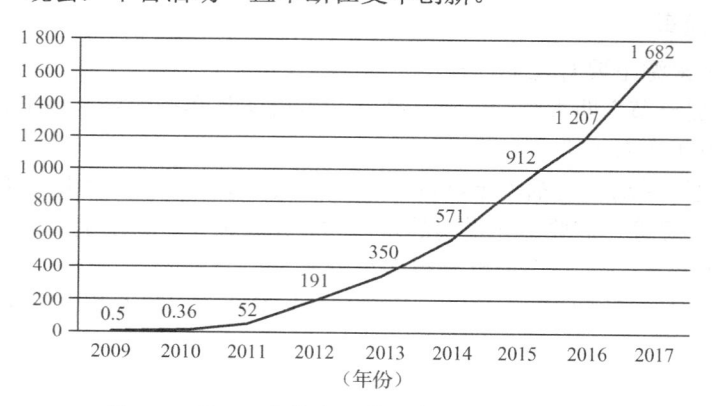

图5-11 "双11"淘宝天猫历史销售额（亿元）

2. "双11"活动参与方法

"双11"虽然是一个主要以天猫商家为主的平台活动,但淘宝集市店也同样可以参与。天猫商家参与"双11"活动称为"双11全球狂欢节",集市商家参与"双11"活动称为"淘宝嘉年华"。店铺类型不同,参与活动的类型也不同,下面以天猫商家为例来展开说明。

1)"双11"报名入口

每年的8月底,天猫商家中心后台会开放"双11"报名入口,在商家中心左侧或者顶部都可以查看到对应入口,单击进入即为报名入口,如图5-12所示。每年的时间节点都会稍微有所不同,但相差不大,下面以2017年"双11"作为演示案例。

图5-12 "双11"活动报名入口

2)"双11"活动流程

每年的"双11"都有固定的活动流程,从8月底开始到"双11"当天结束,报名流程主要包括以下五部分:招商海选报名、公告海选结果、商品申报、素材招商、活动开始。详细的时间节点如图5-13所示。

图5-13 "双11"活动时间节点

(1)招商海选报名环节。想参与每年的"双11"活动,必须先参加"招商海选报名",2017年海选报名时间为2017年8月28日10:00:00至2017年9月1日21:59:59。海选报名是参与

"双11"的必要步骤,并且一定不能错过报名时间,因为不支持补报。之所以设置店铺海选报名,是因为目前商家数量十分庞大,而且商家的运营情况各不相同,海选的目的是筛选出优质的商家参与官方平台活动。

◆ 知识扩展

"双11"活动报名筛选维度

系统如何根据店铺数据判断是否能入围本次"双11"的活动?海选的筛选维度主要有售后服务综合排名、DSR评分、店铺综合排名、店铺是否处于处罚期、诚信经营。

(1)售后服务综合排名。"双11"要求售后服务综合排名数据在90%以上。售后服务综合指标包括纠纷退款率、仅退款自主完结时长、退货退款自主完结时长、退款自主完结率四项指标的一个综合评估数据,取值范围为近30天。其中仅退款自主完结时长和退货退款自主完结时长两项综合为退款自主完结时长,退款自主完结时长综合分数会与仅退款和退货退款的占比相关。纠纷退款率、退款自主完结时长、退款自主完结率三项会根据在类目中商家的表现分别得出一个分数,其中三项分数对综合指标的影响占比约为3:2:1。

(2)DSR评分。该项指标考核的是DSR评分的均值。各个类目的DSR分值要求不一样,比如"女装/女士精品"类目要求DSR分值大于或等于4.74分,"女鞋"类目要求DSR分值大于或等于4.7分。

(3)店铺综合排名。"双11"海选是筛选不同类目综合排名靠前的店铺参与(结合类目招商数量等维度),综合排名无法达到要求,意味着"双11"的海选通过概率很低。售后服务和DSR都是相对容易控制的维度,综合排名则是比较难直接控制的维度。店铺综合排名的维度包括但不限于:商家店铺的品牌知名度、活动契合度、店铺成交额、店铺类型、开店时长、客单价、店铺主营类目、诚信经营情况(如近90天是否存在严重虚假交易行为),等等。

(4)店铺是否处于处罚期。店铺处于违规处罚期间内,无法报名官方平台活动。

(5)诚信经营。主要考察是否存在虚假交易,以及商品品质是否有问题等维度。

店铺不能通过海选,系统会结合实际情况反馈报名情况。报名成功则会自动进入下一个环节。需要注意的是,"双11"报名通过也会存在两个类型,一个是"双11"正式活动,另外一个是欢乐总动员活动。前者不仅可以报名预售,正式商品不限制数量并且有会场资源,后者只能报名三款正式商品并且没有会场资源。

(2)公告海选结果环节。海选报名成功后,需要设置购物津贴规则、签署运费险和设置全店五折和非全店五折。

首先,设置"双11"购物津贴玩法。"双11"购物津贴是为天猫消费者开发的天猫平台通用型折扣产品,消费者可以通过购物津贴享受优惠。

◆ 知识扩展

"双11"购物津贴规则

(1)"双11"购物津贴有效期为"双11"当天,即2017年11月11日00:00:00至2017年11月11日23:59:59。

(2)购物津贴的初始门槛主要有每满400元减50元、每满600元减30元、每满700元减20元。

(3)初始满减门槛为每满即返形式,即商家通过"双11"购物津贴提供的消费权益上不封顶。

举例说明:店铺有多个一级类目,其中一个一级类目参与"双11"活动,且满减门槛为"每满400元减50元"。一位消费者拥有150元额度的购物津贴,若消费者下单金额满400元,则可抵扣 50 元；若消费者下单金额满 800 元，则可抵扣 100 元；若消费者下单金额满 1 200 元，则可抵扣 150 元，以此类推，上不封顶，直至消费者拥有的购物津贴额度消耗完毕。

（4）"双 11"购物津贴支持单店铺满减支付，同时支持满减门槛完全相同情况下的跨店铺使用。

（5）"双 11"购物津贴可与天猫点券、天猫超市卡、超市银泰卡、支付宝红包、现金红包、集分宝、单品优惠券、店铺优惠券等叠加使用，但是与任何形态的天猫购物券均不可叠加使用。消费者付款时默认优先使用单品优惠券、店铺优惠券，如使用以上优惠后订单仍满足"双 11"购物津贴使用条件，则可继续叠加使用"双 11"购物津贴。

其次，签署运费险：2017"双 11"运费险服务是为减少"双 11"商品退货纠纷，节省社会资源，提高消费者购物体验，避免消费者因七天无理由退货而对商家产生不必要的运费损失等目的而设置的服务，也是商家与天猫合作 2017"双 11"的必要条件。

最后，设置全店五折和非全店五折。商家在签署运费险协议环节需要选择是否全店五折，如果勾选全店五折，则要求"双 11"当天促销价折扣（不管是报名会场商品还是非报名会场商品）都要求满足一口价五折，如果高于五折，系统会针对这部分商品进行下架处理。11 日当天凌晨 2 点后可以重新进行上架。

（3）商品申报环节。商品申报又分为预售商品申报和正式商品申报。

◆ **知识扩展**

商品申报注意事项

（1）报名时间：在规定时间内报名，超过报名时间报名入口关闭，无法进行报名。

（2）价格让利：参加 2017"双 11"的商品（包括正式活动商品及预售商品），在天猫或天猫国际平台上销售价格必须比指定期间内最低真实成交价让利至少 10%，指定期间包括：正式活动商品，2017 年 9 月 15 日 00:00:00—2017 年 11 月 10 日 23:59:59；预售商品，2017 年 9 月 15 日 00:00:00—2017 年 10 月 19 日 23:59:59。

（3）活动后价格保护：官方要求"双 11"后 15 天商品价格不能低于"双 11"当天价格。

（4）同款商品报名正式商品价格不能低于预售商品价格。

（5）价格浮动限制：天猫要求参加 2017"双 11"的商品，在活动预热期的销售价格相较于该商品 2017 年 10 月 1 日 00:00:00 至 2017 年 10 月 31 日 23:59:59 期间于天猫或天猫国际平台展示的销售价格的平均值，上下浮动不得超过 10%。该举措是为了限制商家进行先提价再打折情况出现，目的是真正给消费者让利。

（4）素材招商环节。素材招商主要包括两部分内容，一个是承接页的装修，另一个是提报素材。

承接页装修。"双 11"的会场流量从官方会场中引入，主要有两种形式，一种是店铺维度，直接落地到店铺的"双 11"承接页；另一种则是单品维度，直接通过会场中店铺单品进入到店铺。而承接页装修则是针对店铺维度去承接官方会场的流量的必要措施。官方对报名通过"双 11"的店铺承接页装修有一定要求，需要贴合官方主题去进行装修。另外，在素材提报环节中，一般也需要提交"双 11"的承接页链接，才能进行报名。需要注意的是，"双 11"的承接页必须在规定时间点内完成装修，类目小二一般都会安排志愿者去检查页面，如果没有按照要求完成装修，是无法展现在官方会场的。

提报素材。提报素材相当于在整个大"双 11"官方活动下的细分活动会场，通过素材的提报，报名对应产品到细分活动。一般来说，有两个素材提报是必须要执行的，一个是会场素材报名，另一个是个性化招商素材报名。除此之外，还可以针对不同店铺类型进行不同场次的细分报名，如图 5-14 所示。

图 5-14　素材招商

（5）活动开始环节。经过以上步骤，海选、海选通过、商品报名、素材报名后，整个官方"双 11"报名流程就结束了。接下来就等着"双 11"当天活动正式开始。但是，以上只是流程的结束，对于店铺运营来说，整个 9 月和 10 月需要安排的工作有很多，如"双 11"活动方案的制订、推广等，这里不展开说明。

5.2.3　渠道活动流量推广之聚划算、淘抢购、天天特价、淘金币

1. 聚划算

聚划算是淘系规模和爆发力最强的营销平台之一，商家通过参加品牌团、主题团、商品团，形成超过店铺日常销量数倍以上的爆发力。该平台通过与品牌商家共同发声，形成具有影响力的品牌营销事件（官方入口：ju.taobao.com）。

聚划算活动，小二审核过程中也会关注坑位产出，也就是 60%销售目标能否完成，同时由于活动流量大，小二对于店铺经营规模及整体运营能力有一定要求，基本上能通过报名的店铺，自身经营规模属于中等，具备完善运营团队、能处理大量订单的能力。参加聚划算活动的最低要求如下。

（1）店内经营规模呈阶梯状。以销量维度参考，爆款商品 1～2 件（月销量过万件），潜在爆款 3～5 件（日销量在 8 000～10 000 件之间），月销售 5 000～8 000 件的宝贝有一定的数量，月销售 1 000～3 000 件的宝贝有一定的数量，月销售 1 000 件以下的宝贝要也有一定的数量。

（2）店内宝贝动销率高，全店宝贝销量位于中间位置（以上面作为例子，销量为 1 000～3 000 件）的宝贝数量占据店铺宝贝总数的 50%以上。

（3）综合全店有一定整体运营能力。

聚划算有多种形式的参聚类型，主要有商品团、品牌团、聚名品、聚新品和竞拍团等，如图 5-15 所示。

商品团是最常见的参聚形式之一，商品团定位为通过爆款营销渠道和很低的用户获取成本，快速规模化地获取新用户。活动特色主要有坑位数多、参聚概率相对较大、主团展示、流量稳定。商品团报名流程如下：选择活动（即商品团）→选择报名商品→选择坑位→填写商品报名→商品审核→费用冻结→上团前准备→开团。

项目 5 网店流量与推广

参聚类型介绍

商品团 — 限时特惠的体验式营销模式；
核心价值：最佳的爆款营销渠道和超低的用户获取成本方式，快速规模化地获取新用户；
玩法特色：坑位数多，参聚几库相对较大，主团展示，流量稳定；
了解更多 >>

品牌团 — 基于品牌限时折扣的营销模式；
核心价值：品牌规模化出货,快速抢占市场份额,提升品牌认可；
玩法特色：浅库存,多款型的品牌折扣。
了解更多 >>

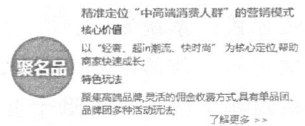

聚名品 — 精准定位"中高端消费人群"的营销模式
核心价值：以"轻奢、超in潮流、快时间"为核心定位,帮助商家快速成长；
特色玩法：聚集高端品牌,灵活的佣金收益方式且具有单品团、品牌团多种活动玩法。
了解更多 >>

聚新品 — 全网新品首发第一站
核心价值：快速引爆新品类及新商品,快速积聚新用户群体,形成良好的口碑传播；
玩法特色：根据新品评级确定置顶,商家需提供新品营销方案；
了解更多 >>

竞拍团 — 中小卖家快速成长的营销模式
核心价值：采用全流程系统审核维度丰富,中小商家参聚机会多,通过市场化的竞价方式,竞拍费用反映参聚意愿,商家掌握更多参聚主动权；
了解更多 >>

图 5-15 聚划算的参聚类型

◆ **知识扩展**

商品团的参与办法

1. 报名条件

（1）店铺报名条件。商品团报名条件根据不同店铺类型有一定差别，店铺主要报名条件要求如表 5-3 所示。

表 5-3 参加商品团的店铺报名条件

标 准	淘 宝	天 猫
开店时长	>90 天	>30 天
店铺信用等级	1 皇冠及以上（厨房电器 3 钻）	无要求
三项 DSR（宝贝与描述相符、服务态度、发货速度）	4.6 及以上	—
有效评分数量	>200	>300
支持 7 天无理由退换货	√	—
近 30 天纠纷退款率	<0.1%（大家电<0.7%）	—
提供品牌授权证明或进货证明	√	—
店铺内非虚拟交易占比	—	≥80%

除特殊主营类目外，其他参加过聚划算的商家，近 90 天参团商品订单在 100 笔及以上，且平均退款率必须小于 30%方可报名；特殊主营类目如下：主营类目为男装，女装/女士精品的店铺近 90 天参团商品的平均退款率必须小于 40%。除以上条件外，出现店铺违规及虚假交易处罚扣分，也无法报名聚划算商品团。

（2）商品报名条件。针对报名商品方面，主要有以下几个要求。

◇ 质检报告：高危材质和特定类目的商品要求有质检报告。
◇ 品牌授权：品牌（商标）商品应提供授权书。
◇ 报名价格：低于淘宝/天猫近 30 天历史最低价。
◇ 库存数量：1 000 件及以上，参团价≥100 元的商品库存无要求。
◇ 库存设置：必须设置为拍下减库存。
◇ 商品限购：必须设置商品限购，限购数量最高为 5 个。

2. 商品审核

聚划算针对商品团报名的产品有两次审核，分别是一审和二审，只有审核都通过，才能参与聚划算商品团活动。

（1）一审。

审核方式：系统审核。

审核时间：该活动报名结束两天内。

审核内容（包括但不限于）：商品报名价格、报名商品货值、历史成交及评价、商品DSR评分、店铺近3~6个月成交排名、店铺聚划算成交额和历史单坑产出水平。

（2）二审。

审核方式：人工审核。

审核时间：该活动报名结束四天内。

重点审核内容：

◇ 库存数量多者优先考虑，建议高于保底成交额。

◇ 价格具有市场竞争力。

◇ 商家分值择优录取，不低于各个一级类目的最低分值。

◇ 是否有拼款、换款的行为。

3. 排期方式

聚划算商品团活动主要包括竞拍团，单品/佣金团，聚优品，全球精选，新人专区活动和聚晚市活动等。

◇ 竞拍团预热一天开团一天，PC端和手淘端都会展示。

◇ 单品/佣金团预热两天开团两天，PC端和手淘端都会展示。

◇ 聚优品预热三天开团三天，PC端展示三天，手淘端展示两天。

◇ 全球精选活动预热两天开团两天，PC端不展示，仅在手淘端全球精选下面展示。

◇ 新人专区活动预热两天开团两天，PC端不展示，仅在手淘端新人专区活动页面展示。

◇ 聚晚市活动预热一天开团一天，展示时间：20:00—24:00，PC端不展示，仅在20:00之后手淘端展示。

4. 收费方式

商品团收费方式如表5-4所示。

表5-4 商品团收费方式

收费模式	扣费时间	模式解析
基础佣金	消费者确认收货后	聚划算将会扣除一定比例的款项（1%~3%）
保底佣金	在商品发布前	当卖家于参团结束后特定期间内的成交额未达到目标成交额（保底交易量）时需要向聚划算承担的技术服务费。（系统统计15天内，特殊类目为25天内）
竞拍排期费用	商品正式开团（竞拍成功后的72小时）	在参与竞拍获得排期时，商家将竞拍成功的金额冻结至店铺所绑定的支付宝账户，在商品正式开团时，系统将扣除商家冻结对竞拍费用

保底佣金说明：①由系统统计15天内（特殊类目为25天内）消费者确认收货的订单总金额，当订单总金额达成或超出目标成交额（保底交易量）的，则全额返还（解冻）保底收费预付款；②由系统统计15天内（特殊类目为25天内）消费者确认收货的订单总金额，未达成目标成交额（保底交易量）的，则该类目的保底佣金标准金额，减去系统自买家支付的交易款项中实时划扣至聚划算专用收费账户的技术服务费之后所形成的差额部分，由系统从保底收费预付款中收取。收取后的剩余部分保底收费预付款相应解冻并返还卖家。

2. 淘抢购

淘抢购能通过限时开团的单品打造"抢"的氛围，拉动商品流量和成交额，形成店铺日销量中的小高峰（官方入口：qianggou.taobao.com）。

招商对象：C店、B店全类目（以报名入口说明为准）。

主要模块：淘抢购日常抢购、品牌抢购、急速抢、场景购、夜抢购等。

活动形式：以时间为维度，每天12个场次进行商品展示，所有商品限时限量售卖。目前，全天共12个场次，分别为0点场、6点场、8点场、10点场、12点场、13点场、15点场、17点场、19点场、21点场、22点场、23点场。卖家报名对应时间的场次，商品位置肯定放在前面。例如，报了8点场，在这一场中，商品肯定放在前面，等到10点场，系统根据活动的销售情况，自动放到后面的位置。

◆ **知识扩展**

淘抢购规则注意事项

（1）报名的时候用主账号登录，按照正常程序填写。报活动价格和活动库存时要慎重，因为其影响到活动的保底费用。货值=活动价格×活动库存，随便填的话可能保底费用非常高。

（2）一审通过以后，需要在24小时内补充余额宝支付锁定保底费用。交了保底费用，等待二审，二审没有通过，释放保底费用；二审通过之后，不能改动商品一口价。

（3）报名商品的时候有历史销量记录（新品除外）要求。商品的原价500元以下，一个月之内至少需要20笔销量；原价500~3 000元，一个月销量至少10笔；原价3 000元以上，一个月销量至少5笔。

（4）报名参加淘抢购的商品，必须是全场包邮，除了一些特殊类目（如家具）。商品图片有规则要求：640px×640px，白底，不拼接，无水印，无logo，无文字信息，支持jpg、jpeg、png格式。

（5）淘抢购收费有这样几个计算公式：保底费用=报名货值×20%×类目收费费率，报名货值=抢购价×报名数量。报名货值不可小于5万元（以类目要求为准）。实时划扣技术服务费=消费者确认收货累计金额×类目收费费率。在活动期间，实时划扣技术服务费大于或等于保底费，将保底费用释放，即还给卖家。如果卖得不好，没有达到预期，也就是实时划扣技术费小于保底费，在活动开始后的第32天，从锁定的保底费用中扣除不足的部分后，剩余的保底费释放。

淘抢购的一些实操经验如下。

（1）突出利益点，设置9个字以内的标题，如前1~50名送什么礼品等，礼品价值在货值的20%左右。

（2）天猫店如果出现区间价，建议把一口价区间价改为一个价格，然后用特价宝对SKU分开打折。淘宝店则不可以，淘宝店只能单一价格。

（3）线上库存数量必须大于或等于报名库存数量。

（4）关注报名时间，提前准备资料，开始报名后尽早提交，通过率会更高。

（5）第一次参加抢购最好能售罄，对下次报名有好处。

（6）如果实在不知道如何能通过报名，就统计同行参加淘抢购的前后数据，达到其要求，统计的数据包括参加淘抢购的前一天卖多少、基础量多少、店铺评分多少、退款率多少、增长多少等。

（7）在淘抢购报名最低货值要求是5万元。5万元货值=淘抢购活动价格×销售数量。无论是淘抢购还是聚划算报名，小二审核的时候都会特别注重坑位的产出，这两个活动几乎可以说是淘宝平台目前活动流量最高的两个渠道活动,除了上文提及的报名条件以外,基本上淘抢购想通过审核,报名货值必须大于 5 万元。报名审核时小二都会联系店铺运营,询问本次活动能否保证完成 60%的销售目标,这也就意味着,5 万元最低货值要求,必须是总货值的 60%,也就是报名货值起码要达到 8 万元以上。另外需要注意坑位产出 5 万元不是目标,是死亡线,低于 5 万元后续提报的成功率接近 0。

3. 天天特价

天天特价是唯一以扶持中小卖家为宗旨的官方平台,扶持对象为淘宝网集市店铺(即只招商集市商家),天猫店铺不能报名参与此活动,官方网址为 tejia.taobao.com。天天特价频道目前有类目活动、10 元包邮、主题活动三大招商板块,其中 10 元包邮为特色栏目,天天特价类目活动为日常招商栏目,主题活动为每周的非固定活动栏目。

◆ **知识扩展**

天天特价活动参与方法

(1)商家条件。报名天天特价活动的商家需满足的条件如表 5-5 所示。

表 5-5 天天特价商家报名条件

标　　准	淘 宝 店 铺
开店时长	≥90 天
店铺信用等级	3 钻及以上
三项 DSR(宝贝与描述相符、服务态度、发货速度)	4.6 及以上
支持 7 天无理由退换货	√
加入淘宝网消费者保障服务且消保保证金余额≥1 000 元	√
实物宝贝交易占比	≥90%(虚拟类目除外)

店铺要求说明:

① 符合《淘宝网营销规则》。

② 开店时长≥90 天。

③ 店铺信用等级:3 钻及以上。

④ 近半年店铺非虚拟交易的 DSR 评分三项指标分别不得低于 4.6(开店不足半年的自开店之日起计算)。

⑤ 已加入淘宝网消费者保障服务且消保保证金余额≥1 000 元,需加入"7 天无理由退换货"服务。

⑥ 实物宝贝交易占比≥90%,虚拟类目(如生活服务、教育、房产、卡券类等)除外。

⑦ 因严重违规(B 类)被处罚的卖家,禁止参加活动。

⑧ 因出售假冒商品(C 类)被处罚的卖家,禁止参加活动。

⑨ 魔豆妈妈资质要求:

非以下条款特殊说明的场景,均须遵守《天天特价管理规范》:仅针对魔豆妈妈卖家举办的主题活动,招商卖家必须为魔豆妈妈卖家,其余卖家不可报名。报名此类活动时,魔豆妈妈的店铺信用等级为"1 心到 5 钻",且不受店铺实物交易占比限制。

说明:魔豆妈妈是指淘宝公益基金项目—魔豆爱心工程的受助人,此项目旨在帮扶城市贫困妇女在网上创业。

（2）商品条件。

① 商品库存：50件≤10元包邮≤2 000件。（提示：不建议报要求的库存上限数量，如未付款订单关闭，导致库存释放而超出报名库存，则无法通过审核）

② 最近30天交易成功的订单数量≥10件。

③ 活动价格低于最近30天最低拍下价格，商品不得有区间价格。（多个SKU时必须是同一价格）

④ 必须全国包邮（港澳台地区除外）。

⑤ 活动结束后的30天内，不得以低于天天特价活动价报名其他活动或在店铺里促销。若有违反，将按照《天天特价卖家管理细则》进行相应处罚。

⑥ 特殊资质：运动户外类目商品需要符合《淘宝网运动户外类行业标准》；食品类商品需要有QS资质或中字标或授字标。

⑦ 商品报名信息应清晰、规整，商品标题和图片符合特定的格式要求：报名商品图片尺寸为480px×480px，仅支持jpg格式。主题明确且美观，不拉伸变形，不拼接，无水印，无logo，无文字信息，仅支持jpg格式，图片背景为白底、纯色或浅色。

⑧ 报名商品标题必须在13个汉字或者26个字符以内且描述准确清晰，严禁堆砌关键字。

⑨ 所有提交报名的商品及活动页面素材须确保不存在任何侵犯他人知识产权及其他合法权益的信息。

说明：建议报名宝贝具有价格优势、应季、优质、热卖等优质特点。

（3）排期方式。排期方式如表5-6所示。

表5-6 天天特价活动排期方式

活动模式	活动时间	审核时间	报名注意事项	通过后注意事项
类目活动	每天（活动时间只有一天，活动当天的零点到第二天零点）	活动时间的前三天18点前	无logo，无文字信息，图片背景为白底、纯色或者浅色	活动前两天15点前进行锁定，在锁定前设置包邮、库存和标题前面添加天天特价
10元包邮	每天（活动时间只有一天，活动当天的零点到第二天零点）	活动时间的前三天18点前	不针对食品特产进行招商，图片要求同上	活动前两天15点前进行锁定，在锁定前设置包邮、库存和标题前面添加天天特价
主题活动	非固定	活动时间的前三天18点前	无logo，无文字信息，图片背景为白底、纯色或者浅色	活动前两天15点前进行锁定，在锁定前设置包邮、库存和标题前面添加天天特价

（4）收费方式。天天特价是主要针对集市店的扶持活动，活动模式均为免费活动，但对报名商品的销量及报名价格有一定要求，商品拍下30分钟不付款，系统将自动关闭交易，库存恢复。

阅读材料5-4 聚划算、淘抢购规则中心

阅读材料5-5 天天特价商家帮助手册

4. 淘金币

淘金币分为品牌汇和主题购，各有侧重点，活动免坑位费和佣金，只收淘金币或兑换商品，每场活动至少需要上架10款商品，至少5款商品为店铺销量爆款，活动展示3天，周末算1天。详细规则见各类目招商公告。

◆ 知识扩展

淘金币商品要求

（1）基本资质。

（2）淘金币抵扣比例（淘宝）≥1%。

（3）活动结束后的 15 天内，不得以低于参与淘金币活动的折扣价（淘金币抵扣后）报名其他营销活动或在店铺内进行促销。

（4）图片尺寸为 600px×450px，大小 1M 以内。不允许出现水印、logo、文字信息等任何"牛皮癣"，只突出商品本身，要求高精度强质感。

（5）标题要求利益点+标题（如满 2 件减 10 元等），详情页突出淘金币活动氛围。

淘金币活动技巧如下。

（1）密切关注上下架。用淘金币的技巧，如果产品的成品价是 50 元，为了推新品，在抵扣额度里设置了最高的 99%，这个是完全亏本的活动，对于买家来说几乎全部用淘金币购买，等于不花钱，这样很快将产品卖出去了。小二会根据销量调整位置，将销售高的宝贝排到前面去，这个时候卖家要密切关注上下架，如果件数报很多，虽然前期销量累计很快，迅速带来了很多流量，但是买的人太多，亏本就会很严重，还是需要时刻关注销售情况。

（2）利用折扣与淘金币组合方式。例如，商品成本为 100 元，打算不赚钱以成本价卖，把宝贝标价为 300 元，打完折之后 100 元。这种情况大家会觉得价格标高了，而不是实际价格低。我们可以换一种思路，这里的玩法就可以结合淘金币，但是打折后的价格可以高一点，比如打完折价格为 150 元，淘金币抵扣额度设置为 50%，只要花 75 元就可以买到价值 150 元的商品，对于消费者来说，吸引力度更大。对于卖家来说，利润更大。

任务 5.3 内容流量与推广

5.3.1 内容流量及其入口

1. 什么是内容流量

内容流量即通过内容渠道引入的店铺流量，而内容渠道在淘宝 APP 中主要包含微淘、淘宝直播、每日好店、淘宝头条、爱逛街、淘宝圈子、必买清单、有好货、问大家等渠道。

在 2015 年淘宝网提出的"内容化、移动化、社交化"策略中，内容化是其中核心之一。为什么淘宝网要做内容？随着电子商务的发展，互联网流量红利期结束。消费者的日益成熟，流量竞争的日益加剧，硬流量已经很难满足现代消费者的需求。目前最重要的是留住用户，让他们待的时间更长。这也是淘宝网新的定位——找到"发现的乐趣"，并把淘宝网变成一个真正"消磨时间"的工具。要想达到这种目的，内容无疑是最有效的一种手段。也就是说，引起消费者购买或者关注的切入点正在发生变化。

根据第三方机构 Trustdata 在 2015 年统计的数据——微信、手机淘宝、支付宝日均停留时长及日均打开次数，我国手机用户平均每天会花近 50 分钟时间在微信上；而同期的手机淘宝，每天只占用消费者 20.5 分钟的时间，如图 5-16 所示。内容化的目的在于通过内容让消费者在淘宝网停留的时间更长，从而完成新一轮对消费者的争夺战。

2. 内容流量入口

1) 微淘

微淘是手机淘宝"变形"的重要产品之一，定位是基于移动消费领域的入口，在消费者生活细分领域，为其提供方便快捷省钱的手机购物服务。消费者通过关注自身感兴趣的店铺，从而成为店铺粉丝。商家通过微淘发布内容，为消费者提供内容资讯。粉丝和商家、粉丝和粉丝之间通过微淘账号产生互动，从而实现内容的传播及为店铺导入流量。

微淘入口在手机淘宝界面的底部，模块主要分为两个部分："关注"和"发现"，如图 5-17 所示。"关注"模块主要是用户主动关注的微淘账号，"发现"模块展示的微淘则是用户未关注的微淘账号，淘宝网通过用户的近期行为，以及商家微淘运营内容进行个性化推送展示。

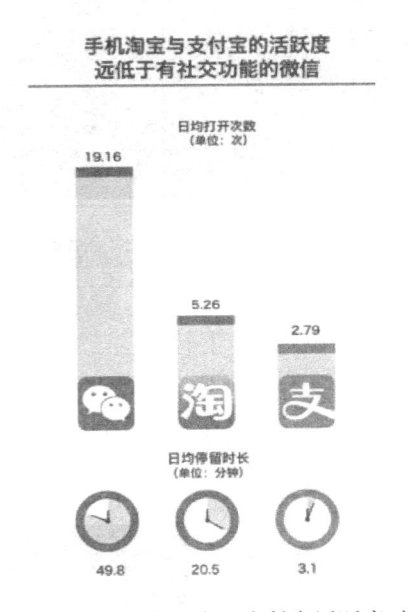

图 5-16　微信、手机淘宝、支付宝活跃度对比图

图 5-17　手机淘宝微淘界面

2) 淘宝直播

淘宝直播是阿里推出的直播平台，淘宝直播自 2016 年 3 月试运营，定位于"消费类直播"，用户可"边看边买"，涵盖的范畴包括母婴、美妆、潮搭、美食、运动健身等。

淘宝直播自 2016 年 3 月运营以来，观看直播内容的移动用户超过千万人，主播人数超过 1 000 人，目前该平台每天直播场次近 500 场，其中超过一半的观众为"90 后"。

淘宝直播入口在手机淘宝 APP 首页约第五屏位置，主要有以下几个直播分类：精选、潮搭攻略、亲子乐园、美食美味、主播优选、乐家乐活、美妆心得、全球现场、好好先生和红人大赏等，如图 5-18 所示。

3) 每日好店

每日好店是无线和 PC 首页唯一的"店铺导购"产品，根据消费者的喜好，精准推荐适合店铺，同时为商家提供精准的潜在用户。商家入库规则为系统抓取＋条件筛选。每日好店定位是扶持特色卖家，尤其是有品牌调性的中小卖家，图 5-19 和图 5-20 所示分别为每日好店 PC 端入口和每日好店手淘端入口。

图 5-18 淘宝直播界面

图 5-19 每日好店 PC 端入口

每日好店展示内容包括。
（1）25%白名单达人&机构提交：视频+图文介绍品牌。
（2）5%行业推荐：铺子集（主题下店铺清单）。
（3）70%算法推荐：行业推荐"腰部"、小众内容，算法基于商家店铺优化推荐。
每日好店展示形式包括。
（1）短视频：1～3 分钟高质量店铺推荐视频，边看边买，首屏出现横条。
（2）极致好店：详细介绍 1 家调性店铺的文章。
（3）铺子集：1 个主题下的十几家个性店铺推荐。

（4）特色调性店铺池：搜罗全网有调性、有规格的店铺。

每日好店内容特点包括：调性、稀缺、风格明确、小众、艺术感、设计感、个性等。

4）淘宝头条

淘宝头条汇聚优质资讯，分享达人购物经验，包括美搭、手机、数码、型男、美容、母婴、旅行、居家等精选内容，致力于打造一个购物决策分享的平台。淘宝头条分为头条、视频、问答、PK、订阅等。每个板块下面都提供不同类目的内容资讯。资讯中可以添加产品链接，但必须是淘系链接。

5）爱逛街

淘宝爱逛街是一个用户分享与交流的平台，根据消费者的爱好，把喜欢的商品展示在消费者眼前，商品在爱逛街首页获得大量的关注度，增加被搜索的概率与流量。爱逛街有自己的 APP，是一个专门为女性打造的分享交流社区。爱逛街主要有以下几个频道分类：女装、鞋包配饰、美容美发和家居生活等。

6）淘宝圈子

简单讲，淘宝圈子是一个消费者互动社区，以兴趣、消费热点为切入点，通过共同爱好交流、互动实现内容沉淀，从而完成社会化导购的目的。淘宝圈子入口在手机淘宝我的淘宝→更多工具→我的圈子。在淘宝圈子，个人用户可以发布话题或问大家进行沟通交流，如图 5-21 所示。

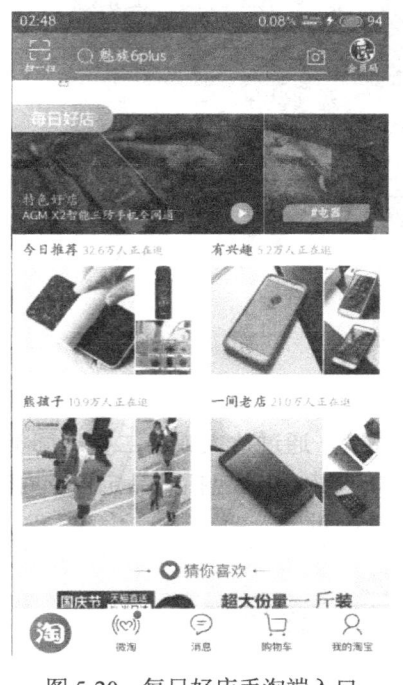

图 5-20　每日好店手淘端入口　　　　图 5-21　淘宝圈子

7）有好货

有好货经过商品库的优化，整体质量已经有了很大的提升。平台的目的是要向用户传达"好货"的概念，定位为中高端人群。它是发现和挖掘新奇特、高规格的精品导购平台。

8）必买清单

必买清单是提供消费者一站式场景购物的购物攻略、解决消费者购物障碍的平台。通过精选商品，为用户提供解决购物问题的攻略。必买清单的类型主要有主题购、攻略和搭配购。

5.3.2　内容流量之必买清单、有好货

1. 必买清单

必买清单是在手机淘宝首页中展示的内容流量入口渠道（PC端淘宝网中也有，在首页"猜你喜欢"模块上方，但流量主要以手机淘宝为主）。单击进去后就可以看到由淘宝网按千人千面的搜索技术分类展现的宝贝，流量非常大，精准度也很高，如图5-22所示。

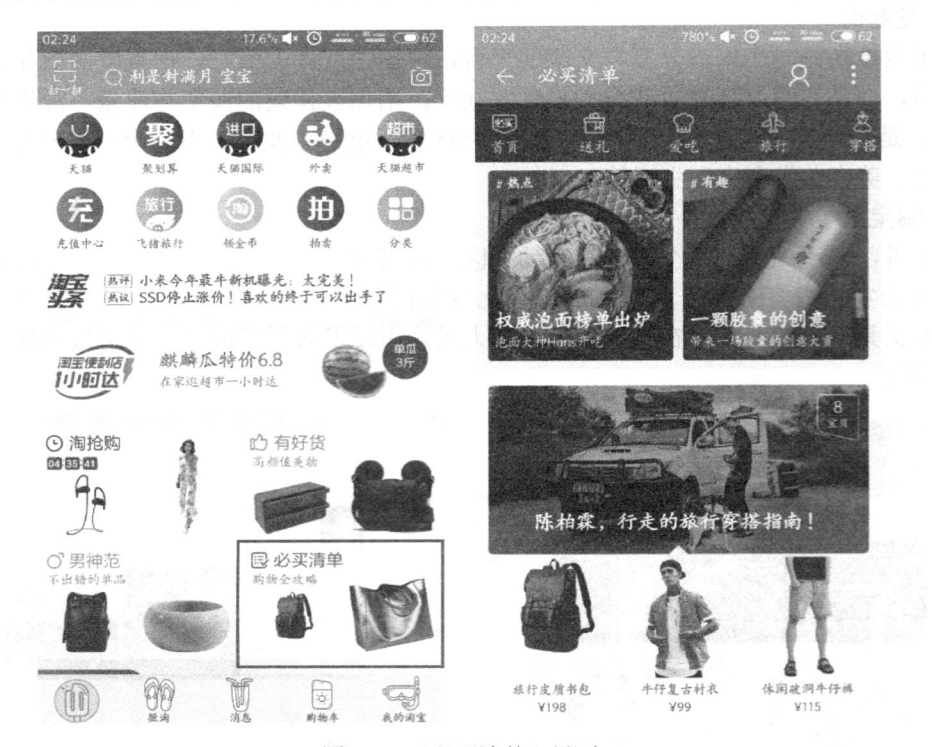

图5-22　"必买清单"界面

1) 基础定位

必买清单主要功能是帮助用户整理商品并做购买决策，通过达人或小二整理同类产品或同风格的产品，为消费者解决购物搭配问题。必买清单的基础定位包括产品定位、内容定位、内容形式、基本调性、目标用户和用户体验，如图5-23所示。

图5-23　必买清单基础定位

优质的必买清单可以分为以下三种类型。

（1）以商品展示为主，通过专业的达人或小二整理高品质的商品，帮助用户快速找到想购买的产品，或者通过清单形式展示，达到"种草"（指"宣传某种商品的优异品质以诱人购买"的行为）的目的。

（2）通过展示用户需求场景，制定主体专辑以满足用户需求，如清单《Sorry，你的约会穿搭太糟》。

（3）撰写产品的分析文案，能真正对挑选商品起到帮助作用，如清单《最适合学生的护肤品，青春无敌》。

2）必买清单视觉样式

官方为了让内容更有清单感，需要统一清单内容的结构样式，不同的清单类型对应不同的模板，如图 5-24 所示。按照图中所示的模板，去拆解内容及商品。

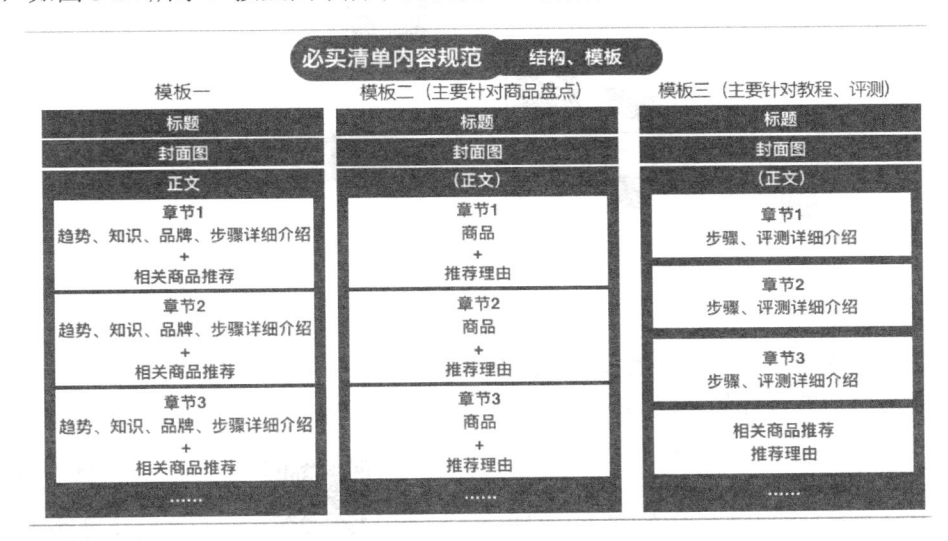

图 5-24 必买清单内容规范及结构、模板

3）如何上必买清单

必买清单渠道入口位于手淘首页，流量大且精准度高，淘宝网商家如果能获取这个渠道的流量，将对店铺运营有很大的帮助。必买清单上的内容来源主要有两个部分，90%来源于达人或者媒体机构，10%来源于官方小二。目前上必买清单有以下几个途径。

（1）寻找达人（淘客）发布清单。寻找达人可以直接查看必买清单的发布人，与他联系并沟通合作意向。除此之外，还可以通过官方的内容合作平台阿里 V 任务来发布任务或寻找达人。

（2）在营销平台（yingxiao.taobao.com）中找类目清单，根据需求进行报名。

（3）主图中有一张白底图，做好产品数据，符合上必买清单的要求，达人或小二有机会主动抓取产品数据。

2. 有好货

有好货是在手淘首页中展示的内容流量入口渠道之一，渠道定位为中高端人群。它是发现和挖掘新奇特、高规格的精品导购平台；产品定位于品质生活商品，为用户提供精准化的个性推荐，如图 5-25 所示。有好货希望为用户提供的商品不是家喻户晓的知名品牌和爆款，而是能带给用户最新的潮品信息有特色的好货介绍，以及可信赖的品质保障。为用户带来"发现""挖掘""拓展购物认知"的导购体验。它的内容主要来自两个部分：首先是专业领域达人提供的优质内容,包括微淘、其他平台各自领域内有一定影响的 KOL(Key Opinion Leader,关键意见领袖,指行业内有话语权的人);其次是行业提供的优质内容。手机淘宝中有好货的内容推送来源也有两部分,50%来源于达人媒体机构,50%来源于官方小二。

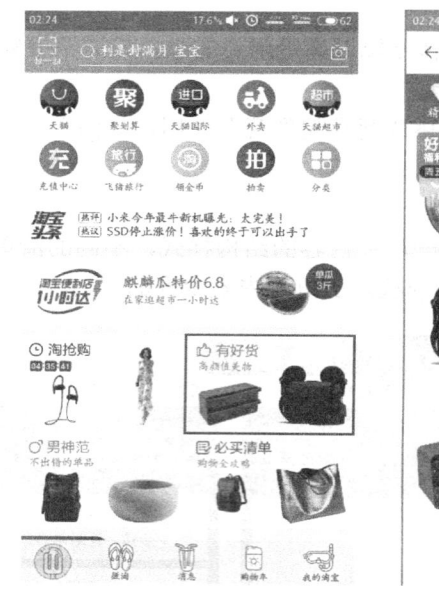

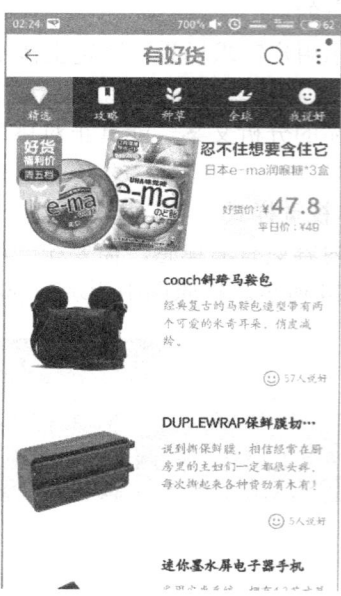

图 5-25　有好货界面

有好货目前偏向于以下几种类型的商品和内容。
(1)高品质、有调性的小众品牌。
(2)有一定设计品位,比如"外貌"协会、原创设计、有腔调等。
(3)在外观和功能上有一定的创意、创新。
(4)特殊款式,比如具备稀缺性和收藏价值,还可以是限量款、明星款。
(5)认知度不高的海外商品。

阅读材料 5-6　淘宝内容营销 6 月份是个分水岭

阅读材料 5-7　最新淘宝必买清单内容要求

5.3.3　"羽我女装"店铺流量推广之必买清单

在 5.3.2 节中,已经针对内容流量进行了详细的说明,也了解到必买清单流量获取的方法有哪些。本节针对内容流量中必买清单的流量获取,结合"羽我女装"店铺流量推广做实操演练。上必买清单的形式有三种,分别是主动联系淘客达人、在营销活动平台中进行报名、上五张白底图被动等待达人或小二抓取。这里主要讲述如何通过主动联系淘客达人进行必买清单渠道流量的推广,具体操作办法有两种,一是通过官方的内容合作平台阿里 V 任务进行发布任务或寻找达人,二是寻找达人(淘客)发布清单。

阿里 V 任务(v.taobao.com)是阿里官方发布任务的交易平台,主要功能是帮商家解决与达人合作的需求、为淘宝达人(以下简称"达人")解决变现的问题。阿里 V 任务平台为商家提供什么?答案是通过达人为商家提供商品推广、品牌推广服务。阿里 V 任务平台的发起是实现商家和达人之间起到连接作用的平台功能。大家都知道,每个商家都有自主权限发布微淘。目前很多官方的内容渠道（如必买清单、有好货、淘宝头条）都是中心化的渠道流量，达人需向小二发起申请且通过审核后才有机会获取该流量。

（1）发布阿里V任务。发任务类型主要有三种：普通任务、头条任务和淘部落。进入阿里V任务后台，在其右上角的位置即可看到"发任务"按钮，单击该按钮，选择普通任务，打开"创建任务"窗口，填写任务标题、任务要求、达人最晚交付时间及内容类型，如图5-26所示。这种方式是主动把自己曝光，方便与达人或小二进行沟通。

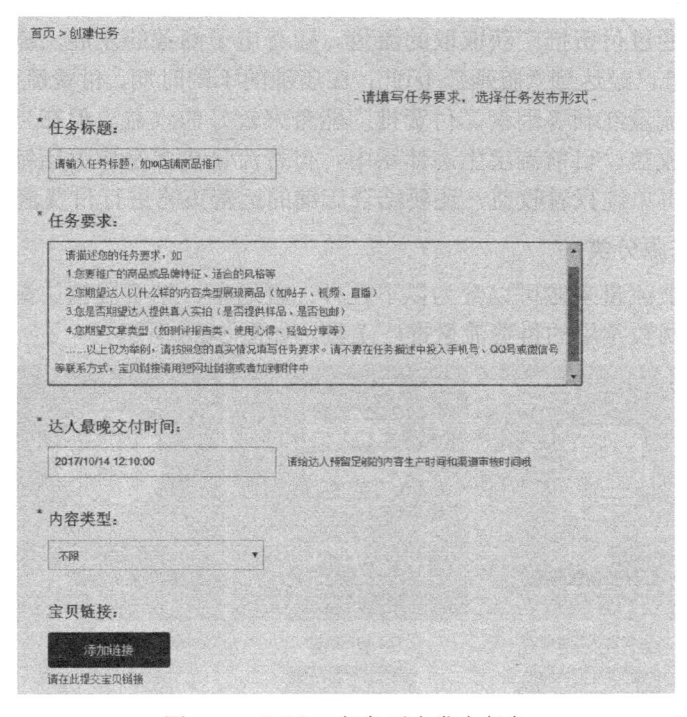

图 5-26 阿里 V 任务后台发布任务

（2）直接寻找达人。在阿里V任务中，单击"找创作者"按钮，渠道中选择"必买清单"，如图5-27所示，根据需求选择达人。

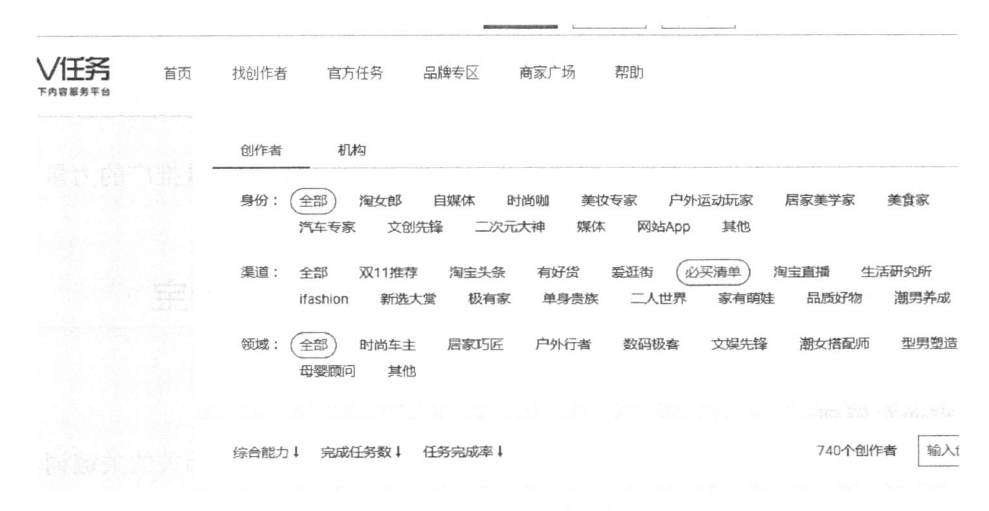

图 5-27 阿里 V 任务直接寻找达人

任务 5.4　付费流量与推广

5.4.1　付费流量及流量分类

1. 什么是付费流量

付费流量就是通过付费推广获取取的流量。随着电子商务的发展，流量的红利期已经成为过去式，免费流量已经达到"瓶颈"。因此，在店铺的不同时期，付费流量的引入必不可少。过去，由于竞争及流量红利等因素，付费推广能带来较好的收益。但在当前情况下，付费流量并不一定能确保收益。目前淘宝生态体系中，付费流量更多是作为店铺流量的必要补充，而且，付费流量不再单纯只看收益，还要结合店铺的运营策略进行付费流量引入。

2. 付费流量来源分类

淘宝站内的付费流量来源可以分为以下几种：直通车、钻石展位、淘宝客和品销宝。前面三种是目前淘宝网较常用的付费流量推广工具，如图 5-28 所示。

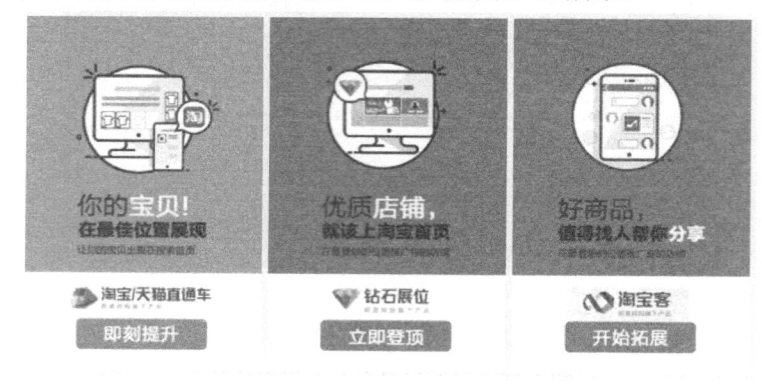

图 5-28　常用的付费流量推广工具

直通车：以关键词投放为主的付费推广工具。
钻石展位：以图片投放为主的付费推广工具。
淘宝客：以成交结算佣金为主的推广工具。
品销宝："明星店铺"升级版，通过搜索品牌关键词进行广告展现，以图片投放为主的付费推广工具。

在店铺日常运营中，免费流量获取是核心，但也不能忽视付费流量推广的力量。不同的推广工具在店铺运营中发挥着不同的作用。

5.4.2　付费流量之直通车、钻石展位、淘宝客和品销宝

1. 直通车

1）直通车原理

直通车是通过付费来获取流量的推广工具。卖家设置与推广商品相关的关键词和出价，在买家搜索相应关键词时，推广的商品获得展现和流量，从而实现精准营销。直通车的付费方式是按卖家所获得的流量（单击数）来付费。

2）展示形式

（1）在显著位置展示创意图、创意标题、价格和销量，如图 5-29 所示。

图 5-29　直通车展示形式

（2）在展现位置打上掌柜热卖标识，如图 5-30 所示。

图 5-30　直通车掌柜热卖标识

3）展示位置（PC 端）

位置 1：关键词搜索结果页的右侧，共展示 12 个掌柜热卖宝贝，如图 5-31 所示。

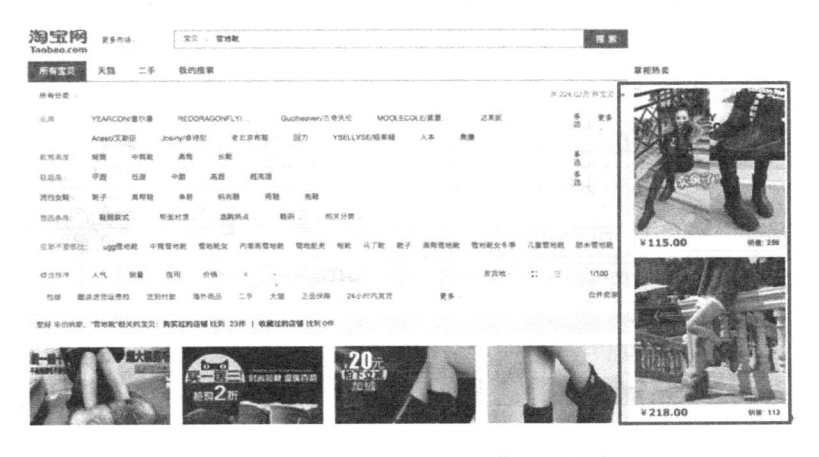

图 5-31　搜索结果页右侧展示位置（部分）

位置 2：关键词搜索结果页的底部，共展示 5 个掌柜热卖宝贝，如图 5-32 所示。

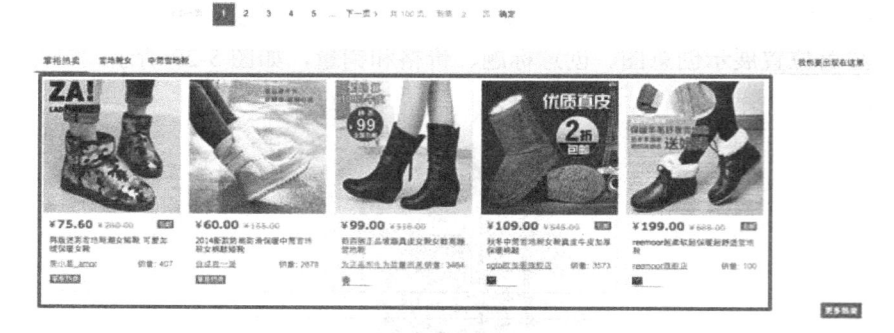

图 5-32　搜索结果页底部展示位置

位置 3：单击首页搜索文字链后，在搜索结果页的中部，共展示 4 个掌柜热卖宝贝，如图 5-33 所示。

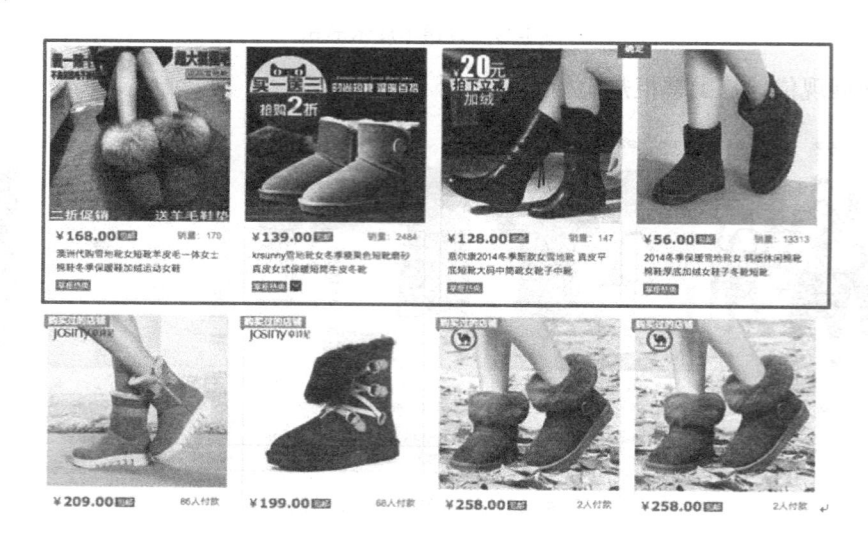

图 5-33　搜索结果页中部展示位置

位置 4：展示在淘宝网热卖页面，如图 5-34 所示。

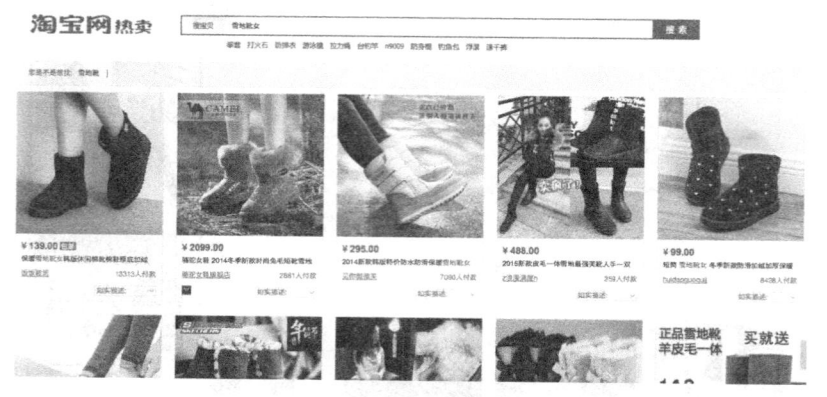

图 5-34　淘宝网热卖页面展示位置

位置 5：展现在爱淘宝热卖页面的左侧，来源主要由站外进入爱淘宝热卖页面，如图 5-35 所示。

图 5-35 爱淘宝热卖页面展示位置

4）展示位置（无线端）

展现位置在首屏展示位，展现样式比较醒目，包括 hot 标志、免邮、销量等信息，如图 5-36 所示。

图 5-36 无线端展示位置

5）展示规则

关键词搜索页面的排名规则：淘宝直通车目前的排名规则是根据关键词的质量得分和关键词的出价，综合衡量后得出的商品排名。

其中，质量得分是系统估算的一种相对值，主要用于衡量卖家的关键词与宝贝推广信息、淘宝网用户搜索意向之间的相关性。其计算依据涉及多种维度，包括基础分值、创意效果、相关性、买家体验等。

无线端和 PC 端的质量得分独立计算，但会互相影响。

6）扣费公式

直通车是按单击的次数计费，如果买家搜索一个关键词，则设置了该关键词的宝贝就会在淘宝直通车的展示位置上出现，当买家单击推广的宝贝时才需要付费，淘宝直通车也才会进行相应扣费。根据对该关键词设置的价格，淘宝直通车的扣费均小于或等于关键词的出价。

扣费公式如下：

$$单次单击扣费 = (下一名出价 \times 下一名质量分) \div 本人质量分 + 0.01 元$$

因此，质量得分越高，所需付出的费用就越低。扣费最高为设置的关键词出价，当公式计算得出的金额大于出价时，将按实际出价扣费。

实际情况举例如表5-7所示。

表5-7 扣费计算举例

序号	关键词	出价（元）	原始分	质量得分（近似值）	排名分值	排名	实际扣费（元）
1	短袖T恤男	0.68	1 358	10	92 344	1	0.63
2	短袖T恤男	0.70	1 221	10	85 470	2	0.66
3	短袖T恤男	0.80	1 009	9	80 720	3	0.73
4	短袖T恤男	1.20	613	7	73 560	4	1.20

说明：为了方便理解，直通车后台显示的质量得分的分值，是经过系统处理后的分数，实际计算并不以此分值为标准。从表5-7可以看出，平时看到的1~10分质量得分，实际上是经过相对化比较，并四舍五入后的结果。所以即使两个词的质量得分都是10分，其实际质量得分并不一定相同，直通车排名和扣费也稍有不同。

阅读材料5-8 新版直通车神技

阅读材料5-9 直通车框架性操作

2. 钻石展位

1）钻石展位概述

钻石展位是以图片展示为基础、精准定向为核心，面向全网精准流量实时竞价的展示推广平台，为客户提供精准定向、创意策略、效果监测、数据分析、诊断优化等一站式全网推广投放的解决方案，帮助客户实现更高效、更精准的全网数字营销。

2）钻石展位基础功能

展示位置。包含淘宝网、天猫、新浪微博、网易、优酷土豆等几十家淘内、淘外优质媒体的上百个大流量优质展位。

创意形式。支持图片、Flash等动态创意形式，支持使用钻石展位提供的创意模板制作的格式。

收费方式。在展示付费（CPM）的基础上，增加按单击付费（CPC）的结算方式。

投放方式。选择资源位→设定定向人群→竞价投放，价高者得。

3）钻石展位产品优势

超大流量。覆盖全国80%以上的网购人群，淘内、淘外几十亿的海量流量供你选择。

精准定向。提供多种精准定向方式，锁定目标人群。

出价灵活。支持展示付费（CPM）和单击付费（CPC）两种付费方式，流量更精准，成本更可控。

一键推广。根据日常销售、活动营销的不同场景，定制个性化营销策略，从而提升效果。

高效创意。千套模板、多维推荐，轻松打造优质创意；系统智能择优投放，测图测款全程托管。

精准优化。报表界面升级,数据更加清晰明了;粒度诊断,量身打造优化方案。

3. 淘宝客

淘宝客是指帮助卖家推广商品并获取佣金的人。淘宝客本身并没有权重,但是可以实现权重的价值。下面来具体介绍一下淘宝客的所有玩法,以及利弊要害。

淘宝客有四种推广计划,分别是通用计划、活动计划、如意投计划和定向计划。

(1) 通用计划。通用计划是淘宝网默认的计划,所有淘宝客都可以参与推广,佣金10%~15%是最低门槛,低于这个门槛,淘宝客不会去采集。通用计划不需要通过链接转化,直接把产品复制过去就可以。

(2) 活动计划。活动计划里有活动广场,需特别说明的是,里面有个鹊桥活动,它有两大特点:佣金完全公开和上桥容易下桥难。该活动的有效时间是在活动结束之后15天内。在鹊桥活动里,阿里巴巴会扣淘宝客5%的手续费。

(3) 如意投计划。如意投计划是整合爱淘宝搜索的展现,设置的佣金多少直接决定了卖家在爱淘宝的展现排名。卖家应该选择销量比较高、性价比比较好、售后率比较高的产品用在如意投,否则没有流量,致使产品没有竞争强度,排名就会靠后。如意投的缺陷是由于假货和劣质产品的存在,导致淘宝网的千人千面流量碎片化。这样就产生了淘宝客的导购、专家和达人,如折八百的特卖商城、返利网、蛮便宜和米折及超级返等都偏向于导购网站。但是这些网站的销量是不作为淘宝搜索引擎的搜索权重的。

(4) 定向计划。定向计划是卖家为了淘宝客中某一个细分群体而设计的推广计划,如卖女包,女包的粉丝圈购买;QQ精准群,多个Q群组合;淘宝达人的手淘流量等。它们的弊端是只为出销量,不计盈亏。

现在流行的淘客达人一般用SNS社群化的形式进行营销推广,就是产品的区域化、人群化。这也是阿里的短板,阿里缺乏社群,所以进行了多种模式的尝试,如应用中心、U站、帖子+嗨推网、拾货、微淘、微博红人(从新浪微博演变过来)、蝗虫团购的微博开团(有局限性)、淘客达人[手淘流量,内容+粉丝(直播)相对不成熟,却较为流行]等。

阅读材料5-10 淘宝客的所有玩法及利弊要害

4. 品销宝

品销宝核心的营销服务是明星店铺,明星店铺从最开始的在直通车后台进行设置投放,到转移到钻石展位后台进行设置投放,到现在以单独一个后台的形式进行设置投放,功能上比原来的投放方式更加强大。品销宝怎么使用?受众通过淘宝搜索品牌词或品类扩展词,触发"品牌专区"并在第一屏搜索栏下的首要位置进行展示。"品牌专区"位置占据首屏屏幕30%,抢先冲击视觉,品牌颜值脱颖而出。品销宝通过匹配品牌身份及调性,打造品牌官方阵地。

每一次搜索触发"品牌专区"入口,都对品牌形象进行展示,在凸显品牌官方权威的同时,也能轻松地一键链接到品牌官方旗舰店或其他站内页面,依托阿里大数据打通了消费者行为链路,助力品牌构建"认知、喜爱、购买、分享"的全链路完整营销闭环。

明星店铺是品销宝的基础营销服务,按千次展现计费,对全部品销宝用户开放。通过设置品牌流量包、出价系数及制作推广创意图,即可完成整个推广操作。

PC端展示位置和展示效果如图5-37所示。

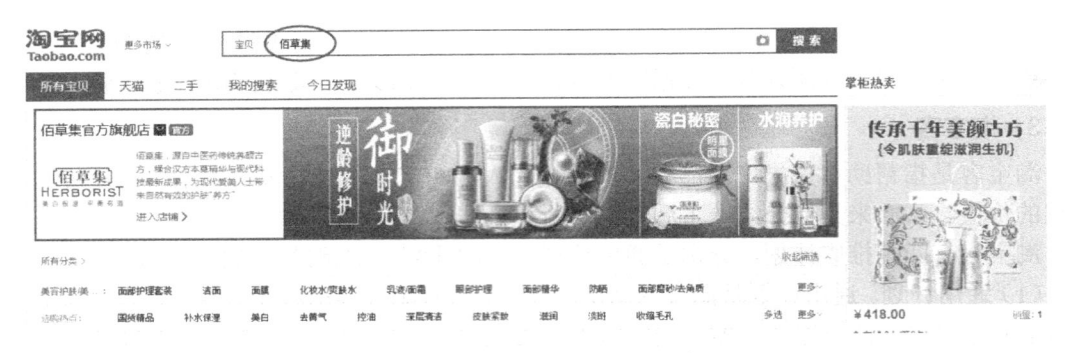

图 5-37 PC 端展示位置和展示效果

无线端展示位置和展示效果如图 5-38 所示。

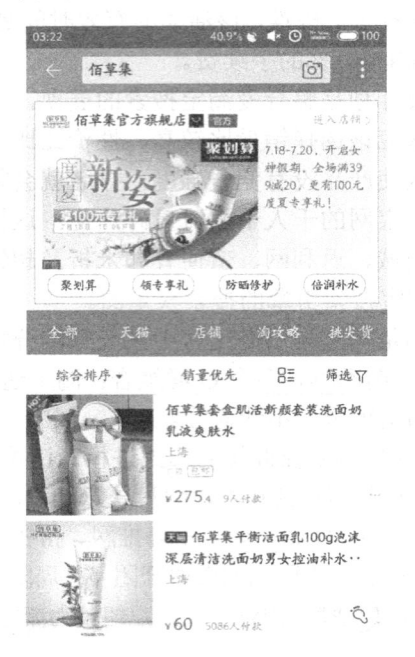

图 5-38 无线端展示位置和展示效果

5.4.3 直通车推广运营技巧

1. 直通车核心要素

直通车是一个竞价排名的付费推广工具,商家都希望用最低的成本引入更多的流量。直通车展示的位置有很多种,排名规则是"质量得分×出价"来决定产品排名位置。在相同出价情况下,质量得分决定了产品的排名顺序。总体来说,质量得分是关于产品排名的一个核心要素。推广产品的点击率主要与以下内容相关:

(1)位置;

(2)使用的关键词;

(3)行业搜索量;

(4)关键词的出价;

(5)关键词质量得分;

（6）文案卖点；

（7）文案排版。

2．关键词质量得分优化

影响关键词质量得分的维度有三个，分别是创意效果、相关性和买家体验。

创意效果：指用于推广创意的关键词，近期动态单击的反馈效果。

相关性：指关键词与宝贝类目、属性及文本等信息的相符程度。

买家体验：指根据买家在店铺的购买体验和账户近期的关键词推广效果，给出的动态得分。

结合以上关键词质量得分的维度，在操作层面上，可以针对关键词进行优化。

（1）选择好推广产品。在推广之前，产品的选择是推广的重要前提。所有直通车都是建立在款式点击率高的情况下，这样直通车才能持续稳定。如果款式不好，直通车只能用来养权重，很难做到高点击率和高关键词质量得分。

（2）优化相关性。相关性是静态的，无法养，也就是说，一开始是多少分就是多少分，因此，一般情况下选择相关性最好的词推广。做好关键词相关性优化，首先，不要混淆类目，一个单品可能有 N 个类目，只有选择了正确的类目，关键词质量得分才会高；其次，不要乱填属性，推广的关键词和标题、详情页及属性文本里面的词相冲突，如宝贝标题里面写的是春夏款，直通车却推秋冬款的词，这样质量分也不会高。

（3）筛选地域投放。根据地域列表，减少投放地域，去掉点击率低的地域。在流量解析、数据透视里面，可以查看点击率高的地域并优先投放，如图5-39所示的流量解析数据中，江苏地区点击率最高，可以优先投放。

推广计划	省市	展现量	点击量	点击率	花费	平均点击花费	投入产出比
春款测试	江苏	27,970	652	2.33%	¥465.97	¥0.71	0.84
春款测试	北京	29,488	666	2.26%	¥433.89	¥0.65	2.38
春款测试	山东	36,703	686	1.87%	¥429.17	¥0.63	1.31
春款测试	浙江	26,502	563	2.12%	¥401.48	¥0.71	3.63
春款测试	山西	17,510	473	2.70%	¥302.35	¥0.64	2.45
春款测试	广东	37,317	440	1.18%	¥284.64	¥0.65	5.26
春款测试	上海	19,714	411	2.08%	¥276.75	¥0.67	2.07
春款测试	陕西	12,529	284	2.27%	¥189.67	¥0.67	0.98
春款测试	安徽	10,212	222	2.17%	¥158.20	¥0.71	5.23
春款测试	重庆	8,255	186	2.25%	¥127.50	¥0.69	2.93
春款测试	云南	11,359	195	1.72%	¥125.33	¥0.64	1.86
春款测试	吉林	7,663	194	2.53%	¥125.05	¥0.64	3.06
春款测试	贵州	9,313	166	1.78%	¥119.65	¥0.72	3.25
春款测试	福建	11,749	167	1.42%	¥113.12	¥0.68	3.24
春款测试	江西	7,469	134	1.79%	¥87.00	¥0.65	0

图5-39　流量解析数据

（4）新推产品加入历史最优计划。直通车关键词质量得分还包括基础得分，基础得分包括该计划下原本推广关键词的基础数据得分和该计划下整体投放的基础数据得分。因此在推广新品时，可以将新品加入原来投放效果好的计划中，以此来提升新款直通车关键词的基础得分。

（5）精选人群溢价。在投放计划里面，关键词的旁边有个精选人群，包括店内商品放入购物车的访客、收藏过店内商品的访客、购买过店内商品的访客等，这些人群都是非常精准的。针对这些人群进行溢价，可以提高产品展示的排名，如图5-40所示。当人群精准了，流量精准了，人群标签精准了，点击率自然就高了。点击率一高，质量分就会提高。

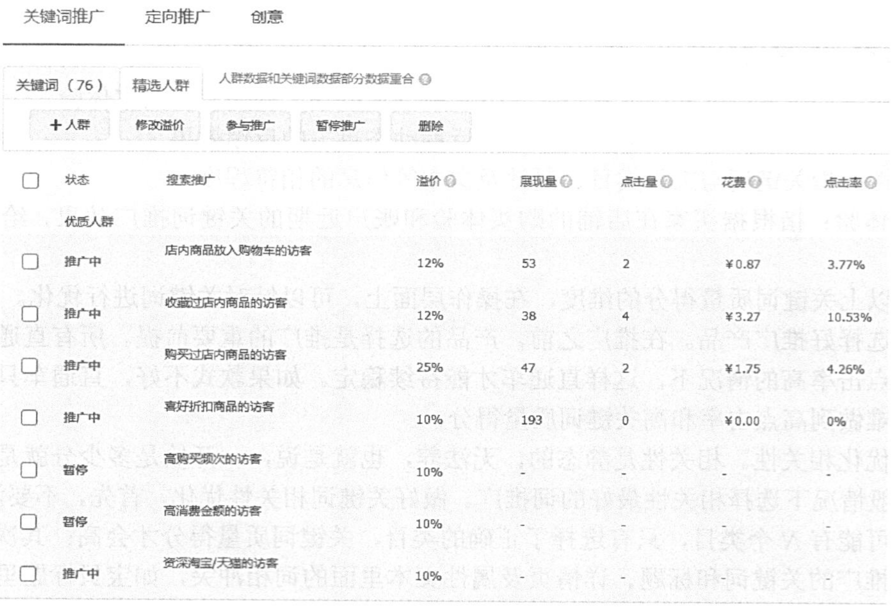

图 5-40 精选人群

3．推广图优化

直通车主图一直是影响直通车点击率最重要的一个维度。要想吸引消费者单击，必须根据不同的竞争环境，做出差异化的主图。在新款推广测试时，可以利用直通车的 4 个推广创意，做 4 张推广创意图，设置轮播展示来测试哪张创意图的点击率最高。

优化方法：利用拖词法提升质量得分。

拖词法的原理是利用关键词的权重相互影响，拉升基础分，提高质量分。当然这要有一个必要的前提：要有点击率的保证宝贝的点击率。

拖词法的主要原则，就是由小到大，先少量词（10 个左右），再中等数量词（100 个左右），最后大量词（150 个左右）。根据不同类目添加词的数量不同，例如我的啤酒类目，能用的词不超过 10 个。

关于直通车测图、测款、测点击率的操作方法在此不再赘述，相信大家都有自己的方法。

4．定向推广

直通车定向推广是一个既有效又简单的推广方式，是区别于搜索展示的一种推广展示方式，是系统结合卖家设置，在指定展位上主动针对目标人群进行投放素材的推广方式，如在手机淘宝搜索底部"猜你喜欢"中展示。

1）为什么要做定向推广

定向推广流量巨大：每天站内定向流量加起来超过 1.2 亿次，流量之大仅次于搜索广告；其中定向共有 28 个展现位置，流量集中度高，4 个站内展现位置日均流量超过 1 000 万次。

定向推广的优势：覆盖面广（包含站内外、PC 端和手淘端等多维度的多个展位）、操作直接简单（调整出价即可）、针对性强（根据买家的行为轨迹判断出买家的潜在需求，精准人群定位）。

通过以上两点可以看出，定向推广是简单、粗暴、有效又有内涵的推广渠道之一。

2）直通车定向投放人群

直通车针对定向功能，提供了不同的人群给卖家进行选择，定向投放分为以下几种。

（1）智能投放。通过综合评估访客属性、购物意图及其他多种维度来挖掘最适合该宝贝的人群。对于最基础的人群包，建议选择投放，流量较为精准，出价会比较低，投入产出比比较高。

（2）访客定向。访客定向分为“喜欢我店铺的访客”和“喜欢同类店铺的访客”。“喜欢我店铺的访客”是指近三个月内，浏览、收藏、加购、购买过我店铺商品的客户，该定向适合需要老客户营销或者老客户转化率高的店铺投放。“喜欢同类店铺的访客”是指近三个月内，浏览、收藏、加购、购买过同类店铺商品的客户（除去“我店铺的访客”），该定向适合需要新客户或者有流量需求的店铺投放。

（3）购物意图定向。根据投放的宝贝标题，系统筛选出可以代表该宝贝的多种关键词，来对应为有该关键词购物意图的买家人群。而买家人群的购物意图是通过其在淘宝内购买的宝贝分析而得，类似关键词推广。购物意图定向适合需要通过精细化分析人群来设置出价，以及获取更多流量的店铺投放。

（4）搜索重定向。开通搜索重定向会将宝贝投放给搜索过“该宝贝设置的关键词推广”的买家，适合精准长尾词质量分高的计划开启，流量精准不如购物意图定向投放。

3）直通车定向展示位置

（1）核心位置。

直通车定向展示有七大核心位置。目前展现量最高的手机淘宝首页猜你喜欢，如图 5-41 所示。

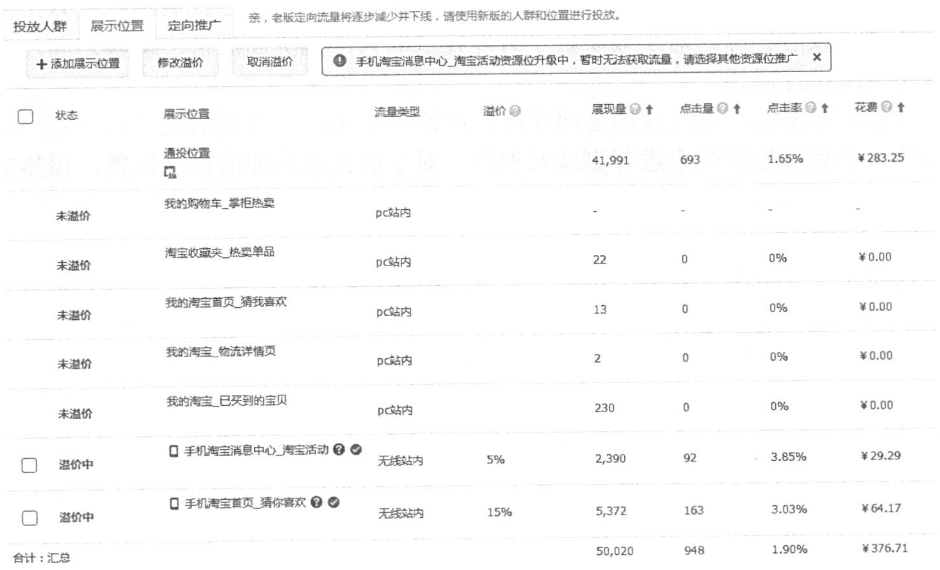
投放人群　展示位置　定向推广　亲，老版定向流量将逐步减少并下线，请使用新版的人群和位置进行投放。

+添加展示位置　修改溢价　取消溢价　手机淘宝消息中心_淘宝活动资源位升级中，暂时无法获取流量，请选择其他资源位推广

状态	展示位置	流量类型	溢价	展现量	点击量	点击率	花费
	通投位置			41,991	693	1.65%	¥283.25
未溢价	我的购物车_掌柜热卖	pc站内		-	-	-	-
未溢价	淘宝收藏夹_热卖单品	pc站内		22	0	0%	¥0.00
未溢价	我的淘宝首页_猜我喜欢	pc站内		13	0	0%	¥0.00
未溢价	我的淘宝_物流详情页	pc站内		2	0	0%	¥0.00
未溢价	我的淘宝_已买到的宝贝	pc站内		230	0	0%	¥0.00
溢价中	手机淘宝消息中心_淘宝活动	无线站内	5%	2,390	92	3.85%	¥29.29
溢价中	手机淘宝首页_猜你喜欢	无线站内	15%	5,372	163	3.03%	¥64.17
合计：汇总				50,020	948	1.90%	¥376.71

图 5-41　直通车定向展示位置

◇ 手机淘宝消息中心—淘宝活动—无线站内。优势：整个专题页都是直通车推广的宝贝，展现机会大，转化率高。

◇ 手机淘宝首页—猜你喜欢—无线站内。优势：除首焦外流量最大的黄金位置，流量超大。

◇ 我的购物车—掌柜热卖—PC 站内。

◇ 淘宝搜藏夹—热卖单品—PC 站内。

◇ 我的淘宝首页—猜我喜欢—PC 站内。
◇ 我的淘宝—物流详情页—PC 站内。
◇ 我的淘宝—已买到的宝贝—PC 站内。

（2）通投位置。通投位置的流量是指除了七大核心位置以外的流量，这些流量不分投放位置而获取的。

（3）站外位置。站外资源具有使用人数少、曝光量大的特点，同时点击率低也是在非购物场景下不可避免的缺点，部分类目可尝试开启。

4）定向推广设置策略

定向推广的应用，对提升宝贝成交量，提升投入产出比是非常有帮助的，建议在宝贝有优势且资金充足的情况下，尝试开启定向推广。

（1）建立计划：由于搜索对定向的宝贝质量分有一定的影响，建议在计划中开启搜索推广，加入点击率高的关键词，初期在一定程度上可以提升该宝贝定向的权重，或者在原有关键词推广的计划下，以精准长尾词为主且质量分高，会间接影响定向宝贝的隐藏质量分。

（2）分时折扣、地域投放、站外定向：分时折扣依据生意参谋，针对流量大、转化好的时间段提升溢价比例；地域投放分为两种方式，预算足够可选择除偏远地区外全部投放，预算不足则依据生意参谋中的访客分析，选择成交转化好的地域进行重点投放；关闭或者低力度投放站外定向，防止通投位置展现量大、点击率低，导致定向质量分降低。

（3）人群包选择及出价/溢价：开启智能投放，出价可设置为行业平均 PPC 的 80%，推广两天后，若关键词展现少，可适当提升出价；添加购物意图人群包，建议前期全部添加进行测试，统一溢价 5%。2~3 天后具体调整，中后期根据数据，对于比智能投放效果差的人群包进行降低溢价或者删除，对于效果好于智能投放的人群包提高溢价；访客定向，根据店铺老客户转化情况进行添加。

（4）展示位置溢价：建议前期全部开启，设置溢价 10%，等到展现达到一定的量后再逐步提升溢价，中后期根据效果进行删减及调价。对于店铺活动期的投放位置，预热期建议在"猜你喜欢"位置高溢价，活动收尾加大"物流详情页""已买到的宝贝"的溢价力度。

5）定向小技巧

（1）定向对于宝贝权重要求比较高，建议选择店铺销量好、流量大、点击率高的宝贝开启定向，新品不建议进行定向。

（2）人群投放中购物意图定向是根据宝贝标题和属性，精确定位目标客户，因此优化宝贝标题和属性填写准确，会大大提升这类人群包的数量。

（3）开启展示位置定向 1~2 天一般不会获取到手淘端优质位置的流量，这是因为淘宝网对于创意图片的审查比较严格，待审查完毕，会有打钩的标志，此时可获取稳定流量，然后根据数据进行溢价调整。

5. 精选人群

通过直通车进来的搜索人群与千人千面不一样，他们是由卖家通过个人运作，决定投放的用户，并手动调整溢价，更精准有效地投放。直通车经历再次改版，搜索人群改为精选人群，此举明显地反映出此次优化之后，搜索人群细分将会变得更为多样，也更加精确。

什么是精选人群？在 2015 年之前，只能通过优化直通车创意、关键词等去玩直通车。但是关键词的定位太宽泛了。例如连衣裙，从小女孩到年轻姑娘再到 80 岁老奶奶，都能穿连衣裙。所以"连衣裙"这个词如果大家都去竞争，大多数情况下的转化不会太高，许多流量是不足够精准的。而对于搜索人群，这种精细化、精准化搜索功能的出现解决了这个问题，避免直通车流量的浪费。

精选人群，就是一个单击的背后，增加了"人""地""消费能力"等其他相关维度；目前淘宝网主要给的维度有类目笔单价（该类目商品的每笔客单价）、性别、年龄、月均消费额、天气、温度等；相信随着个性化的发展，越来越多的因素都将被纳入其中。

总的来说，精选人群是对个性化技术的提升，是由原来系统简单的自动操作向卖家可控的转变，但数据需要卖家自己挖掘。

目前，直通车搜索人群功能包含以下几部分：优质人群、节日人群、同类店铺人群、付费推广/活动人群、天气人群、人口属性人群等，如图5-42所示。

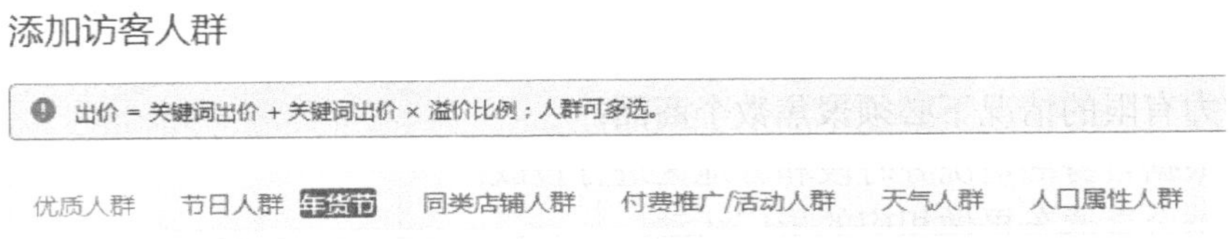

图5-42 直通车搜索人群

通过精选人群获得的流量与关键词推广的流量有部分是重叠的，在行业竞争比较激烈的情况下，有时可以避开关键词排名，通过人群投放来获取精准流量。通过设置低出价、高人群投放比例的形式来达到展现产品和吸引访客的目的。

◆ 知识扩展

直通车优质人群的玩法

高等级会员的访客：是指淘宝/天猫平台高等级会员的人群。这部分人群对于平台的了解比较深刻，如果产品在各个方面表现都不错，则可以尝试投放该类人群。

高消费金额的访客：是指在淘宝/天猫平台高消费金额的人群。相对来说，这部分人群的购买力比较强大，如果产品属于中高客单价，则不妨一试。

高购买频次的访客：是指在淘宝/天猫平台高购买次数的人群。这部分人群比较热衷线上购物，如果产品属于消耗类，则可以加大这类人群的投放。一方面可以提升转化率；另一方面，如果产品不错的话，在之后还能带来很高的复购率。

喜好折扣商品的访客：是指在淘宝/天猫平台偏好购买7~9折商品的人群。这部分人群一般喜欢有促销、有折扣的商品，如果店铺日常活动比较多，可以配合着使用；如果日常店铺活动比较少，则可以去参加一些官方活动，在活动期间也可以加大对这部分人群的投放。

浏览未购买店内商品的访客：是指在淘宝/天猫平台浏览未购买店内商品的人群。这部分人群是之前进入过店铺，虽然之前没有购买，但是他们对于产品是比较感兴趣的，而且一般是具有一定需求的。如果利用合理的促销或引导，是可以创造价值的。无论是回头率，还是收藏加购都是有可能的，对于店铺的人气权重提升非常有帮助。

购买过店内商品的访客：是指在淘宝/天猫平台购买过店内商品的人群。这部分人群已经购买过店铺的产品，如果店铺的宝贝比较靠谱，那么客户的疑虑就已经打消了，如果还要购买的话，在这里下单的可能性是极高的。针对这部分人群比较适合投放一些消耗品，或者是复购情况比较好的产品。当然，有可能是店铺的产品之间存在关联性，如一些产品的配件和其本身之间存在联系，那么在此投放给这些人群是很有利于转化的，也会提高复购率。

收藏过店内商品的访客：是指在淘宝/天猫平台收藏过店内商品的人群。这部分人群对于店铺里的商品很感兴趣,可能会跟其他店铺的产品比对后再做决定,或者因为其他原因暂时没有办法购买。这部分人群在直通车后期投放时,也是比较容易转化的,也可以在一些店铺促销的情况下加大对这类人群的投放,从而促使转化。

将店内商品放入购物车的访客:是指在淘宝/天猫平台将店内商品放入购物车的人群。这部分人群已经想购买产品,如果能配合一些购物车营销,那么很有可能打动这部分客户进行购买。如果近期有一些规模大的活动,配合直通车创意让买家看到,也可以促使成交。

6. 直通车优化思路

直通车是一个付费推广工具,是为了店铺引流创造的工具,在应用这个工具的时候,首先得明确使用直通车的目的是什么,这样在日常调整过程中才能有方向地进行直通车优化。一般来说,使用直通车有以下几个目的:测试新款、产品引流打爆、活动配合等。目的不同,直通车优化上会有不同的操作。针对直通车的优化思路,总结以下规则。

◇在财力有限的情况下必须聚焦数个商品;
◇必须根据自身的情况分时段和分地区进行投放;
◇必须结合直通车再做相应的推广活动;
◇必须策划一个爆单品、八百关键词的案例;
◇必须双手抓住类目和关键词不松懈;
◇必须知道热门关键词作为参考并借鉴;
◇必须懂得运用大量长尾关键词的投放;
◇必须跟踪转化率和回报率并先做测试;
◇必须懂得并重视类目属性和质量得分;
◇必须明白排名位置和买家单击的关系;
◇必须优化销售量和高转化率后才投放;
◇必须明确直通车是为了销量还是流量。

阅读材料 5-11 直通车操作问题与解答

5.4.4 "羽我女装"店铺流量推广之直通车

直通车是常用的付费推广工具,本次案例演示,是针对直通车进行设置,以及日常的诊断优化。

1)直通车操作步骤

(1)新建计划。新建的计划是标准计划,如图 5-43 所示,一般来说最多有 4 个标准计划,如果不够可以申请 8 个。标准计划一旦建立就不能删除,只能修改名称。

图 5-43 新建推广计划

（2）设置投放平台，开通无线。建立好计划后，在"设置投放平台"打开移动设备的投放按钮，并设置手淘端溢价折扣。投放分为移动设备的淘宝站内和淘宝站外，如图 5-44 所示。

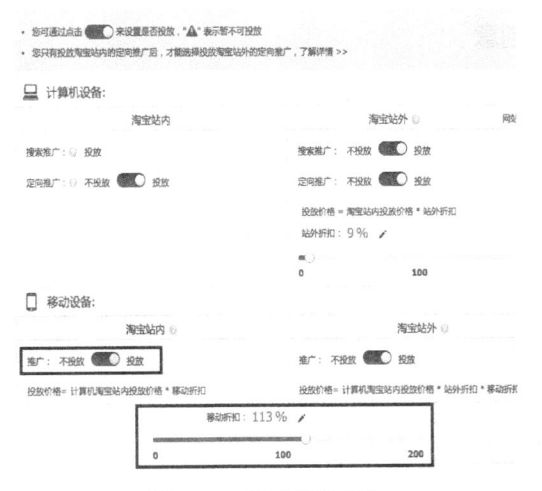

图 5-44　设置投放平台

（3）新建宝贝推广。在一个计划下，新建宝贝的数量不受限制，可以添加所有宝贝，并通过测试的方式来决定后期重点投放哪些宝贝，如图 5-45 和图 5-46 所示。

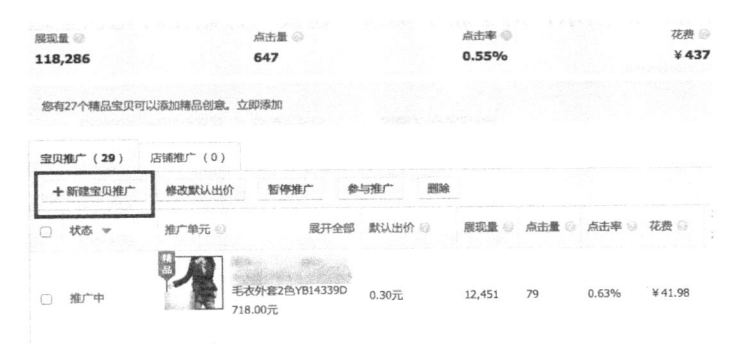

图 5-45　新建宝贝推广

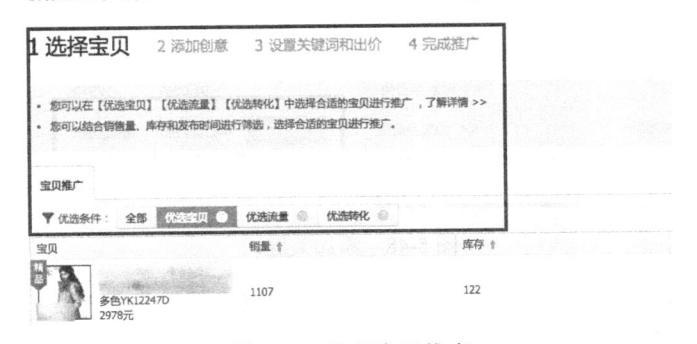

图 5-46　选择宝贝推广

（4）添加创意。创意分为创意图片和创意标题。创意图片可以在主图中选择一张，若有精品创意（一部分卖家开通试用），则可以将精品创意图片作为直通车搜索推广的图片，如图5-47所示；创意文字尽量是一些促销、推荐等引人注目的文字。

图5-47 添加宝贝创意

（5）添加关键词。关键词最多可添加200个。关键词可以在均衡包、流量包、转化包、移动包里选择，如图5-48所示，对于新手卖家，建议一开始在转化包里选词。

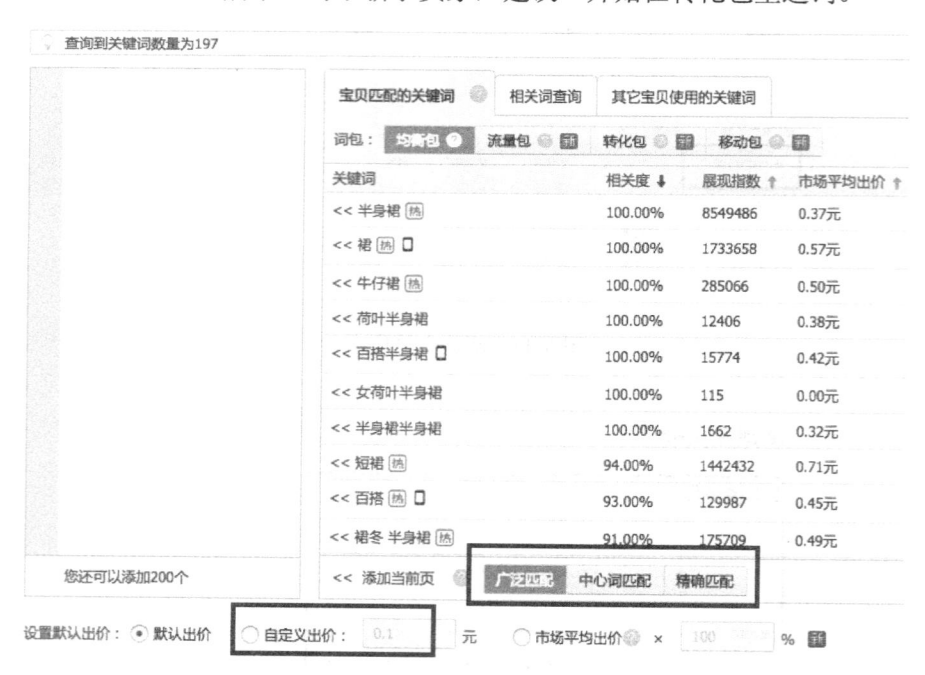

图5-48 添加关键词

（6）搜索人群溢价。在关键词推广页面，找到搜索人群，在核心客户、潜在客户、自定义人群里设置溢价比例，如图5-49所示，溢价比例目前最高为300%，对人群的最终出价为关键词出价（1+溢价比例）。

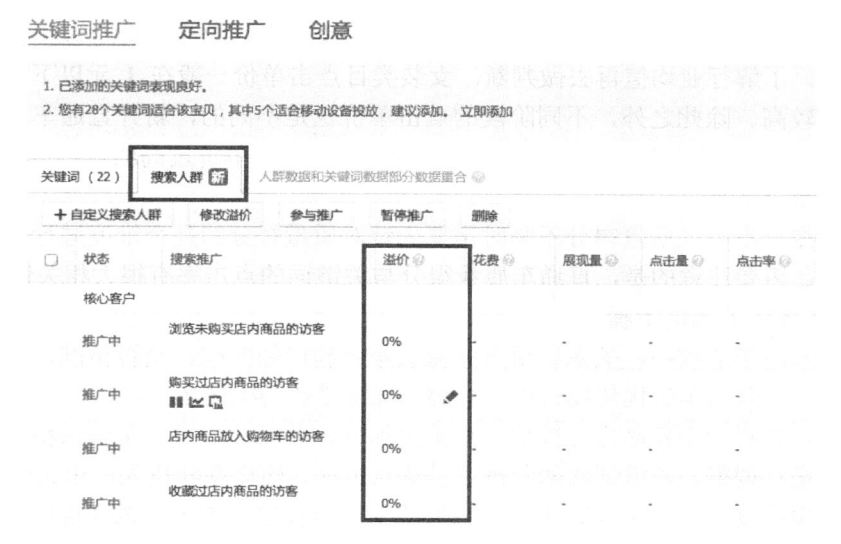

图 5-49　搜索人群溢价

2）直通车诊断优化演练

在了解完店铺的基本情况之后，针对推广端直通车应做相关的诊断和优化。图5-50所示是店铺在2017年9月的直通车推广数据。

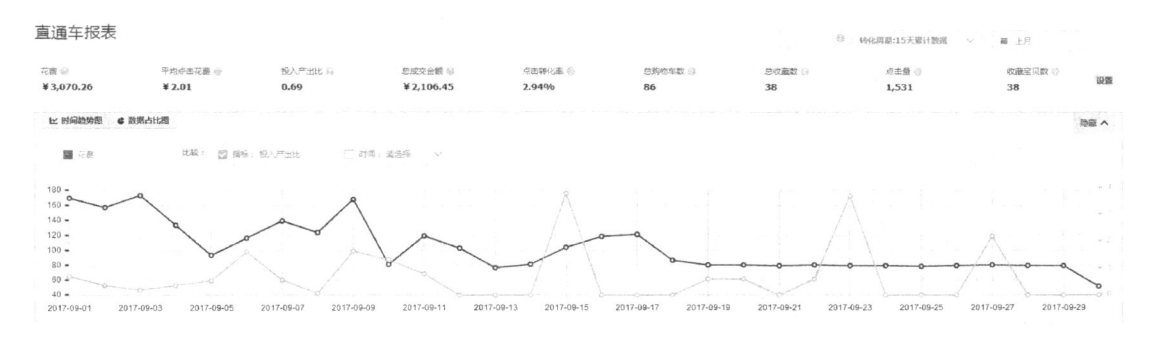

图 5-50　2017 年 9 月直通车推广数据

针对以上数据，可以初步得出以下几个结论。

◇ 推广消耗在下降。
◇ 转化不稳定。
◇ 点击单价过高。
◇ 质量得分不高（通过查看店铺后台直通车推广计划了解）。

针对以上四个问题，做出以下优化调整。

（1）推广消耗在下降：需要分析消耗下降的主要原因是什么。是否需要结合店铺的实际情况做出调整？是否由于关键词出价等原因导致流量下滑？应在了解清楚具体原因后，再进行优化。

（2）转化不稳定：重点分析关键词，分析带来成交的关键词，从成交关键词的属性组合等方面进行分析，挖掘更多精准词。在确保引入的流量是精准的情况下，需要进一步分析产品在店铺内的其他问题，如营销策略对比同行是否有优势？在转化不理想的情况下，店铺需要怎样进行配合？

（3）点击单价过高：分析确定关键词点击单价是否过高，首先要针对该类目下的关键词进行行业分析，了解行业均值再去做判断。女装类目点击单价一般在 1 元以下，男装类目点击单价相对比较高。除此之外，不同阶段的点击单价也是不同的，新开直通车一般来说需要经过 1~2 周的调整才能有效降低点击单价。除此之外，点击单价过高的核心原因在于，投放的关键词质量得分不高。

（4）质量得分不高：质量得分不高时需要先针对质量得分的几个维度进行分析，然后进行对应的优化。需要注意的是，直通车质量得分与关键词的点击率有很大相关性。

3）直通车优化关键词步骤

关键词是直通车的核心，关系着引入的流量是否和产品匹配，是否精准，能否达到转化的目的。因此，在直通车的优化项目中，关键词优化是核心维度之一。

一般来说，针对一个新品进行投放，尽量少加词，并且加词时尽量确保精准，然后通过数据反馈结合进行调整。关键词数据分析可以从点击率、转化率和投入产出比维度去判断。

（1）点击率维度。点击率反映了一个宝贝的受欢迎程度，点击率越高说明宝贝越受买家喜欢，后期形成转化的概率也就相对越高，作为主推款的点击率一定要高于行业均值。在日常的优化调整中，针对高于行业点击率的关键词，可以进行加价处理，来确保关键词稳定排名靠前。还要做的就是定期检查删除点击率低的关键词，看计划整体点击率数据情况，不能让点击率有下滑趋势，及时清理不好的关键词，可以先降低出价，看关键词排名情况，后期点击率如果没有提升再删除。

（2）转化率维度。可以根据当天的实时点击情况适当调整、调高有展现的关键词出价，点击率高的加大推广力度。针对长期不转化、消耗又高的关键词，需要从收藏加购物车率等维度判断这个关键词是否要保留。如果保留，可以适当进行降价，降低关键词的展现量。一般来说，7 天之内的关键词数据，点击量较大又没转化的可以进行删除处理。

（3）投入产出比维度。投入产出比其实与转化率相关联，一般情况下，转化率越高，投入产出比就会越高。另外，需要注意的是，投入产出比也跟产品的单价或店铺的客单价有关。对于一些偏门类目，产品本身单价低的，直通车可以不作为重点推广渠道，更多的策略应该是通过活动或者前期的流量积累，带动产品的免费流量。

5.4.5　钻石展位推广运营技巧

1. 钻石展位核心要素

钻石展位由三大核心要素组成，分别是定向（人群）、创意和展位。每一个投放计划都会涉及以上三个核心内容。定向（人群）决定投放的钻石展位的素材给哪些用户看，创意决定以什么样的广告创意投放给用户看，展位则是决定用户在哪些地方能看到广告。三个核心要素缺一不可，相互关联。

2. 人群的分类

钻石展位投放人群大致可分为以下三大类。

（1）新客：只要是没有接触过店铺的访客，就算新客，包括通过各种方式进入店铺的人群，如第一次通过直通车广告单击进入店铺，第一次通过自然搜索进入店铺，等等。

（2）老客：在店铺有过购买行为的客户。

（3）潜客：除了新客和老客，就是潜客了。那些不是第一次接触店铺，但是又没有过购买行为的人都是潜客,包括第二次进入店铺的访客,或者对店铺宝贝有过收藏加购的人群,等等。

钻石展位投放人群如图 5-51 所示。

图 5-51 钻石展位投放人群

要保持店铺的持续销量,必须保持每天都有新客进店,因为人群是变化流动的,老客会流失,新客也会进来,像河流一样,必须保持流动,才会经久不衰。将人群进行分类的目的就是拉新客,同时将新客变潜客,潜客变老客,老客变常客。

3. 达摩盘(DMP)

达摩盘(DMP)是阿里妈妈基于场景的数据平台,可以根据消费行为、兴趣偏好、地理位置等为消费者打标签,实现个性化的用户细分和精准营销,如图 5-52 所示。

图 5-52 达摩盘(DMP)定向

DMP 相对于其他定向来说,既可以比它们更加精准,也可以比它们更加广泛,还可以根据自己的想法添加各种人群标签。

1)DMP 营销人群分类

DMP 定向人群的时候也将人群分为新客人群、潜客人群、老客人群三类。

新客人群:为店铺添加新访客,出价时相对老客和潜客来说可以低一些,待后期转化为潜客或者老客再重点维护。

潜客人群:潜客人群是指有加购物车、收藏店铺、收藏宝贝等行为,但是又未购买的人群。潜客人群属于重点维护人群,在店铺做活动或者促销期间,花高价把潜客拉回来,促进转化,提高店铺的投入产出比。

老客人群:可以在标签里面选择近 180 天/90 天/30 天无购买的老客户进行投放。对于老客户的投放出价,建议进行重点维护,特别是多次购买的老客户。

2)DMP 投放技巧

(1)一个计划里面最好不要同时有定向和 DMP 出现,以避免相互之间存在竞争关系,导致出现内耗。

(2)建议老客引流到新品二级页、老客专享页,潜客引流到爆款二级页,手淘端引流到首页或者无线专享二级页,小资源位做单品引流。

(3)根据不同的大促情况提前进行投放预热,尤其注重大促开始期前 2 天的投放。

(4)PC 端和无线端单独建立计划,一个计划只建立一个推广单元,选择一个资源位,避免计划里较多单元花费分布不均的情况。

(5)同一个资源位,不同的定向选择不同的图片创意,比如老客就用新品图。

(6)建议热门资源位的溢价高于系统提示价的 1.5 倍,小资源位和系统提示价保持一致即可。

4.钻石展位优化技巧

(1)明确推广的需求,了解店铺目前存在的状况,以及在投放人群方面针对的是老客还是新客。

(2)明确推广的节奏,并能规划好预算的分配,最好对数据有一个大致的预估。

(3)可以根据推广目的和投放模式特点来选择投放模式 CPM 或 CPC。

(4)结合推广目的来制作素材,如果对排版方面比较模糊,可以参考同行的优秀素材或者使用创意实验室进行制作。

(5)除了系统推荐的展位,其他展位也可多测试,不局限于固定思维。

(6)最重要的一点就是投放思路要清晰,在投放过程中,对数据进行及时监控、调整及优化。

阅读材料 5-12
钻展深度解读

5.4.6 "羽我女装"店铺流量推广之钻石展位

1.设置计划

根据不同的营销需求,钻石展位投放计划可以分为全店推广和单品推广,如图 5-53 所示。全店推广展位覆盖站内外海量优质展位,可推广店铺首页、单品或自定义页面。单品推广可以直接推广单品,含猜你喜欢、旺旺每日焦点等站内外展位。目前钻石展位操作智能化,在新建投放计划的时候可以直接选择系统托管,或者是自定义投放。

图 5-53 选择营销目标

在确定好投放形式之后,需要针对计划进行详细设置,包括设置基本信息、投放地域和投放时间。

（1）基本信息包括计划名称、新客定义、付费方式、每日预算、投放日期和投放方式，如图 5-54 所示。

图 5-54　设置基本信息

（2）投放地域主要是指针对哪些地区进行钻石展位投放，只能细分到省份，如图 5-55 所示。

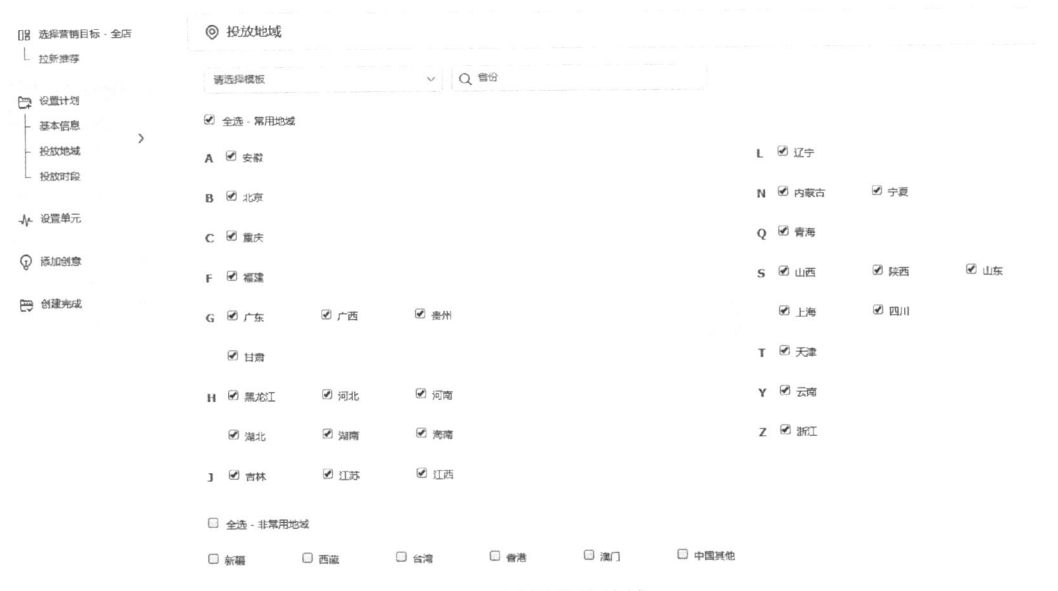

图 5-55　设置投放地域

（3）投放时间主要是指针对哪些时间段进行出价投放，不设置即不投放，如图 5-56 所示。

2．设置单元

（1）选择系统推荐投放方案。在设置单元的时候，系统会结合各个维度进行推荐单元设置，如图 5-57 所示，包括定向、资源位和出价，系统均会结合行业及店铺的数据进行设置。

图 5-56　设置投放时段

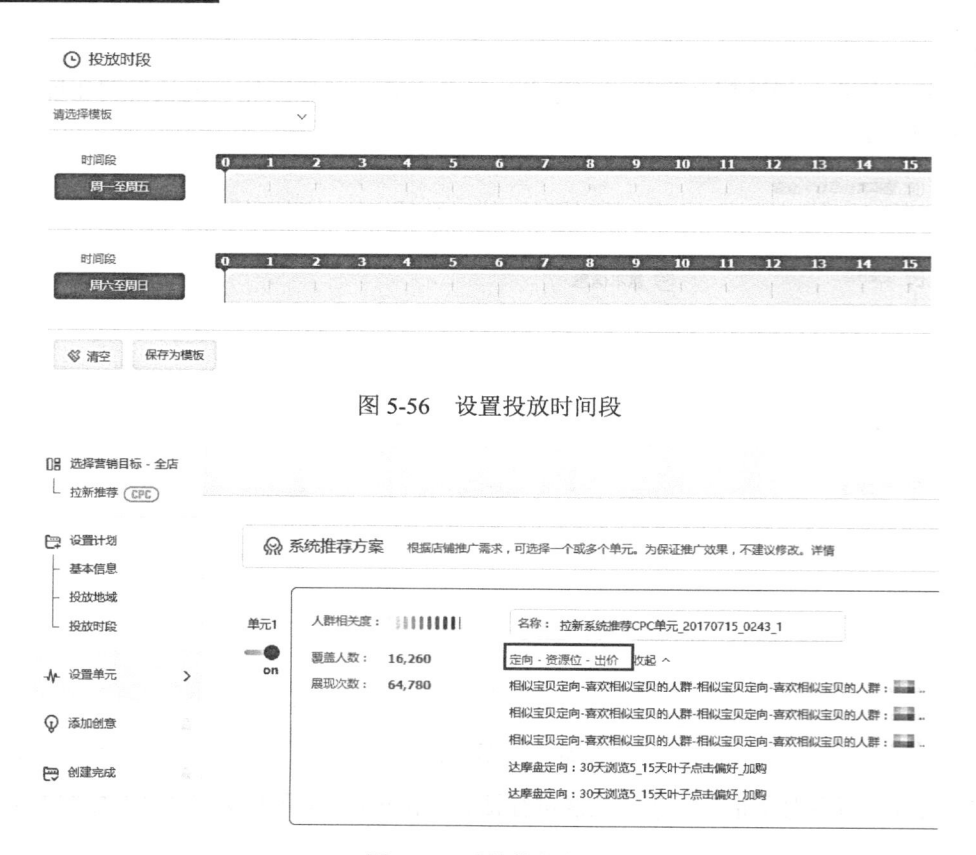

图 5-57　系统推荐方案

（2）选择自定义投放方案。选择自定义投放方案时，需要针对定向人群、资源位和出价单独进行设置，如图 5-58 所示。

图 5-58　自定义投放方案

系统推荐投放方案是为了让更多商家更容易进行钻石展位的投放，同时，也加入淘宝网的算法等系统，实现智能化投放目的。

自定义投放方案对操作人员的投放能力有较高的要求，但自主性更高，操作方式更加多元化。

3．添加创意

在设定好投放单元后，需要针对投放单元添加创意，添加创意的方式有：从创意库选择、创意模板制作、本地上传和创意快捷制作，如图 5-59 所示。

图 5-59　添加创意

完成以上三个步骤即表示钻石展位投放计划已经全部设置完毕，后续应更多关注投放数据情况及数据的调整、优化。

5.4.7　淘宝客推广运营技巧

一说到付费推广引流，大部分中小卖家最先想到的是直通车和钻石展位，往往忽略一种锦上添花的、更为有效的推广方式——淘宝客，它是从 2015 年逐渐发展壮大，至今成为备受卖家喜爱的一种模式。与直通车和钻石展位等相比，它是短期内能够快速获得收益的一种方式。淘宝客是按成交来付费的一种推广模式，且必须在成功交易之后才会收取佣金，佣金的多少完全可以由卖家自我把控，卖家可以更好地控制自己的预算和投入。

1．如何寻找淘宝客

（1）A5、落伍者、站长之家、淘宝联盟都是淘宝客的聚集地。图 5-60 所示为淘宝联盟界面，可在聚集地寻找淘客资源及其各种推广方式，如 Tanx SSP 橱窗推广，可以投放到各大网站。

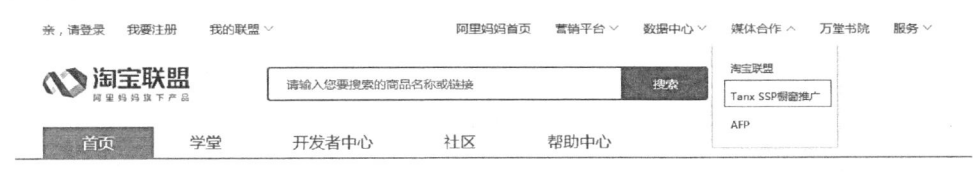

图 5-60　淘宝联盟界面

（2）通过淘宝客后台查看推广的订单明细，如图 5-61 所示，单独私聊效果较好的淘宝客，也是寻找淘宝客的一种方式。

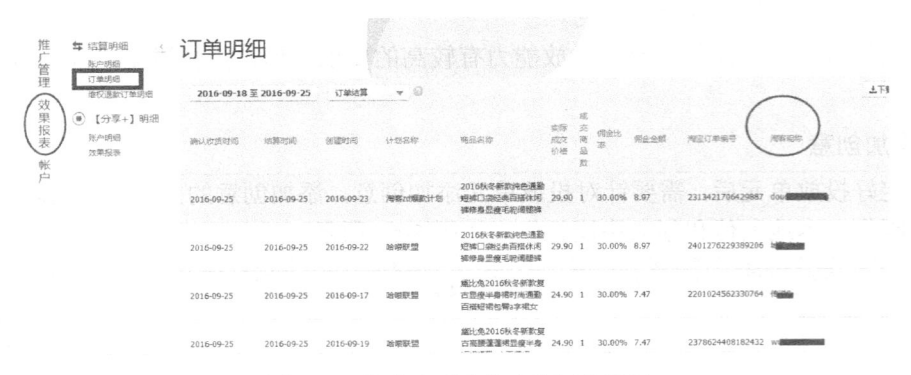

图 5-61　淘宝客后台推广的订单明细

2．淘宝客喜欢什么产品

◇ 产品必须是高佣金；
◇ 店铺 DSR 必须飘红；
◇ 产品必须有基础销量且评价好；
◇ 产品实际转化率高且详情页装修比较好。

3．玩转淘宝客后台必知的三个计划

（1）通用计划。通用计划是每个卖家必须设置的，最低佣金为 1.5%。开店前期佣金可以设置得高一些，目的在于让更多淘宝客通过淘宝联盟去发现推广的链接。

（2）如意投计划。如意投计划是系统根据卖家设置的佣金比例和宝贝的质量情况，将商品智能推送到展现页面。推广平台主要投放在爱淘宝网站，爱淘宝网站排名公式为宝贝质量得分×佣金比例，建议佣金高一些，尽可能排名靠前。

（3）定向计划。定向计划是针对特定淘宝客的计划，佣金可自主根据淘客的推广效果来决定，建议采用高佣金。定向计划的目的在于寻找同类目，推广效果好的淘客单独设置高佣金，避免被其他淘宝客看到佣金。例如，店铺通用计划佣金设置 10%，定向计划佣金建议设置 30%，建议佣金不超过 50%，如图 5-62 所示。

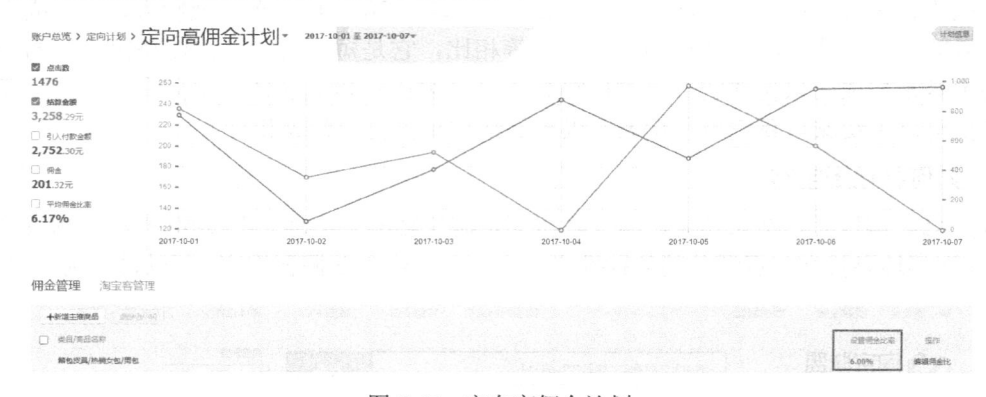

图 5-62　定向高佣金计划

设置定向计划，加大佣金来招揽大淘客。定向计划自 2017 年改版后，目前只能设置非公开定向计划，公开定向计划直接在营销计划中设置即可，如图 5-63 所示。

非公开定向计划：设置的佣金比例比公开计划高，给优质的淘客更大的佣金比例。

执行非公开计划的淘客建议从淘宝客通用计划中筛选出推广效果好的，或者自己通过历史推广及其他途径寻找的优质淘宝客。

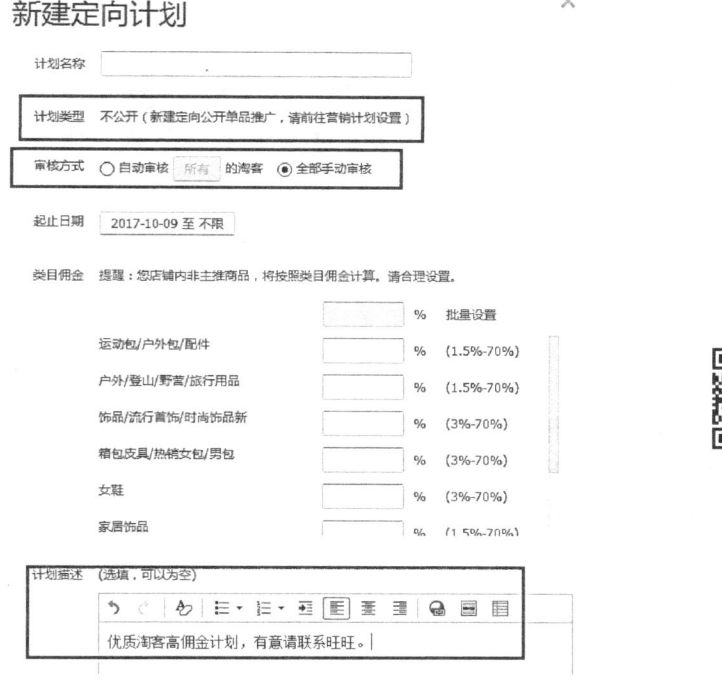

图 5-63　设置新建定向计划

阅读材料 5-13
如何借力淘客创造辉煌战绩同时还能盈利？

项目小结

本项目从网店流量构成的角度，详细讲解了网店流量的来源，包括免费流量、活动流量、内容流量及付费推广流量，重点讲述他们的操作设置及优化技巧。

针对免费流量，本项目主要讲述影响搜索流量的排序维度，如何制定店铺产品的标题；针对活动流量，详细讲述了官方大型活动聚划算、淘抢购、天天特价和淘金币活动规则以及报名注意事项等内容；内容流量是最近这两年较热门的流量，阐述了目前手机淘宝搜索页的内容流量入口必买清单和有好货的基本知识；付费流量是目前比较容易获取的流量，但会涉及流量的精准度及费用投入问题，作为电子商务的运营人员，付费流量推广工具是必须熟悉且掌握的。

项目实训

【实训 1】　在淘宝网搜索标品（如 U 盘）和非标品（如服饰），分别设置对应的标题，并说明这样设置产品标题的原因。

【实训 2】　挑选淘宝网店中的某个店铺，分析该店铺的主推款产品适合报名哪个官方活动。

【实训 3】　制订直通车推广计划，针对计划中地域、分时等要素进行设置，总结这样设置的原因。

【实训 4】　制订钻石展位计划，包括素材、展位、投放时段等内容。

【实训 5】　在店铺后台报名"鹊桥佣金"活动，并制订定向推广计划。

项目 6

网店营销活动策划

项目概述

对于网店运营来说,不可能天天都旺销。随着供需的变化,市场总有淡旺季之分。旺季自然都是忙业务,那么淡季呢?业务量减少了,很多店铺面临着关张的危险,怎么办?毫无疑问,开展店铺营销活动是促进销售的必要手段。

活动营销不是解决市场问题"终结者",而是一把"双刃剑"。活动营销既能带给店铺更多的利润,也会带给店铺很多的无奈。无论是主动促销还是被动促销,只有不断地研究最适合自己的营销方式,才能在竞争日益激烈的淘宝战场中求得一线生机。

学习目标

知识目标	了解活动策划节奏与分工
	了解店内策划常用手段
能力目标	能够借力淘宝节日策划活动
	能够理解活动期间的重要关注点
	能够掌握活动策划的工具
	能够掌握活动策划技巧

案例导入

小 B 作为活动策划专员,刚进入"羽我女装"店铺就遇到了怎么策划活动节奏与分工、要用到哪些工具、什么时候策划活动等一系列问题。如果是你,会怎么做呢?

项目实施

任务 6.1 活动策划节奏与分工

6.1.1 店铺活动的目的

作为运营,在规划自己店铺营销活动的时候,首先要明确策划活动的目的是什么。

1. 缩短产品入市的进程

新品促销是一种常见的手段,它可以使新品很快地打开市场。当新品有了购买记录后,人气容易积累起来，从而能更快地增加销量，被更多的买家接受。人们都有从众心理，如果看到交易记录为 0，即使自己喜欢，也会怀疑自己的眼光或怀疑商品。一旦有很多人购买了，就很容易打消顾虑。促销活动执行到位就可以调动顾客的购买热情，让顾客忘掉疑虑且选择购买，从而缩短了产品的入市进程。

2．激励买家初次购买，达到使用目的

一般而言，策划一场成功的促销活动可以让顾客建立初次购买的信心，也可以让顾客的消费周期缩短。促销都是让利给买家，这样的让利并非时时都有，往往会给人"机不可失，时不再来"的感觉，利用了买家怕错失良机的心理，促使他们尽快决定尝试新品。不少卖零食的网店都有低价试吃样品活动，道理一样。

3．激励使用者再次购买，建立消费习惯

当买家初次试用了产品以后，如果对商品基本满意，可能会产生重复使用的意愿。对于一些有使用周期的商品，初次被消费者接受十分重要。如果初次消费满意，再通过促销促进他们再次购买，买家习惯了使用这个商品后，有可能会长期购买，从而建立消费习惯。

4．抢占市场份额，达到销售目的

任何一场促销活动都是以销售量或者销售额作为最终目的的，好的促销活动可以带来更多的顾客，也可以提高顾客的平均购买金额。因此，促销活动不仅可以抢占市场份额，还可以达到销售的目的。

5．提高网店销量

网店的业绩越好，信誉越高，购买记录就越多；而购买记录越多，越容易卖出商品。现在有很多买家十分重视店铺信誉，信誉高的店铺比信誉低的店铺更容易卖出产品。顾客在选择商品的时候，往往也看交易记录。因此，好的营销活动不仅能提高销量，还能让店铺的信誉度提高。

总之，卖家需要明确自己做活动的目的，策划不同的活动方案，实现自己的目标。

6.1.2 活动策划节奏

目前，淘内有大大小小的各种活动，商家也会根据自己店铺的情况设置各种活动，所以店铺的活动策划非常重要。活动策划的核心竞争力在于活动节奏感的把控。在一个项目周期内，以合理顺序策划不同类型的活动来提升各项产品核心数据的指标。

对活动策划者来说，要有节奏感其实并不容易，首先需要弄懂各种电子商务活动类型的最佳节奏是什么，其次是怎样去落地执行这样的节奏。前者可以通过多看、多总结习得，后者需要足够强的资源来支撑活动落地执行。

作为运营者，面对电子商务的大促，如"双11"，应明白自己活动策划的节奏感。

电子商务促销的典型节奏，主要围绕"流量""留存率""转化率""客单价""复购率"五大影响销售额的因素进行全覆盖策划，并且保证每一个因素都能对活动的效果数据有所提升。

目前，优质的卖家在做促销活动时会选择优先上线提升留存率和转化率活动，后续再发布提升流量、客单价、复购率的活动。电子商务活动的成败则取决于活动上线前的蓄能效果。

那么，如何把握一场活动的节奏感呢？将一场活动分为以下几个阶段分别描述。

1. 活动计划期

活动计划期主要工作如下。

（1）确定活动的主题；
（2）规划活动产品；
（3）预算活动推广成本与制定销售目标；
（4）对相关人员进行活动分工与培训；
（5）确定各个时期的活动促销手段。

2. 活动蓄力期

活动蓄力期一般指活动前的 1～2 个月，这段时间是广泛传播活动消息给消费者的时期。一般距离活动开始时间越短，客户对大促信息的记忆相对就越深。所以蓄力期可以结合活动信息，通过互动方式，促进收藏，优化流量。同时做好优惠提醒和预告，提升大促当天的转化率。例如"双11"活动绝对不只限于活动当天和"双11"的前几天。为什么这么说？因为"双11"预售一般会从10月中旬开始，在这段时间销量会有一定的下降，很多买家都会数着时间等着"双11"的到来，等优惠一出现就马上抢着下单。因此，在"双11"之前就需要拉动更多的流量，可以采取以下方法：投放主要以新客为主，让这些新客收藏加购变成潜客；在10月中旬就应该逐步加大投放，为店铺累积潜客；积蓄访客，为客户打上标签，可以做些活动与优惠来吸引客户。有些卖家在10月初就开始逐步加大投放了，目的就是提前告诉消费者："我的店很好，我的货很好"。蓄力的方法包括以下几点。

（1）提升客户对店铺的记忆。通过签到送积分或是淘金币的方式，最好是连续签到积分或是淘金币递增的方式，引导客户大促前期每天签到，提升客户对店铺的黏度和记忆。

（2）预告活动优惠信息。活动信息要有一定的吸引力，当客户对产品有需求后，最在意的是产品的优惠力度。蓄力期可以将店铺优惠力度比较大的活动信息展现在页面，提高收藏加购和关注度。可以通过连续签到参与抽奖、设置秒杀活动提升客户的关注度、满送大促期间的大额度无门槛优惠券引导提前转化等方式，提高吸引力，提升客户黏性。

（3）产品规划。区分大促引流产品，大促主推和副推产品，拟定产品活动价格、页面产品规划和推广规划。同时配合上新节奏，通过上新折扣优惠方式，提前积累新品销量，辅助潜力款测试，在一定程度上补充大促蓄力期的低迷。

（4）老客户唤醒。大促蓄力期，可以通过老客户特别优惠、短信或是优惠券派送等方式，唤醒老客户，提升老客户的活跃度和回购率。但是，信息和通知要控制好频率，避免唤醒不成，变成骚扰，导致客户流失的情况。

（5）稍微加大推广力度。通过直通车、钻石展位、淘宝客等引流方式吸引流量。

3. 活动预热期

活动预热期指的是临近活动的日子，比如提前10天或者一个星期，这个时期就是非常重要的时期了。例如"双11"前夕，从11月1日开始，投放力度要继续加大，力度相对于蓄力期来说要更大。因为越是临近"双11"，物色自己喜欢的商品的买家会越多，这时就应继续加大直通车和钻石展位的投放力度。但是直通车和钻石展位的流量拉取也是有限的，而且这个时候的投放会比以往的投放花费高很多。因此，可以尝试使用其他渠道来进行投放，面对对象主要以新客为主，老客为辅。

4. 活动收割期

活动收割期指的是活动当天及前后一两天的时期。活动之前，运营人员要进行人员的总动员，各个岗位的人员对活动要有清楚的认识，对可能发生的各种情况要有预备方案。活动当天最大限度地提升自己的推广预算。

5. 活动余热期

活动过后会有一定的余热期。例如"双11"活动，"双11"不仅仅只限于"双11"当天，"双11"之后的一段时间也不要忽略，因为在"双11"中，总会有些已经收藏加购的买家，因为各种原因没来得及买自己心仪的宝贝，或者已经买过的买家"双11"过后还想继续购买。因此，这个时候可以做一些店内活动和优惠来继续促进这部分潜客的转化。

6. 活动总结期

在一个活动结束之后，要关注流量的增长情况及后续的减退速度；品牌的认知度是否提高，买家的评价对品牌是否认同；新客户的增加和老客户的回头率提高的情况；后期店铺权重的提高及持续的销售效果等。

做完整个活动后，对于个人的成长来说，最重要的一部分就是总结。总结可以分为几个部分：活动的效果，数据上的分析，整个活动存在的不足。每一场活动对于店铺来说都非常重要，不单指活动为店铺带来的流量与成交量，更在于每次活动后，都能从活动中找到下一步营销的方向，以及这次活动中存在的缺陷与不足，或者是具有一定沿用价值的营销策略。将过程和评价记录下来，方便以后查阅。如表6-1所示为活动记录表示例。

表6-1 活动记录表

项 目	评 价	备 注
促销预热		
促销主题		
消费对象定位		
宝贝挑选		
宝贝库存		
宝贝质量		
文案制作		
广告图制作		
广告宣传		
客服准备		
流量		
促销手段		
收益预期		
实际成交		
发货速度		
物流运输		
客户反馈		

续表

项　目	评　价	备　注
买家秀		
售后		
客户认同		
老客户回头率		
客户意见		
客户档案建立		
其他		

6.1.3　活动人员的策划分工

活动的节奏是一个长期的过程，在整个过程中，相关人员要知道自己的分工。如表 6-2 所示为活动策划人员分工表示例。

表 6-2　活动策划人员分工表

岗　位	职　责
运营、店长	1. 负责整个活动的顺利开展，制订活动计划，申请活动所需要的资源； 2. 准备活动的相关培训文档，负责安排活动节奏与人员分工，做好培训工作； 3. 做好活动总结
推广	根据各个时期的活动节奏进行推广力度的掌控
美工	负责活动节奏中各个时期的海报活动设计及店面优化
客服	1. 做好店铺自助购物流程及 FAQ； 2. 为提高服务效率，主推产品的图片预先添加到旺旺表情中； 3. 设置好快捷短语和自动回复短语； 4. 负责兼职客服培训； 5. 推送店铺活动； 6. 提前设置购物过程中可能遇到的问题（如是否可以信用卡付款，怎么付款等基础问题）； 7. 指引客户如何领券，以及购买前的疑问等； 8. 购物过程中针对个别客户问题进行特殊处理； 9. 催单，每 15 分钟进行一次催单； 10. 物流爆仓预警及安抚； 11. 退/换货注意事项； 12. 协助售前解决各售后问题、纠结问题、疑难杂症
仓储	1. 根据运营提交的商品预估销售量，进行提前打包； 2. 根据快递情况合理选择不同快递形式； 3. 赠品类产品提前打包，检查是否有遗漏之后再发出包裹

任务 6.2　店内活动策划常用手段

6.2.1　价格促销

价格是永远的促销利器。对于消费者来说，性价比是大部分人选择产品的首要原因，知名品牌可以通过控制商品价格的波动，利用客户求廉的心理，吸引客户入店消费，小品牌或者知名度不高的小店，可以通过降价促销，打消客户的购买顾虑，提高成交量。那么，常见的价格促销有哪几种呢？

1）降价式促销

降价式促销就是将商品低于正常的定价出售。其运用方式最常见的有库存大清仓、节庆大优惠、每日特价品等方式。

（1）库存大清仓：以大降价的方式促销换季商品或库存较久的商品、滞销品等。

（2）节庆大优惠：新店开张、逢年过节、周年庆典，是折扣售货的大好时机。

（3）每日特价品：由于竞争日益激烈，为争取客户登门，推出每日一物或每周一物的特价品，让客户用低价买到既便宜又好的商品。低价促销如能真正做到物美价廉，极易引起消费者的抢购热潮。

2）打折式优惠

一般在适当的时机，如节庆日、换季时节等打折以低于商品正常价格的售价出售商品，使消费者获得实惠。

（1）设置特价区：就是在店内设定一个区域，销售特价商品。特价商品通常是指应季大量销售的商品、过多的库存的商品、快过保质期的商品、外包装有损伤的商品等。注意不能鱼目混珠，把一些变质损坏的商品卖给客户。否则，会引起客户的反感，甚至会受到客户投诉。

（2）节日、周末大优惠：在新店开业、逢年过节或周末，将部分商品打折销售，以吸引客户购买。

（3）批量折扣优惠：消费者整箱、整包、整桶或较大批量购买商品时，给予价格上的折扣优惠。这种方法一般用在周转频率较高的食品和日常生活用品上，可以增加客户一次性购买商品的数量。

3）临界价格

如常见的把 10 元改为 9.9 元、100 元改为 99 元，给予客户价格层次不同的心理暗示。

6.2.2　分类促销

要做好活动，首先就要对产品有一定的了解，包括产品的基本受众、主要消费者的信息、客户的爱好、客户的需求，根据不同客户分析其消费特点，达到知己知彼、百战百胜。

1. 按年龄促销

每个年龄层次的客户都有他们的消费观点，如少年客户好奇心强，青年客户购买欲望强，中老年客户较为理智忠诚。面对这些消费者时，要根据自己的宝贝，采取不同的方式，吸引并达成成交。

1）少年客户消费特点

少年客户是指年龄在11~14岁的客户，少年客户具有以下消费心理特征。

（1）介于儿童与成年人之间，好奇心强；

（2）处于由不成熟向成熟转变阶段；

（3）喜欢和成年人相比；

（4）购买行为逐渐趋向稳定，开始显现出一定的购买倾向性；

（5）逐渐由受家庭影响转变为受社会影响，并乐于接受社会影响。

2）青年客户消费特点

（1）紧跟时代潮流。青年客户内心丰富、敏锐，富于幻想，勇于创新，敢于冲破旧的传统观念与世俗偏见，易于接受新鲜事物，追随时代潮流。他们的购买行为趋向求新求美，喜欢购买富有时代特色的商品，展现其现代化的生活方式，以博得他人的赞许和羡慕。因此，要尽力向他们介绍新商品，具备社会流行性的某一商品，这些都会引起他们极大的兴趣和购买欲望，购买动机也会随之形成。

（2）购买能力和欲望强烈。青年客户有一定的经济来源和购买经验，加之没有较重的经济负担，所以购买商品的范围十分广泛。各种商品，不论高档、低档还是一般、特殊，都是他们购买的对象。随着大众消费观念由保守型向开放型转变，青年人消费的时代感也愈加强烈，表现在追求衣、食、住、行、学各方面现代化的生活方式。因此，凡是能够满足他们这方面消费的商品，都能引起他们的兴趣、需求，促发其购买动机。

（3）消费时常缺乏理性。青年人的消费心理特征一方面表现出果断迅速、反应灵敏；另一方面也表现出感情冲动，草率从事。因此，其购买动机具有明显的冲动性特点。首先讲究商品美观、新异，其次才注意质量、价格，而不能冷静地分析商品的各种利弊因素，许多人凭着对商品的感情与直觉判断商品的好坏、优劣，形成对商品的好恶倾向。因此，动机的随机性、波动性较大。

3）中老年客户消费特点

（1）看重舒适与方便。老年人视觉、听觉、味觉、嗅觉、触觉等能力较年轻时明显下降，反应迟缓，记忆力减退，睡眠减少，对冷暖等外界刺激较为敏感，容易疲劳、厌倦等，这使得他们对消费品的需求，从范围广泛、品种繁多逐渐集中到他们最需要、最感兴趣的商品上。而这些商品主要是能够弥补老人身体方面的某些缺陷与不足，有助于老人身体健康，给老人的生活带来更多的方便与舒适的各种商品，如有营养、易消化的食品，各种滋补品，家用治疗保健器械，以及各种消遣性的商品。购买动机形成与否常取决于这些商品给他们带来的方便与舒适的程度。

（2）较为理智与忠诚。中老年人在选购商品时，喜欢凭过去的经验评价商品的优劣，并对老品牌的商品、名牌商品有深刻的记忆，多年养成的消费习惯，使购买动机有较强的理智性与稳定性，不易受外界因素的干扰，也不为商品的某一特性所动。而是全面评价、综合分析商品的各种利弊因素，再做出购买决策。动机一旦形成，就不会轻易改变，或迟或早总会实现购买行动。

（3）财力雄厚，但有时难以说服。现在的中老年人大多数是退休之后又重新工作，这使他们的经济收入大为提高。另外，中国人有储蓄的习惯，到退休时已积蓄了一笔钱财，所以经济上并不拮据。这使得他们有能力购买任何有利于他们的商品。但是，由于大多数中老年人一方面习惯了节俭的生活，另一方面也必须保持部分积蓄以备不时之需，所以，有时消费欲望并不十分强烈。同时，由于中老年人见多识广，不会因为一时的冲动而做出购买决定，所以较难说服。遇到这样的中老年客户，卖家必须清楚，他们的年龄不是影响购买的主要因素,能否满足需求才是根本原因。

2.按性别促销

1)男性消费心理

男性在消费上基本处于被动状态,即需要时才购买;男性对于商品结构与功能的了解优于女性,一般是复杂消费品的主要选购者;容易接受新事物、新产品,并迅速对欲购产品形成购买动机。其主要消费特点如下。

(1)注重商品质量、实用性;

(2)重视商品的整体效果,不太关注细节;

(3)消费力求方便、快捷;

(4)消费动机形成迅速、果断,具有较强的主观意识;

(5)消费的感情色彩比较淡薄;

(6)有强烈的自尊好胜心,购物不太注重价格问题。

2)女性消费心理

女性在购买活动中的角色非常重要,因为她们同时承担母亲、女儿、妻子和主妇等多种角色。因此,也是绝大多数儿童用品、老年用品、男性用品和家庭用品的购买者。其主要消费特点如下。

(1)消费带有个人情绪,有一定的爱美心理与攀比心理;

(2)注重商品的实用与便利;

(3)较为挑剔且重视细节;

(4)购买目标模糊;

(5)追求新鲜、时尚。

6.2.3 话题促销

活动打造,给消费者一个产品优惠的理由。为自己的促销炒作、造"节",这个"节"可以是一个话题,也可以是店铺周年庆,或者是创造的一个理由,让消费者信任你,相信你的话题会为他带来实惠,愿意为你的创意买单。

促销要点:用户想要什么就给什么。

"光棍节",也就是近几年非常热门的"双11",这个节日已经成为各电子商务不遗余力打造的"消费节",自2009年淘宝网推出"双11"购物狂欢节后,电子商务人造"节"成了线上促销、推广、囤货的常用促销手段。时至今日,电子商务人造"节"仍然带有"低价""促销"的标签。这些人造"节"对于网络购物的推广、电子商务品牌的营销都起到了巨大的推动作用。

但随着互联网的发展,面对消费升级带来的变化,越来越多的数据显示,从依靠传统的低廉、低价方式获取用户的方式已经越来越难以形成竞争力。面对这一变化,在"6·18狂欢节",京东不再打价格战,而是提出了"品质狂欢节"的口号。而淘宝网推出造物节概念,不为赚钱,只为品牌宣传的行为更像一场放长线钓大鱼的推广活动。

不管是电子商务购物狂欢节还是造物节,其背后的改变都来源于用户群体与需求的变化。但万变不离其宗,在这些令人眼花缭乱的节日背后,都是电子商务激烈的市场争夺战,而目标只有一个,就是让消费者信任并为之消费。

那么，什么样的话题可以让消费者在店里安心消费呢？
开业促销
周年店庆
……

简而言之，就是自己设计一个节日，在店铺淡季的时候用价格换流量与成交量。

任务 6.3　借力淘宝网节日策划活动

在过节的时候，给自己、家人、朋友选购一份礼物，是表达感激和感谢的最好方法。对于商家们来说，节日也是一个赚钱的好商机。众所周知，每逢活动节日，淘宝网与各电子商务大店都会花心思吸引众多客户的眼光，在节日当天，流量会达到一个相对高的值，这可比自己苦苦去导流量来得多。那么多流量入场，如何通过活动策划分一杯羹？如何借力淘宝网节日策划一场声势浩大的活动吸引众多流量？节日营销策划的技巧有哪些？下面来具体讲解。

6.3.1　传统节假日与电子商务节日

节假日对于卖家的重要性不言而喻，仅仅在节假日来临前才开始准备"节假日营销"那就错了，节假日营销是一个系统工程，如果平常不做好基本功，而单凭节假日前临时抱佛脚，可能会非常混乱。所以，卖家们要做好节假日营销的研究，从收集电子商务节日开始，寻找适合作为自己主推的节日，并作为主要的攻克方向，对于其他非相关的节日，要想办法借力流量的上涨做话题，要进一步做好自己宝贝优势和劣势的分析。如表 6-3 所示为电子商务节日汇总表示例。

表 6-3　电子商务节日汇总表

1月	1月1日元旦、腊八节、除夕、春节
2月	元宵节、2月14日情人节、世界抗癌日、世界青年日
3月	3月8日妇女节、3月14日白色情人节、国际警察日、消费者权益日、天猫国际三月玩具节
4月	4月1日愚人节、清明节、世界地球日、世界读书日
5月	5月1日劳动节、5月4日青年节、护士节、母亲节、端午节、国际家庭日、全国助残日、网络情人节、春茶节
6月	6月1日儿童节、6月18日天猫/京东大促、父亲节、世界环境日、夏至、国际奥林匹克日
7月	7月1日建党节、香港回归纪念日、国际建筑日、国际接吻日、年中大促、大暑
8月	8月1日建军节、8月18日苏宁818大促、七夕节、国际电影节、那达慕大会
9月	9月10日教师节、国际和平日、世界旅游日、国际聋人节、全球酒水节
10月	10月1日国庆节、中秋节、重阳节、世界动物日、寒露、羊绒节
11月	11月11日淘宝网"双11"大促、感恩节、中国记者日、国际大学生节、世界问候日
12月	12月12日淘宝网"双12"大促、冬至、12月24日平安夜、12月25日圣诞节、世界艾滋病日、世界残疾人日、世界篮球日

说明：本表仅收录常见的传统电子商务节日，月份也不一定完全对应，每年淘宝网/天猫可能会不定时推出不同的活动节日，需卖家平时多积累留意，建议以本表为基础，收录更多适合自己宝贝推广的节日，以便做好年度营销计划。

6.3.2 节日活动特点与策划要点

如何做好节日营销？首先要根据节日特点关联宝贝特色，明确客户目标；其次是根据节假日的不同，有针对性地做好营销工作，正确分析消费者的节日诉求，分析消费者对产品的倾向程度、节日消费行为；最后制定出一个量化的指标，达到考核、控制、计划的目的。

1. 抓住特色

根据节假日的风格特色，尽量营造欢乐的节日气氛。从假日特点看，春节、"五一"和"十一"这三个长假也有不同特点。春节是传统的喜庆节日，"五一"和"十一"则是休闲假日。在经营时就要抓住这个特点。

2. 突出促销主题

在进行节假日的促销活动中，制定的促销活动要给消费者耳目一新的感觉，给消费营造一个轻松、愉悦的消费氛围。因此，节日的促销主题设计需要满足以下几个要求。

（1）要有冲击力，让消费者看后记忆深刻；
（2）要有吸引力，让消费者产生兴趣；
（3）主题词要简短易记，印象深刻。

如"双11"的时候，淘宝网推出"相约'双11'，五折促销"活动。"卖家承担运费""选购快乐单身礼物"等标语层出不穷。购物狂欢节也大获全胜，成为一大促销点。

3. 善用价格战

这里的价格战不是指一味地压价，在折扣上用一点小技巧，也可以很好地在价格上打胜仗。

4. 掌握促销的手段

节假日期间，促销的方法很多，如开展现场秀、买赠、折扣、积分、抽奖等方式。
选用何种促销方式，应根据自己从事项目的具体情况而定。

5. 促销方案要科学

（1）差异促销，让消费者心动。在节日里出行会发现，到处都是"全场特价""买2送1""全场几折"等煽情广告语，消费者已见怪不怪了，所以对此并不感冒，不妨换一种方式，运用"梯子价格"原理，在促销商品上写上"数量有限，售完为止"字样来吸引消费者，在一定期限后就把商品撤下来，让消费者对此产生信任感，产生"我今天不买，明天就会被他人买走，还是先下手为强"的心理，从而促进商品的销量。

（2）互动营销，让消费者更加了解商品。有些卖家会因为客户只看不买而生气，服务态度不好。现在的消费者更加注重各方面因素，而不仅止于商品。如果卖家服务态度不好，即使消费者非常喜欢这个商品，很大一部分消费者都会选择不在此消费。如此一来，就要学会如何与消费者建立互动的关系，学会向消费者讲解商品的技巧，促进消费者对商品的了解。

一整年有很多节日，根据不同的节日选择不同主题的活动，推荐给客户不同的产品，是有效提升店铺业绩的好方法。

6.3.3 借助热点引导流量

不知道大家平时有没有留意到，每次有大热点的话题出现后，话题人物同款服装等产品就会同步上线，这就是借"热点"做同款的方式，通过蹭热点来提升淘宝店宝贝的知名度和影响力，吸引流量。同样，淘宝网的节日、传统的节日、某部连续剧的流行，都可以带来一定的热点，关键在于如何去"借势"，因为热点吸引了大家的注意力，自然流量也不会低。蹭热点时要注意以下事项。

（1）切记不能引起客户反感，"三观"不正的热点尤其致命，应该选择正面而积极的。

（2）与宝贝不相关的，不蹭，一是对宝贝未来的销售没有意义，二是引来的流量都是无助下单的，反而会降低宝贝权重。

（3）政治类的热点，要谨慎。

（4）要敏感而快速地捕捉对自己有用的热点，在热点推出一段时间后才恍然大悟，后知后觉就没有意义了。

常见的热点。

（1）时事话题热点，如"雾霾与口罩"。

（2）明星效应，如"×××同款风衣"。

（3）大型活动的依附，如"双11"。

任务 6.4　活动期间的重要关注点

6.4.1　关注老客户

1．老客户维护的重要性

目前，从整个电子商务行业来看，市场是买方市场这是毫无疑问的。产品的同质化程度越来越高，同时产品的生命周期也变得越来越短。而网上店铺的营销策略和手段大同小异，如淘宝直通车、秒杀促销等，消费者又变得相当理智，所以对自己的老客户进行有效的维护和售后服务就变得相当重要。

在实际营销活动中，有相当一部分店铺只重视开拓新客户而忽视老客户，或者说不知道如何重视老客户，造成售后服务中存在的诸多问题得不到及时有效的解决，从而使老客户大量流失。然而店铺为了生存，则必须不断地补充新客户，如此循环。这就是著名的"漏斗原理"。今天流失10个，同时又来10个，从表面上看销售业绩没有受到任何影响，而实际上为争取这些新客户所花费的宣传、促销的成本显然要比维护老客户昂贵得多。从投资回报程度的角度考虑是非常不经济的。

2．老客户维护的作用

首先，留住老客户可使店铺的竞争优势长久。留住老客户比吸引新客户甚至比市场占有率都重要。多次调查证明：从对企业的效益贡献度的角度来看，留住老客户的作用比注重市场占有率和发展规模经济要大得多。

其次，留住老客户还会大大有利于发展新客户。在商品琳琅满目、品种繁多的情况下，老客户的推销作用不可低估。因为对于一个有购买意向的消费者来说,在进行购买产品前需要进行大量的信息资料收集,与企业的宣传信息相比,消费者更相信好友、其他买家对产品的推荐。这就是典型的"口碑营销"。口碑效应在于:1个满意的客户会引发8笔潜在的生意,其中至少有1笔成交;1个不满意的客户会影响25个人的购买意向。

再次,留住老客户还会使成本大幅度降低。发展一个新客户的成本是维护一个老客户成本的5~9倍。在许多情况下,即使争取到一个新客户,经过一段时间才有可能发生消费行为。因此,确保老客户的再次消费是降低销售成本和节省时间的最好方法。

最后,留住老客户可获取更多的客户份额。由于店铺着眼于建立与客户发展长期的互惠互利合作关系,从而提高了现有客户对店铺的忠诚度。忠诚的客户愿意更多地购买店铺的宝贝和服务,忠诚客户消费,其支出是随意消费支出的2~4倍。而且随着忠诚客户年龄的增长、经济收入的提高,其需求量也将进一步增长。

3. 如何维护老客户

(1)跟踪问候:每逢节日,可以祝福问候老客户(平时也应该多问候)。公司有新产品上市时,也可以把报价单呈现给客户让其了解,主要是让客户记住你,以便下次有合作意向时,第一个想到的人就是你。

跟踪的最终目的是形成销售,但形式上绝不是我们经常听到的"你考虑得怎么样",跟踪工作除了注意系统连续外,更须注意采取正确的策略:采取较为特殊的跟踪方式,加深客户对你的印象;为每一次跟踪找到恰当的借口;注意两次跟踪时间间隔,太短会使客户厌烦,太长会使客户淡忘;调整自己的姿态,试着帮助客户解决问题;了解客户最近在想些什么,工作进展如何。记住:

① 客户买的不仅是产品本身,更是享受额外的服务。
② 你永远没有第二次机会给客户建立自己的第一印象。
③ 只有找到了与客户的共同点,才可能与他建立关系。
④ 对待老客户要像对待新客户一样的热情,对待新客户要像对待老客户一样周到。
⑤ 客户买的更多的是一种感觉——被尊重、被认同、对产品放心。

(2)明确客户需求,细分客户。采用更多优惠措施,积极满足客户需求。如数量折扣、赠品等,特殊客户需要特别对待。

根据80/20原则,即公司的利润80%是由20%的客户创造的,并不是所有的客户对企业都具有同样的价值,有的客户可带来更高的利润率,多次光顾的客户比初次登门的人可为企业多带来 20%~85%的利润。所以善于经营的卖家要根据客户本身的价值和利润率来细分客户,并密切关注高价值的客户,保证他们可以获得应得的特殊服务和待遇,使其成为店铺的忠诚客户。

(3)提供系统化的解决方案。维护老客户不仅仅停留在向客户销售产品的层面上,更要主动为他们量身定做一套适合的系统化解决方案,在更广范围内关心和支持客户发展,增强客户的购买力,扩大其购买规模,或者和客户共同探讨新的消费途径和消费方式,创造和推动新的需求。

6.4.2 关注买家秀

在人云亦云的电子商务时代,单纯地以做好产品来提高效益、形成热卖、打造好评如潮的爆款逐渐成为历史，要想产品脍炙人口，必须广而告之，做好口碑营销。

好的买家秀在给店铺带来好口碑的同时，还能引来大量的免费流量，提高店铺的转化率。最终达到打造爆款的目的。

买家秀是买家在个人主页上传已购买的产品的实物图，使其展现在买家个人主页及产品的评价当中。看似简单，其中的影响绝不容小觑。引流量，促成交，高转化，买家秀带来的并不仅仅是买家与卖家之间的互动，更有实实在在的利益。既然能从中获益颇多，那么怎么才能做好买家秀？

1. 召集，主动出击

想做好买家秀，首先必须有买家参与，分享宝贝发布实物图。卖家跨出第一步，主动出击，从店铺装修到客服告知再到售后卡上说明，做到环环相扣，紧抓每一步，让买家秀出产品实物图。可以从买家进店、下单、收货三个步骤宣传店铺买家秀活动。

（1）进店阶段店铺中展示。要买家参与活动，必须要让其看到活动说明。这时就要充分利用好店铺中的"广告位"，宣传买家秀活动。

买家在关心产品质量的同时，也同样关注店铺正在进行的活动。店铺首图是买家进入店铺看到的第一屏，印象必定极为深刻。如果促成订单，返回来上传买家秀的可能性极大。所以，必须要利用好店铺首图的黄金"广告位"。

（2）下单阶段客服告知。买家向客服询问产品情况，客服在确定其下单之后，可将店铺买家秀的活动告知买家，双向交流比店铺展示的单向交流要有效得多。例如：

> 客服：订单已经帮您确认了，今天安排发货。您收到货后可以发布实物图在评价中哦，我们有买家秀店铺返现活动，只要发布买家秀，就可以获得5元的返现。
>
> 买家：好的，收到之后会发照片的。

得到买家的应允比等待买家的行动要实际得多，如果买家确认订单之后没有发布买家秀，客服可以对其进行提醒。

（3）收货阶段在售后卡上说明。买家在下单后，可能要经过几天时间才能收到包裹。此时，就需要"告后卡"上场，提示收到货的买家分享宝贝发买家秀。"告后卡"是拉拢买家上传买家秀的最后一步，在文案上应突出上传买家秀之后，买家能获得的利益及日后在本店铺购买商品的优惠特权，如写分享、秀照片、拿现金。

召集买家是展开买家秀的第一步，而要买家动手把产品图片上传，若是没有任何激励措施，很难说服买家在收到产品之后拍照并加以文字分享。所以，店铺在宣传买家秀活动之前，必须要策划好活动的奖励机制。

在买家秀方面做得好的卖家，会在其帮派上定期推出大型的真人秀活动，往往在店铺、客服和收货环节宣传之后，很多买家都会回到其帮派上发帖，展示买家真人秀。

2. 引流，来自口碑

在对买家秀活动进行宣传之后，最关键的环节就是引流。买家秀也能引流？从哪些方面引流？买家秀引流，应从以下两方面着手。

（1）买家的朋友圈。买家秀的产品，被买家分享至个人中心的同时，在买家的朋友圈中进行口碑宣传，可以为店铺引进更多免费流量。朋友间的口碑传播，让想买或原本不想买的人单击产品图片了解产品，更有转发进行第二层传播的可能性。例如某店一款产品，在买家分享至个人中心后，就引来了11次单击，2次转发。次数看起来虽然不多，但是积少成多，口碑传播的力量不容忽视。

（2）店铺动态广场。卖家对上传的买家秀进行筛选，将买家秀转发到店铺动态，每天前3条动态信息可进入动态广场展示，增加了相应产品的曝光率，引来免费流量。以买家的名义，多渠道地展示产品；向其他的买家分享推荐；站在买家的立场上思考。诸如此类的推荐将更加容易被买家接受，增加点击率仅仅只是时间问题。

买家秀带来的流量很容易被大卖家们直接忽略，但对于中小卖家来说却弥足珍贵，免费而又有效。

小卖家可能无法承受所有产品买家秀的推广返现活动，但可以选择几款主推产品做买家秀的推广，有目的地为主推款引流，可以达到免费打造店铺爆款的效果。

3．转化，秀订单

买家已经秀出产品，也为店铺带来流量，到了最为关键的一步，如何利用好买家秀提高店铺转化率？优质的买家秀在为店铺带来流量的同时，也能作为新买家下单的参考依据。

首先在评价中展示。买家秀直接在评价中显示，新顾客进店查看产品详情时，可参照评价中买家们上传的产品实物图。特别说明的是，买家秀出的产品图片，往往更具有说服力，这是因为买家秀照片往往没有经过图片处理，颜色也更接近生活色，让对产品有意向的买家感到更亲切。而且买家在拍摄产品图片时，一般会搭配参照物取景，无意而为之，正好能够弥补一些卖家没有做产品大小参照图的不足。

其次是整合至详情页。卖家可对买家秀中的照片进行整理筛选，将部分完整地展示了产品的买家秀整合成图片，放进详情页中。如此一来，既省去了新顾客去看评价的时间，又能完善详情页，多方位地展示产品。例如，包类买家在收到产品之后，可能会搭配衣服展示心爱的包包，并上传买家秀。如果搭配得当，在得到买家应允之后，卖家可将产品搭配照片放进详情页中。

店铺有订单才能生存下去，引流的最终目的就是转化，只有把流量转化成订单，才能维持店铺的经营。不得不说的是，很多买家在浏览详情页的时候，会参考产品的评价，如果有较多的差评或是先前买家们的评价都不好，将大大打击买家的购买欲望。而如果产品评价中有买家上传产品的实物图，并且配合评价文字，就会鼓舞买家的购买信心。既然这款产品已经得到肯定，并且展示了实际图片，和详情页中的产品图片并无差别，在增加买家购买信心的同时，也证明了店铺产品图片的真实性和描述的准确性，给买家提供了优质的购物体验。

买家秀营销和口碑营销相结合，在提升自己服务质量的同时也做好了与每位买家的互动，是辅助营销一举多得的好方法。

6.4.3 关注同行

新店如何推广才有效，推广的效果如何，首先看推广对象是否有针对性，其次看推广手段和技巧是否高超。只有向需要商品的人推广才会有效果，如何找到需要商品的对象并进行针对性的推广呢？

1．寻找同行卖家的顾客

你可以在淘宝网上搜索与自己是同行的大卖家，特别是那些信誉比较好、销量比较高的大卖家，然后在他们的店铺中找到与自己类似的并且是热销的宝贝，在宝贝的评价详情或成交记录中就会显示同行卖家的顾客，而他们也是自己店铺的潜在顾客，可以加这些人为朋友，然后向这些人推广，从而使营销具有非常强的针对性，效果绝对不凡。

2．推广技巧

有的卖家已有明确的对象，接下来的工作就是如何向他们推销。如果不用一些技巧，直接向他们投放广告，绝大部分人会反感，甚至会把你的好友身份删掉，这样就得不偿失了。所以得讲究一些推广技巧。

（1）感情推广。有空时多和他们聊聊天，不要一上线就介绍商品，以免让他们产生逆反心理，也可以在他们过生日时送上几句暖心窝的生日祝福语等，这样就可能成为他们的朋友，一旦成了朋友，那他们或他们的亲人和朋友以后若再想买东西时，当然第一个想到的就是你的店铺，这样流量就来了，还怕没生意吗？

（2）节日推广。节日推广就是在节日的时候向这些人发一些节日祝福语，也可以向这些人发一些节日的促销消息等。这样的推广会比较容易接受，也会让人感到比较温馨。再加上如果商品确实比较好而又实惠，就会引起他们的购买欲望。

（3）售后式推广。"知彼知己，百战不殆。"最好为这些人建立档案，有了档案，就知道他们上次买了什么商品。可以从厂家的角度，对他们进行售后跟踪，并了解他们在使用过程中遇到的一些问题，这样他们就会更易接受你；还可以看看他们最近有没有新的需求，或者自己有促销活动时一起发给他们，以激发他们的购买欲望。

任务6.5　活动工具之宝贝团营销

淘宝网的版本更新后，原来的营销工具逐渐由第三方平台代理，有多个第三方平台提供营销方面的工具。在这里，主要学习宝贝团营销这一平台工具的使用，如图6-1所示。注意，此营销工具是需要缴纳一定的费用才可以使用的。

图6-1　宝贝团首页

登录宝贝团营销主要有以下四种方法。

（1）卖家中心→我订购的服务（左侧栏）→宝贝团→立即应用。

（2）卖家服务→我的服务（右上方）→宝贝团→立即使用。

（3）千牛工作台→插件市场→已订购服务→宝贝团→立即使用。
（4）非首次进入的用户可在浏览器地址栏中直接输入 http://promotion.baobeituan.com/index。

6.5.1 限时打折

　　网上开店的商家们都应该知道淘宝网限时打折营销工具的存在，店铺限时打折工具是需要购买的，订购了限时打折的商家们可以在自己的店铺里选择一定数量的宝贝，在一定的时间内以低于市场价来进行促销活动。在活动期间，顾客可以在搜索宝贝时，按照"限时打折"这个筛选条件找到正在打折中的宝贝。淘宝网限时打折活动宝贝是不支持加购物车，这个营销工具目前不支持虚拟类的产品。那么淘宝网限时打折怎么设置呢？下面介绍设置教程。

　　（1）进入卖家中心后台，执行"我订购的应用"→"宝贝团营销"命令，如图6-2所示，打开宝贝团营销窗口。

图 6-2　宝贝团营销

　　（2）执行"促销管理"→"限时打折"命令，进入活动设置页面，设置活动名称、活动时间、优惠对象等信息，如图6-3所示。

图 6-3　"限时打折"活动设置

（3）设置符合活动主题的产品及限时打折的活动时间段，最后单击"发布活动"按钮，如图6-4所示。

图6-4 "限时打折"活动发布

限时打折活动注意事项。

（1）限时打折每次活动的时间不能少于1个小时，单个活动因为库存不够导致销售提前结束，还没有用完的时间会从总的可用的时间里扣除。

（2）为控制疲劳度，每个卖家每个月的活动时间共有60个小时。一个月的概念是按照卖家订购之日起往后顺延30天。

（3）在限时打折活动中添加的产品，上架时间一定要早于活动开始时间，而下架时间必须迟于活动结束的时间。

（4）活动没有开始时，店家可以修改活动中的所有参数；活动开始后，活动时间不可以修改，活动中的参数还是可以修改的。

（5）每个活动最多添加的商品数是20个。一个宝贝只能出现在一个活动中。

（6）商品的折扣度不能低于0.1折，折后价格不能低于1.00元。限时打折的折扣比例，必须比淘宝网VIP的折扣比例低。

6.5.2 搭配套餐

1. 搭配套餐的好处

为什么要进行套餐搭配？搭配套餐的好处有以下两点。

（1）搭配套餐最大的作用就是提升客单价。比如店铺原来的客单价是50元，想提高到70元，怎么办？就用搭配套餐，让用户打包买，既能提升客单价也不会引起顾客的反感。

（2）对于品牌商品来说，搭配的作用还可以维持品牌的形象。在淘宝平台上，低价打折才是王道，但是一个品牌不断地打折无疑会损害品牌的形象，如果用搭配套餐呢？搭配套餐是一种暗折扣，不会让用户形成总打折的廉价形象，对品牌商品来说，搭配也是一个很好的工具，而且搭配购买的商品，在购买记录里显示的是原价，避免客户对商品产生廉价的感觉。

2. 搭配套餐的操作方式

（1）在"宝贝团营销"窗口中，单击"装修素材"，再单击"搭配套餐"，如图 6-5 所示，打开"搭配套餐"模板窗口。

图 6-5 搭配套餐界面

（2）设置搭配套餐模板信息，如图 6-6 所示。

图 6-6 设置搭配套餐模块信息

（3）选择活动版面样式，如图 6-7 所示。

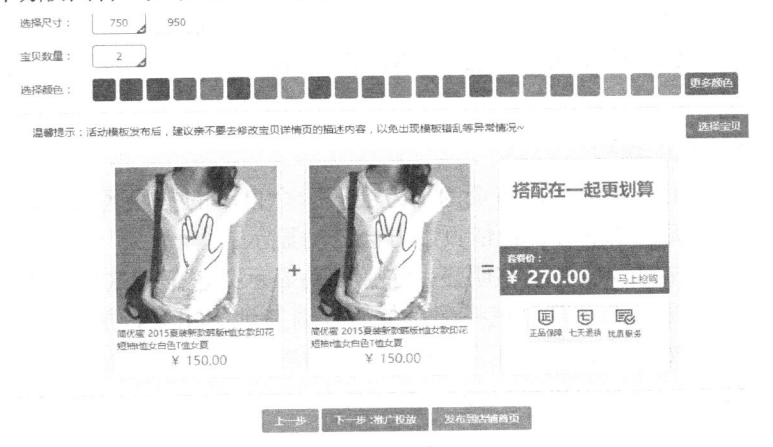

图 6-7 搭配套餐版面选择

（4）选择参与活动的宝贝，并单击右下角的"开始投放"按钮，如图6-8所示。

图6-8 搭配套餐投放

3. 字段填写小窍门

（1）套餐标题：套餐标题和宝贝标题一样，都是30个汉字，这里的标题可以重点考虑突出搭配的优惠，比如搭配立减30元，包邮之类的促销词。

（2）搭配的宝贝：单击"添加搭配宝贝"按钮，选择几个想搭配的宝贝即可，搭配成套的搭配效果更佳，比如最简单的衣服+裤子+鞋子、洗面奶+面膜+面霜等成套的搭配；当然也有可以用热销款+滞销款搭配来带动滞销款的销量，这具体要看搭配的目的。

（3）套餐一口价：看店铺的客单价，如果客单价只有50元左右，尽量搭配后客单价提升20%左右，即约60元，考虑到买家的接受程度，搭配的价格提升幅度小一点，买家会更愿意接受并下单，搭配的效果也更容易显现；搭配之后，一定要和原价有明显区分，如果原单价是50元的话，搭配后可减少10～20元，这样就更容易促进买家下单。

（4）套餐图片：选择了宝贝之后，系统自动将宝贝的主图显示在已选择的图片里，当然也可以根据自己的意愿修改。

（5）套餐描述：套餐描述只需要在描述里把搭配后的好处写清楚即可，比如都是用一张图，写着原价多少，搭配后价格多少，让买家一目了然。因为每款宝贝都可以单击去看详情信息，这里的详情反而不是那么重要。

（6）设置物流信息：搭配减价又包邮，对买家来说，已经享受两大利益点了。包邮能够很好地促进买家下手。

4. 搭配套餐的推广技巧

（1）官方的搭配工具在宝贝详情页的上方会有一个自动的搭配区域，这里不用设置。设置好搭配套餐后，宝贝主图下方、详情页上方会自动显示。

（2）如果觉得官方的显示框不够明显，除了自动显示外，在每款参与搭配的产品下面可以加上搭配套餐的情况，而且可以把搭配后的好处清楚地标出来，放在详情页的顶部。

（3）店铺的首页放上搭配的大图，要把搭配后的利益点突出得很明显。

（4）除此之外，拓展版的也可以在分类页面上方做一个推广区域，专门放搭配套餐的促销。

5. 适合搭配套餐的产品

（1）服装。这无疑是最好搭配的类目，可以衣服+裤子+帽子搭配，也可以同色系的衣服搭配、同风格的衣服搭配。对于衣服来说，只要看上去舒服，价格合适，一般搭配套餐购买成功率都很高，效果也不错。服饰类商品搭配出售是未来淘宝网服装白热化竞争中一条很好的出路。

（2）化妆品类。因为女士们对皮肤相对比较注重保养，而成套的化妆品效果也会比较好，所以搭配着卖，效果也不错，好比商场的专柜，按单品出售的比较少，都是成套出售的。化妆品一般都是按不同功能来搭配的，比如水+乳液+面霜、美白面膜+保湿面膜等。

（3）零食类。零食的单件客单价比较低，单件付运费不划算，所以买家买零食的时候，倾向于买很多（包邮的不算），各种不同的零食搭配起来，效果也不错。

6.5.3 关联销售

关联销售，顾名思义就是将产品关联到一起进行销售，它有利于增加顾客在页面的停留时间，增加阅读深度，降低页面跳失率等，这些都是十分有利于店铺的综合搜索权重。

关联销售操作方式如下。

（1）执行"装修素材"→"关联销售"命令，如图6-9所示。

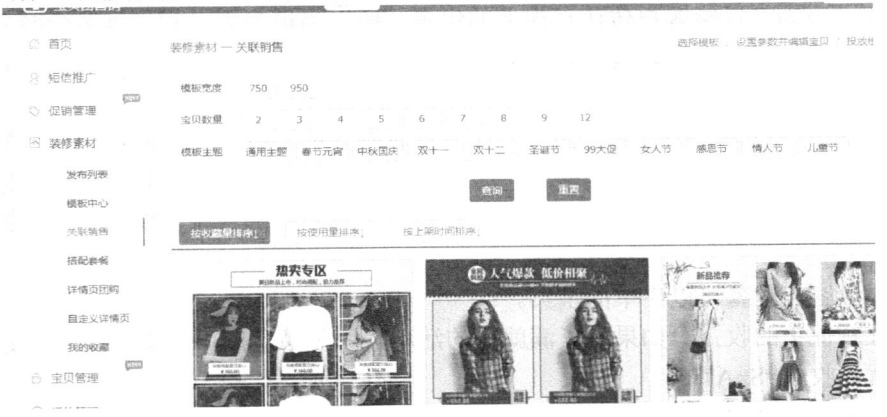

图6-9 关联销售界面

（2）填写关联销售活动信息，如图6-10所示。

图6-10 关联销售活动信息填写

（3）选择参与活动的宝贝，并单击右下角的"开始投放"按钮，如图6-11所示。

图6-11　关联销售投放

6.5.4　满就送/减

什么是"满就送/减"活动？

所谓满就送/减，是指只要购买满××元，就送××或者少付××元，这其实是客户比较喜欢的方式，因为可以给客户传达直观上的优惠。所以当很多人看到"满多少减多少"的说法时，就开始算折扣了，比如满400减40，算下来就是9折。而通过这样一种方式，可以达到提高客单价的目的。"满就送/减"活动重点关注的是什么？

（1）满多少？设置"满"的金额，要让消费者刚好需要凑单才能满足"送"的条件，要让客户只需通过稍微努力便能达到要求，这就要求对店里的宝贝有一个非常精确的认识。

（2）送的东西要结合客户的喜好，最好是有一定知名度的品牌，要吸引客户愿意为这个礼品下单。

（3）要给客户准备可以凑单的宝贝。

（4）理解促销的收益。如果做了满就减的活动，原价A，满S则减，那么做这次促销的收益公式就是收益=S-A。

满就送/减操作方式如下。

（1）单击"促销管理"→"满就送/减"，如图6-12所示。

图6-12　满就送/减界面

项目 6　网店营销活动策划

（2）填写"满就送/减"活动信息，如图 6-13 所示。

图 6-13　填写满就送/减活动信息

（3）设置活动等级信息，如图 6-14 所示。

图 6-14　满就送/减活动等级选择

（4）选择参与活动的宝贝，如图 6-15 所示，最后单击右下角的"开放投放"按钮。

图 6-15 满就送/减投放

任务 6.6 "羽我女装"店铺"双 12"活动策划案

1. 活动主题

活动主题为"嗨翻双 12",如图 6-16 所示。

图 6-16 "嗨翻双 12"主图

2. 活动推广成本与销售目标

活动推广成本与销售目标如表 6-4 所示。

表 6-4 活动推广成本与销售目标

时 间	销 售 额	访 客 数	客 单 价	转 化 率	推 广 费	费 用 占 比
12 月 12 日	200 000 元	45 000 人	88 元	5%	24 000 元	12.3%

3. 活动时间

活动时间如图 6-17 所示。

4. 各个时期的活动促销手段和推广手段

1)活动蓄力期:10 月 20 日—12 月 3 日

(1) 活动蓄力期主要促销玩法。

◇ 店铺优惠券:活动期间满 99 元送"双 12"5 元现金券,"双 12"当天专享店铺优惠券,全店通用。

◇ "双 12"包邮特权:活动期间通过店铺入口登记会员信息的顾客,享受"双 12"当天购买任何商品都包邮的特权。

活动蓄力期需要做好优惠提醒和预告。

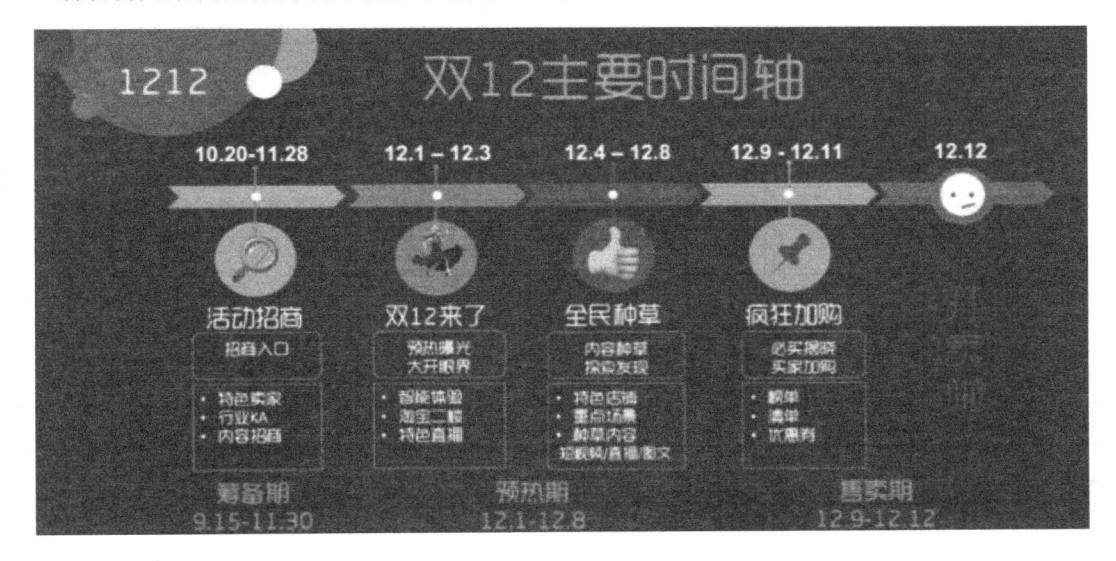

图 6-17 "双 12"主要时间轴

（2）活动蓄力期主要推广手段：直通车。

2）活动预热期：12 月 3 日—12 月 11 日

（1）主要促销玩法："双 12"提前抢、店铺收藏有礼、问大家互动。

◇ 提前生效"双 12"价格，"双 12"提前抢。

◇ 店铺收藏有礼：收藏+关注店铺，送 3 元无门槛"双 12"券 1 张。收藏指定的 10 个宝贝，送 5 元无门槛"双 12"券 1 张。加购指定的 5 个宝贝，送 5 元无门槛"双 12"券 1 张。

◇ 问大家互动：预热活动期间无线端通过产品详情页的问大家（任意宝贝均可），对回答不满 5 条的问题进行回答，或者提问 1 条，为其他买家提供有价值的参考意见可找客服领取 5 元无门槛"双 12"券 1 张。

◇ 短信群发会员告知活动详情并附上活动开始倒计时天数。

◇ 每日签到：每日签到赠送 100 店铺积分，积分可用来换购优惠券、店铺产品特权等。价值约为 100 积分=0.1 元。

（2）主要推广手段：直通车、钻石展位、内容营销和短信群发。

3）活动收割期：12 月 12 日

（1）主要促销玩法：活动价、满减。

◇ 活动价：利用活动价开展促销。

◇ 店铺满减：满 99 元减 5 元，满 199 元减 20 元。每个 ID 限领 1 张。

（2）主要推广手段：直通车、钻石展位、内容营销。

4）活动余热期：12 月 13 日—17 日

主要促销玩法为立即付款享受特殊礼品礼包等。

5. 活动分工

"双 12"当天活动分工安排，如表 6-5 所示。

表 6-5 "双 12"当天活动分工安排表

岗　位	人　数	注　意　事　项
客服	全员参与	1. 熟知活动安排； 2. 客服主管做好 FAQ 快捷问答； 3. 跟进兼职客服培训； 4. 每 15 分钟进行一次催单； 5. 店铺活动推送； 6. 全员不许请假； 7. 客服主管做好退换货流程
仓库	无增加	1. 赠品类产品提前打包，检查是否有遗漏后再发出包裹； 2. 提前联系好快递； 3. 全员不许请假
后勤保障	行政后勤	注意后勤保障及食品、电力、计算机设备等保障

项目小结

本项目通过对活动节奏的策划及相关活动营销方法的介绍，引导新手卖家形成适合自己的营销方式，借助常用的销售手段及相关工具，提高店铺流量及成交量。

项目实训

【实训 1】 简要说明店铺营销活动过程中自己承担的岗位角色及岗位职责。

【实训 2】 以"淘宝嘉年华"活动为主题，策划一场淘宝活动，并制定策划方案。

项目 7
网店数据分析

项目概述

网店数量已经多达千万家，不像十年前那样寥寥无几，而且网店运营渐渐走向规模化、技术化和系统化。网店运营者在网店的营销上愿意投入更多的金钱，以吸引更多的客户。

在网店的运营过程中，从选择行业、开始进货，到货物上架、设定价格，再到爆款打造、库存管理等环节，都离不开数据分析。数据分析，顾名思义，就是数据加分析的意思，也就是说必须要以数据为先，分析为后。互联网数据分析越来越被企业管理者重视，它在定价、需求预测、精准营销、供应链优化及客户关系管理中发挥着重要的作用，数据已经成为衡量网店发展的重要指标。对于经营一家网店的新手卖家来说，网店的日常数据分析与监控十分重要。

学习目标

知识目标	了解数据分析在网店运营中的作用
	了解网店数据分析指标的概念
	了解常用的数据分析工具
	了解访问数据的阅读和分析方法
能力目标	能够阅读和分析各种数据
	能够从访问数据中发现问题
	能够利用工具处理所获取的数据
	能够使用 Excel 处理和分析数据

案例导入

小王在"羽我女装"网店从事运营工作已经有一段时间了，老板经常让他分析报表数据。这些数据应该去哪里寻找数据来源，应该如何整理和分析才能得出一些基本结论？比如，行业数据去哪里可以得到，店铺每天的数据应该怎样统计？

> 项目实施

任务 7.1　网店数据分析概述

7.1.1　数据分析在网店运营中的作用

当人们还没来得及琢磨移动互联网是怎么回事时，就已经进入大数据时代了，最近几年大数据"爆炸"式发展，对电子商务行业产生了深远的影响。

电子商务行业从最开始只有寥寥无几的创业者到现在数千万人涌入其中，其间发生了很多变化。如今开网店，已经不再是一台计算机、一根网线当老板的时代了。每天都有无数的网店开张，也有无数的网店倒闭。怎样才能让钱流进自家店铺？这才是开网店要解决的核心问题。

解决这个问题的核心，就是数据。卖家不需要像专业的数据分析师那样收集数据、分析数据，只要耐心、细致地做好店铺数据分析即可。如图 7-1 所示是监控网店数据的四大作用。

图 7-1　监控网店数据的作用

1. 及时发现问题

作为一个网店卖家，需要随时监控全店各类数据、及时发现数据的异常才能进一步对症下药。例如，图 7-2 所示是某个店铺某月的数据统计，数据显示浏览量和访客数都波动不大，成交额却在大幅度地下降。

事实上任何情况的发生都不是突然的。从图 7-2 中可以看到，从该月 11 日左右店铺的成交额就已经开始下降了，如果随时密切监控店铺数据，就能及时发现问题，从而减少店铺的损失。

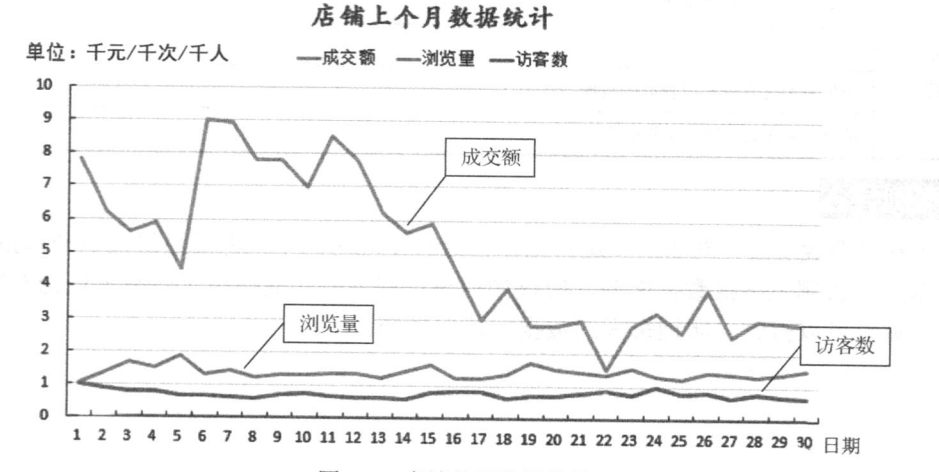

图 7-2　店铺某月数据统计

针对这种情况，可以以 11 日作为一个分界点，查看这个日期前后店铺有什么改变。如果店铺装修有了变动，就要继续查看店铺每个页面的流量、跳失率等数据，找出有问题的页面进行修改，从而提高成交额。

及时发现店铺的问题，还需要特别留意一些离散的数据点。如图 7-3 所示是某个店铺的销售额分布图，其中有一个数据十分醒目。

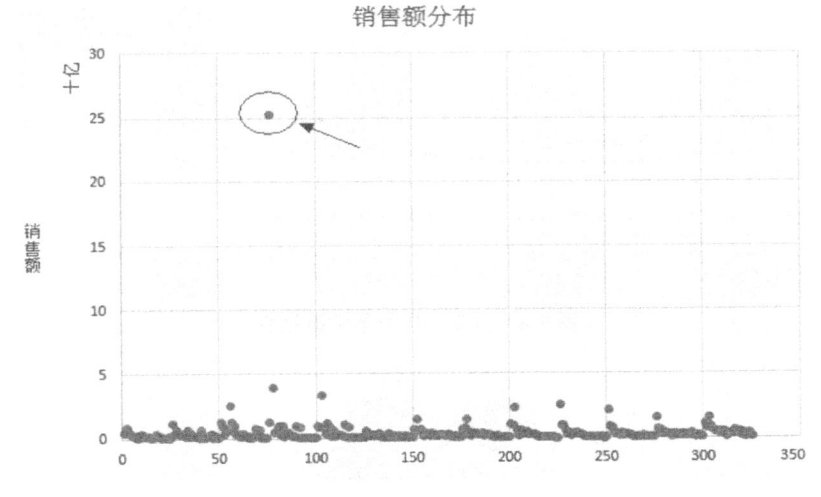

图 7-3 离散的数据点

在这种情况下，首先要做的是辨别数据是否有误，需要调出源数据进行检查，通过核对、逻辑推理和常理判断来辨别数据的正确性。其次是分析出现这种数据点的原因。如图 7-3 所示，这个数据点代表的是很高的销售额，是一件好事，但要分析出原因，吸取经验，以便实施在其他商品上，为店铺带来更大的效益。如果这个点代表很低的销售额，就需要仔细分析原因，拟定相应的对策。

2．分析多重问题

随着网店竞争越来越激烈，数据分析渐渐成为一种有效的营销武器并进入网店卖家的眼中。数据分析最大的作用，想必就是分析多重问题了，说得通俗一点，就是从多个维度去分析数据，得出影响网店运营的具体原因。

3．建立历史档案

网上开店的成功店家几乎都是经历了长时间的经验积累后一点点地发展起来的。而这些经验从何而来？答案就是历史数据的保留与分析。对每个宝贝进行长时间的数据统计一定可以发现一定的规律，而好好利用这个规律，才会让宝贝大卖。

4．自由对比分析

与店铺有关的数据种类很多，将这些数据进行收集整理，就可以很自由地进行数据对比分析。如图 7-4 所示就是流量价值分析报表，即将店铺中的流量来源进行数据统计然后做成的报表。在报表的右侧可以任意选择流量类型，然后在报表的左侧观察趋势和数据，十分方便灵活。

数据分析在网店运营中扮演了多重重要角色，如图 7-5 所示。

预测师：帮助店铺选款、预测库存周期、预测未来风险。

规划师：通过数据分析，合理规划店铺装修板块和样式。

医师：诊断店铺目前状况，对已病的店铺找出病源并对症下药。

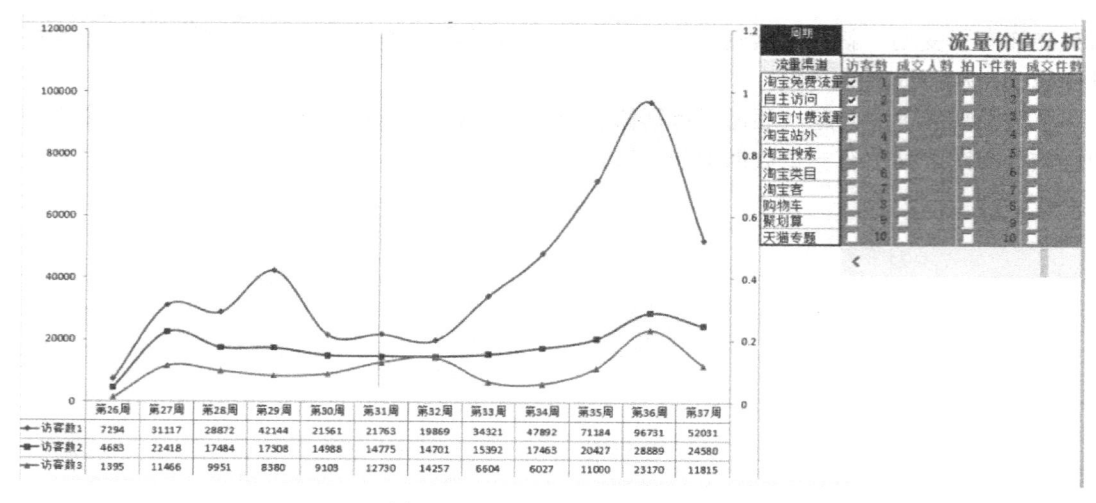

图7-4 自由分析流量数据报表

图7-5 数据分析在网店运营中扮演的角色

行为分析师：通过用户购买的单品、单价、花费、活跃时间、客服聊天反馈等分析买家的行为特性。

营销师：根据现有资源合理分析判定出最大化销售计划，促进销量大幅增长。

上帝：就像那句经典语录一样，"上帝能做到的，今天我们通过数据分析也可以做到"。通过数据分析，能够掌握客户想要干什么，想要得到什么，卖家甚至比客户更了解他自己。

阅读材料7-1 店铺分析

7.1.2 网店数据分析指标

进行网店数据分析，首先需要弄清楚要分析的数据有哪些。网店的数据类型比较多，但是最重要的莫过于七大数据，即流量数据、首页数据、收藏数据、客服数据、DSR数据、宝贝页数据、转化率数据。作为网店卖家，要实时监控这七大关于网店命脉的数据，及时跟上市场的步伐。

1. 流量数据

网店有销量的首要条件就是有客户进入店铺中，而进入店铺客户的多少就代表了流量的大小。因此，流量数据就是店铺的重要监控对象。下面对四大流量数据分别进行介绍。

1）免费流量

免费流量是指没有付费做广告推广，而是通过关键词搜索等途径进入店铺中的客户流量。

这类流量是店铺最想要的流量,毕竟免费流量的成本低,而且精准度也算是比较高的。店家希望自己的宝贝能排在淘宝首页最显眼的位置上,因为显眼所以点击量就大,店铺获得的免费流量也就增加了。但是任何宝贝都有一定的周期,并且淘宝网上竞争激烈,想使宝贝时时都排名靠前不太现实。多数店家的做法是将店铺中宝贝的生命周期分配开来,这样即使有一款宝贝进入衰退期,也会有新的宝贝跟上,进而维持店铺的免费流量。

2)付费流量

付费流量是指通过投放广告、按点击率计算费用等方法引入的客户流量。这样的流量精准度高,容易得到,只要花钱就会带来流量,常见的有淘宝客、钻石展位、直通车,以及淘宝网的各种活动等。由于付费流量会增加成本,所以需要卖家恰当地投入,有利润可赚,不亏本才行。

3)自主流量

自主流量是指客户自己前来访问的店铺流量,这样的客户通常是之前在店铺中已经有过成功的交易经历,因此才会通过直接访问、收藏宝贝/店铺、加购物车等渠道来回访店铺,这样的流量会十分稳定并且转化率也很高。从另一方面讲,客户之所以会再次进店购物,正说明了他们对店铺中的商品质量和价钱比较满意,其实只要店家及时维护好和老客户的关系,老客户是很容易多次购买并且将店铺介绍给自己的亲戚朋友的,这无形中又增加了流量。

4)站外流量

站外流量大多来自贴吧、论坛、社区、微博、空间等,可以靠店家自己去发帖推广,也可以雇用别人去推广。这种流量的精准度不高,效果自然也不能得到保证。所以,对于付费的站外流量一定要慎重考虑,要选择性价比高的商品来进行推广。

那么如何收集流量数据呢?可以在淘宝网的卖家数据中心查看,如图 7-6 所示。

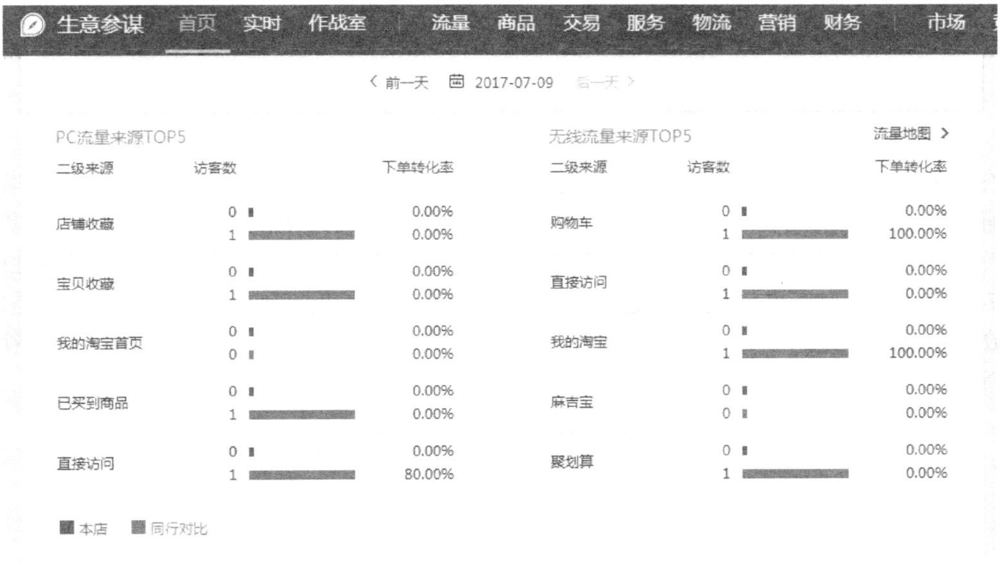

图 7-6 在卖家中心—数据中心查看流量

2. 首页数据

网店首页需要监控的数据有下列几项。

1) UV

UV(Unique Visitor)是独立访客数,即一个客户端进店访问不论重复访问了多少次都计为 1 次。

2）停留时间

停留时间即访客访问首页的停留时间。停留时间越长代表他对店铺越感兴趣，购买商品的可能性也就越高。

3）链接点击率

链接点击率是指来访客户单击链接的次数与来访人数的比例。

4）跳失率

跳失率是指来访客户浏览了首页就离开店铺的概率。

如图 7-7 所示是通过卖家数据中心查看某一时间段的首页数据，包括跳失率、人均浏览量、平均停留时长等数据。

图 7-7　首页数据总览

3．收藏类数据

关于店铺的收藏类数据，主要需要关注的是单品的收藏数据和店铺的收藏数据。客户进入店铺即使没有下单购物，但只要他收藏了宝贝或者是店铺，就证明他对店铺中的宝贝或店铺感兴趣，是有购买意向的。当他从自己的收藏中再次进入店铺时，达成交易的可能性就高。如图 7-8 所示是客户通过收藏二次达成交易的流程图。由此可见，不论是收藏宝贝还是店铺，收藏数据都是越大越好，这可以为店铺带来自主访问流量，而自主访问流量的转化率往往是比较高的。

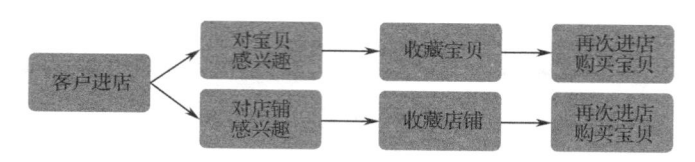

图 7-8　客户通过收藏二次达成交易流程图

4．客服数据

想检验网店每个客服的工作态度如何、业绩如何等，就需要监控客服数据。监控客服数据，不是简单地知道每个客服每天的业绩是多少，而是需要精准地统计客服数据。分析客服数据需要注意以下要点。

（1）对客服个人、客服团队、静默销售、店铺整体流量数据进行全方位统计分析。
（2）统计客服的销售额（金额）、销售量（件数）和销售人数。
（3）统计客服客单价（金额）、客件数（件数）和件均价，分析客服关联销售的能力。
（4）多维度统计客服的转化成功率，包括从询单到最终下单的成功率、从下单到最终付款的成功率，以及最终付款的成功率。

5．DSR 数据

DSR 动态评分（Detailed seller ratings）是指在淘宝网交易成功后，买家可以对本次交易的卖家进行以下三项评分：宝贝与描述相符、卖家的服务态度、物流服务的质量。每项店铺评分取连续六个月内所有买家给予评分的算术平均值。

随着淘宝网越来越注重商品的质量，卖家的销量权重开始下降，过去卖家的排名主要与销量有关系，而现在淘宝网的搜索排名中，权重已经开始向 DSR 评级倾斜了。

在淘宝网首页的宝贝展示中，将鼠标放到宝贝图片下方的店铺名称上时，会显示与店铺相关的 DSR 评级，如图 7-9 所示，并且随着买家的购物心理越来越理智，买家也开始关注店铺的 DSR 评分了。

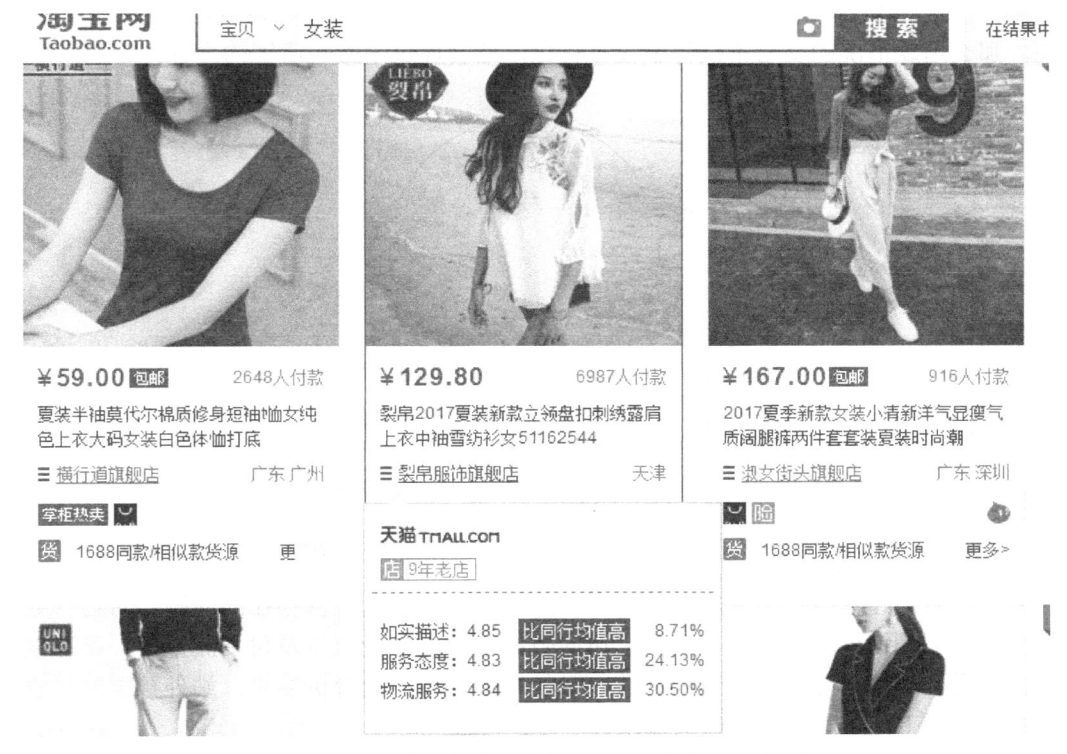

图 7-9 将鼠标放到店铺名称上时显示的店铺 DSR 评分

6．宝贝页数据

宝贝页数据也是网店数据分析需要实时关注的重点数据，这些数据直接反映这款宝贝的销量如何。需要注意的数据指标主要有以下四个。

1）PV

PV（Page View）就是页面浏览量，是指店铺的宝贝页面被查看的次数。用户多次打开或刷新一个宝贝页面，该指标值累加。

2）UV

UV 在前面讲过，就是访问人次。在所选定时间段内，同一访客多次访问宝贝页会进行去重计算。

3）咨询人数

咨询人数指的是浏览了宝贝页面后进行咨询的人数。

4）访问深度

访问深度是指访客进店访问的页面数量的多少。访问的页面数量越多，就证明访客对店铺宝贝越感兴趣，访问深度也就越高。如果客户仅仅访问首页就离开了，那访问深度自然就很低了。

7. 转化率数据

网店转化率数据是指进店的所有客户中成功交易的人数比例。想使网店有销量，就要让进店的客户下单购买商品，只有提高转化率才能有业绩。也可以把网店的转化率看成是衡量店铺运营健康与否的指标。与转化率有关的网店数据主要有 5 个，如图 7-10 所示。在转化率数据中，不仅要注意全店的转化率，还要注意单品的转化率；转化率高并不代表店铺的成交金额高，所以还要注意转化的笔数和转化的金额；同样的道理，如果转化率很高但退款率也很高，那么退款情况的交易不仅等于没有转化，还会反过来影响店铺的声誉。

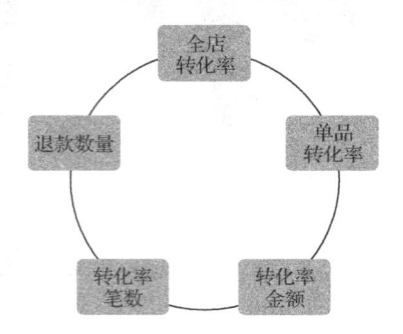

图 7-10　与转化率有关的网店数据

任务 7.2　常用数据分析工具

通过对店铺经营数据的基本分析，可以明确地指出店铺经营存在的问题。对运营数据进行分析，特别是细分化的数据，如自主访问数据、站内免费流量及付费流量等，都可以借助站内官网提供的数据分析工具进行细致入微的解读，并得出分析结果。站外数据同样也可以借助数据分析工具了解营销推广的效果。

7.2.1　内部数据分析工具之生意参谋

生意参谋是淘宝网官方的数据产品。生意参谋不仅秉承数据让生意更简单的使命，而且致力于为电子商务、淘宝网卖家提供精准实时的数据统计、多维的数据分析和权威的数据解决方案。商家可以通过生意参谋了解店铺目前经营情况（包括流量分析、销售分析、用户分析及推广效果），以及付费的来源分析和装修分析，并且可以按照小时、天、周、月或者店铺首页、宝贝页、分类页进行分类统计，记录店铺的流量（包含实时流量）、销售、转化、推广及装修效果数据，为完善经营策略，提升销量提供参考依据。

在网页中登录淘宝网（http://www.taobao.com/），单击右上角的"卖家中心"超链接，在左下方"营销中心"即可打开生意参谋主界面，如图 7-11 所示，其中包含了前一天的访客数、浏览量和支付金额三大板块，也可以观看最近 7 天、1 个月的数据。

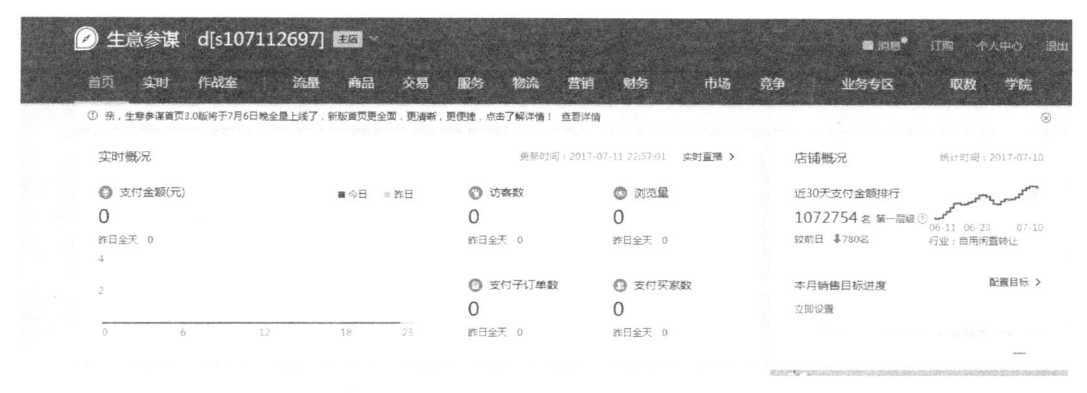

图 7-11　通过生意参谋查看店铺数据

生意参谋 3.0 首页的数据内容包括以下三个方面的内容。

1．实时概况

实时概况显示的是店铺实时的数据信息，包括支付金额、访客数、浏览量、支付子订单数及支付买家数。如图 7-12 所示为某网店的实时数据概况。

图 7-12　某网店的实时数据概况

2．运营视窗

运营视窗是指从运营者的角度，呈现运营所需要的网店的经营数据，主要包含以下几个模块。

（1）整体看板。整体看板包括支付金额、访客数、支付转化率、客单价、描述相符评分、成功退款金额、直通车消耗等数据。如图 7-13 所示为某网店的整体看板数据。

（2）流量看板。流量看板呈现的数据有一级流量走向（淘内免费流量、付费流量、自主访问、淘外流量等）、二级流量来源（无线、PC）。如图 7-14 所示为某网店的流量看板数据。

（3）转化看板。转化看板包含三大数据：访客-收藏转化率、访客-加购转化率及访客-支付转化率。如图 7-15 所示为某网店的转化看板数据。

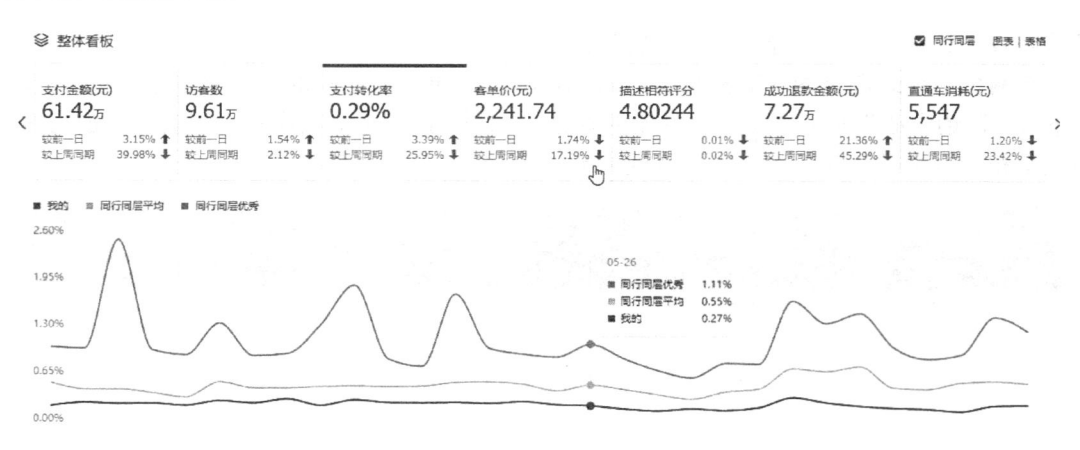

图 7-13 某网店的整体看板数据

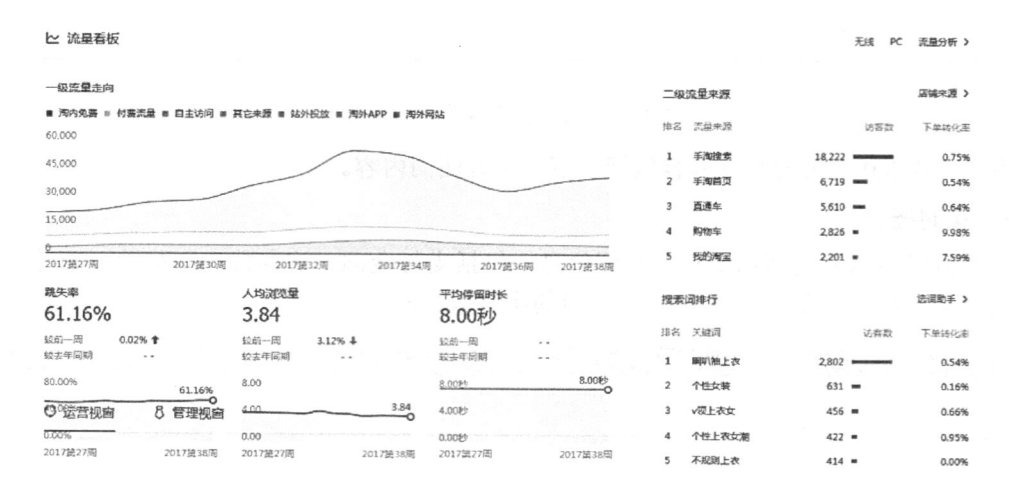

图 7-14 某网店的流量看板数据

图 7-15 某网店的转化看板数据

（4）客单看板。客单看板呈现的数据内容有买家构成-客单分布、买家构成-支付件数分布、人均支付件数、连带率、搭配推荐。如图7-16所示为某网店的客单看板数据。

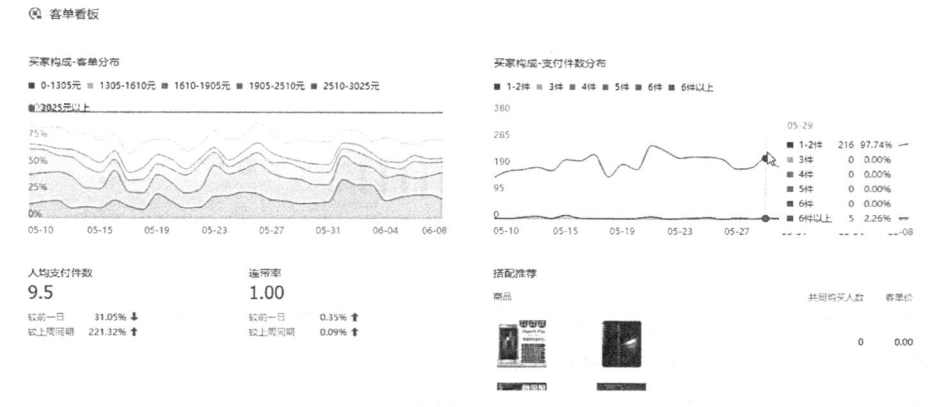

图7-16　某网店的客单看板数据

（5）行业排行。行业排行包含店铺、商品及搜索词的排行榜信息。如图7-17所示为某网店的行业排行数据。

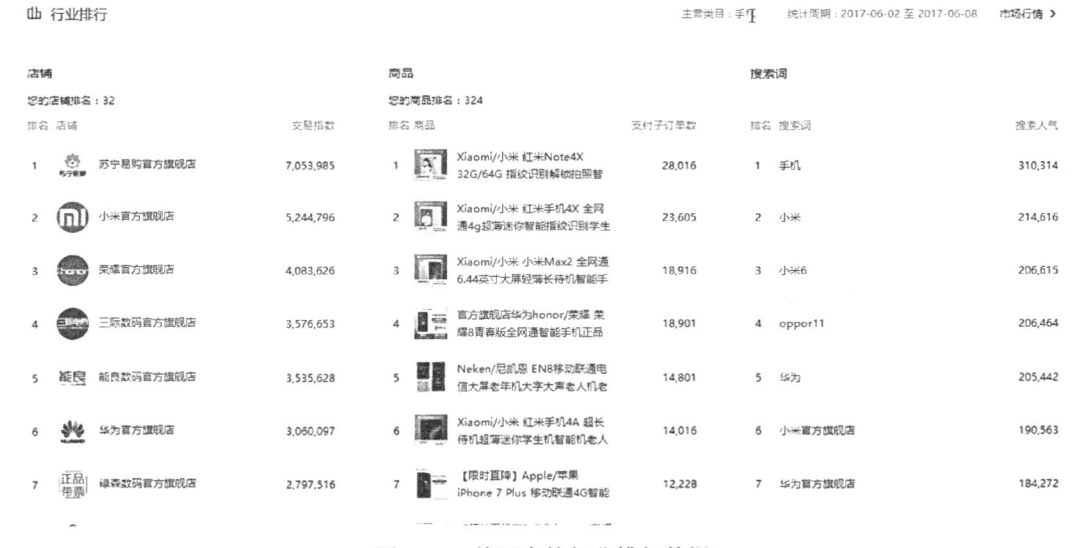

图7-17　某网店的行业排行数据

3．管理视窗

管理视窗主要包含以下几个模块。

（1）整体看板。管理视窗的整体看板与运营视窗的不同，主要呈现的是销售目标、支付转化率、访客数、客单价的数据信息。

（2）流量看板。管理视窗的流量看板与运营视窗的数据一致。

（3）推广看板。推广看板呈现的数据内容有推广金额、推广明细（直通车、钻石展位、淘宝客）。如图7-18所示为某网店的推广看板数据。

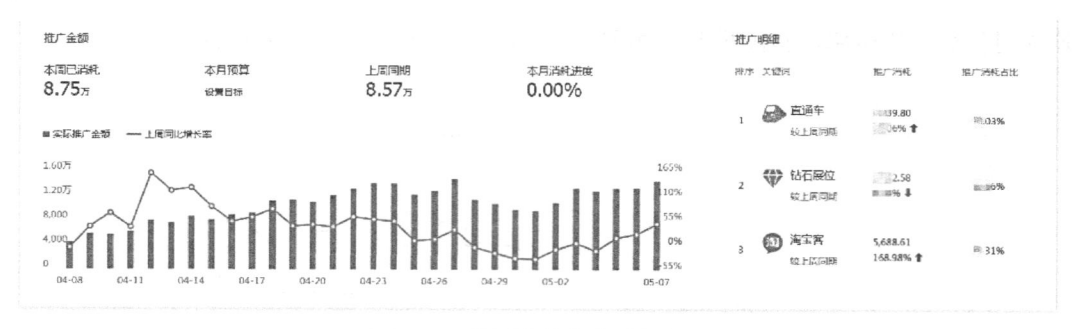

图 7-18 某网店的推广看板数据

（4）财务看板。财务看板呈现的数据有本周营业收入金额、本周营业成本金额、本周营业利润金额及成本细分数据。如图 7-19 所示为某网店的财务看板数据。

（5）类目看板。类目看板即卖家自己店铺所涉及的类目的数据。如图 7-20 所示为某网店的类目看板数据。

（6）行业排行。管理视窗的行业排行与运营视窗的数据一致。

图 7-19 某网店的财务看板数据

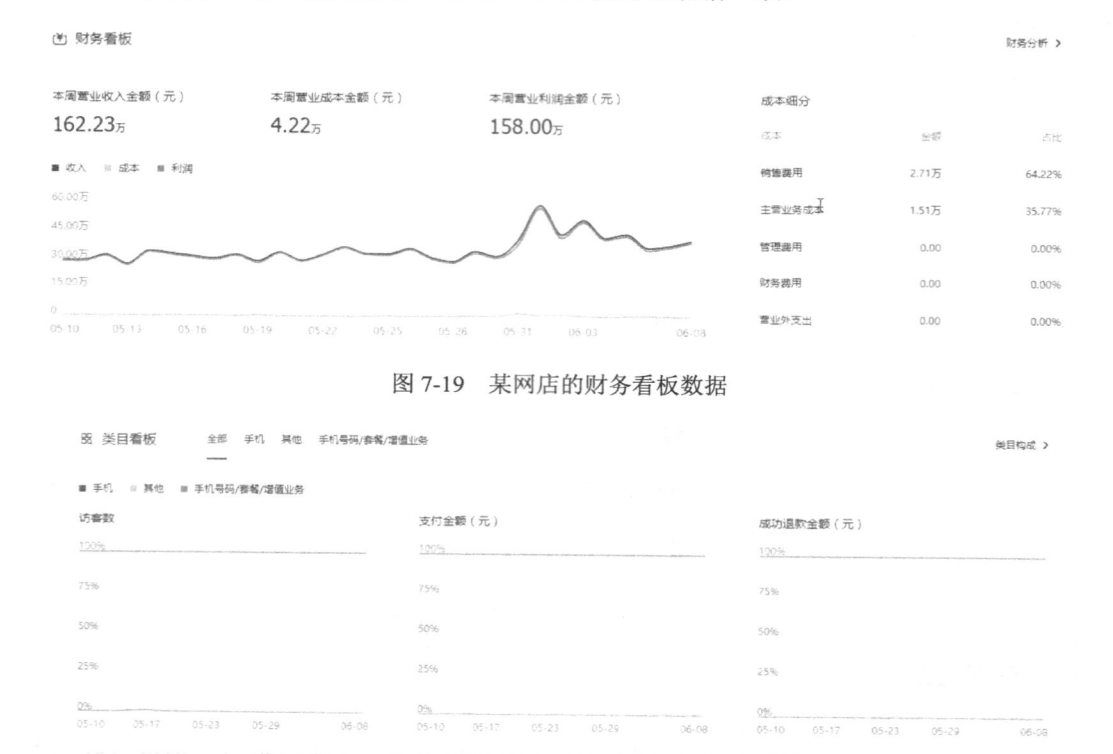

图 7-20 某网店的类目看板数据

7.2.2 外部数据分析工具之阿里指数和百度指数

1. 阿里指数

阿里指数是了解电子商务平台市场动向的数据分析平台。2012 年 11 月 26 日，阿里指数正式上线，根据阿里巴巴网站每日运营的基本数据，包括每天网站浏览量、每天浏览的人次、每天新增供求产品数、新增公司数和产品数五项指标统计计算得出。

阿里指数的主要功能模块有区域指数和行业指数（包括市场行情、热门行业、企业分析）。

在阿里指数的首页（网址为 http://alizs.taobao.com/）登录后，即可进入阿里指数页面查看相关数据，如图 7-21 所示。

图 7-21　阿里指数界面

1）区域指数

区域指数是指从地区角度定位贸易动向、市场动态、人群特征的数据。区域指数包括贸易动向、热门类目、搜索词排行、买家概况及卖家概况。

（1）贸易动向。贸易动向主要呈现的是用户所选地区与全国各省的交易情况。

（2）热门类目。热门类目主要呈现的是该地域热门交易的二级类目。热买地区：说明该地域买家热衷购买类目的交易主要来自该地区。热卖地区：说明该地域卖家热门销售类目的交易主要来自该地区。

（3）搜索词排行。搜索词排行呈现的是该地区搜索频率高的关键词排行。搜索词排行分为搜索榜（如图 7-22 所示为广东省的搜索词榜）和涨幅榜（如图 7-23 所示为广东省的搜索词涨幅榜）。

排名	搜索词	搜索指数	搜索涨幅
1	连衣裙	42,547	5.83%↑
2	t恤	38,408	8.85%↑
3	沙发	34,315	11.19%↑
4	男鞋	32,526	4.78%↑
5	短裤	31,333	7.89%↑
6	耳机	31,237	9.02%↑
7	女包	30,971	9.64%↑
8	女鞋	30,467	9.91%↑
9	半身裙	30,366	8.38%↑
10	行车记录仪	30,251	8.56%↑

图 7-22　广东省的搜索词榜

图 7-23　广东省的搜索词涨幅榜

（4）买家概况。买家概况呈现的是某地区某时间段的买家基本情况。包括性别占比、年龄阶段占比、星座占比、爱好（喜好度）、淘宝会员等级占比和终端偏好占比。如图 7-24 所示为广东省的买家性别占比和年龄阶段占比数据，如图 7-25 所示为广东省的买家星座占比和爱好（喜好度）数据，如图 7-26 所示为广东省的买家淘宝会员等级占比和终端偏好占比数据。

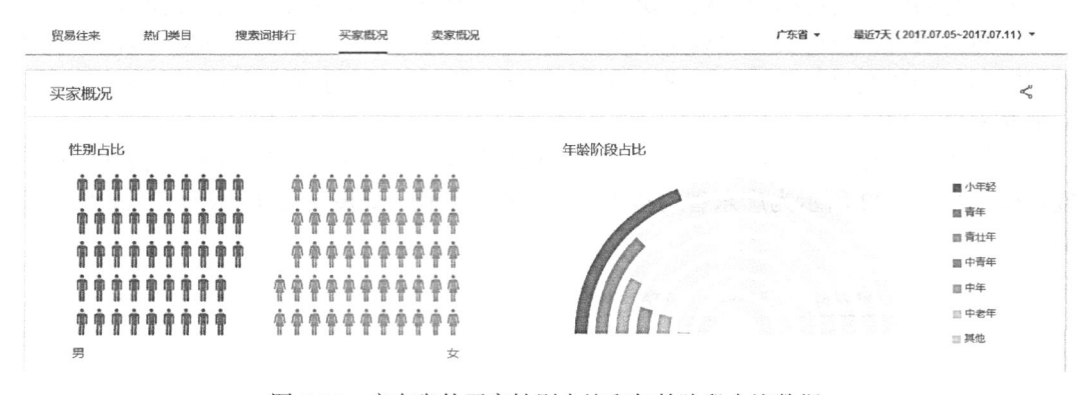

图 7-24　广东省的买家性别占比和年龄阶段占比数据

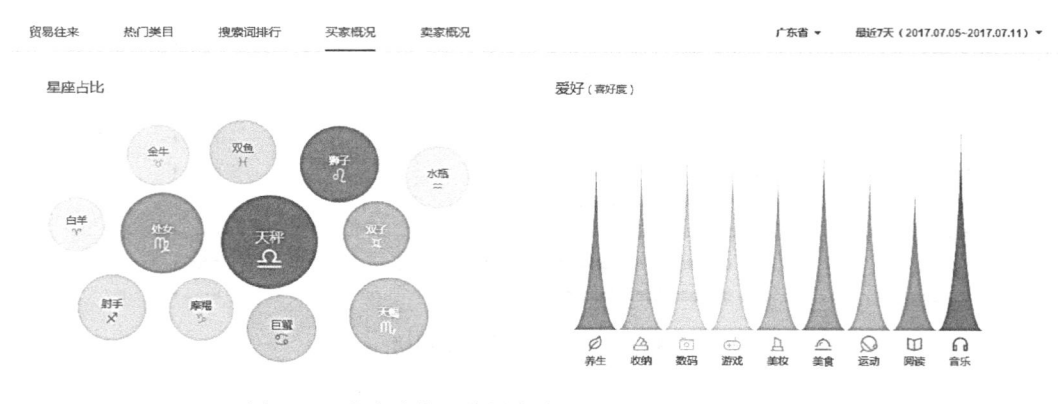

图 7-25　广东省的买家星座占比和爱好（喜好度）数据

图 7-26 广东省的买家淘宝会员等级占比和终端偏好占比数据

（5）卖家概况。卖家概况呈现的是某地区某时间段的卖家基本情况。包括主营行业占比、星级占比和经营阶段占比。如图 7-27 所示为广东省的卖家主营行业占比、星级占比和经营阶段占比数据。

图 7-27 广东省的卖家主营行业占比、星级占比和经营阶段占比数据

2）行业指数

行业指数是指从行业角度定位产业带、消费热点、人群特征的数据。行业指数包括搜索词排行、热门地区、买家概况及卖家概况。

（1）搜索词排行。搜索词排行呈现的是某一行业的搜索词排行榜。包括搜索榜和涨幅榜。如图 7-28 所示为最近一周的女装连衣裙的搜索词排行榜数据，如图 7-29 所示为最近一周的女装连衣裙的搜索词涨幅榜数据。

图 7-28 最近一周的女装连衣裙的搜索词排行榜数据

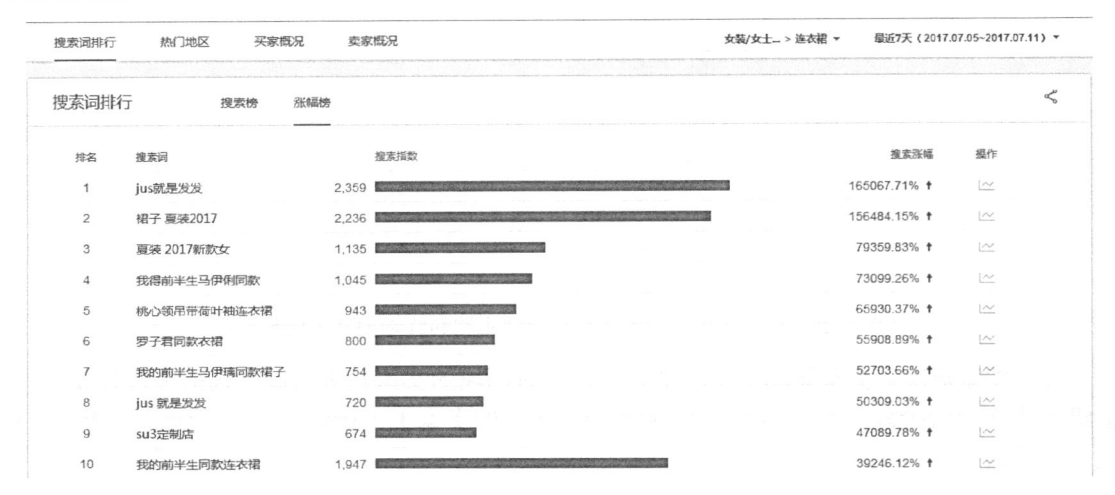

图 7-29 最近一周的女装连衣裙的搜索词涨幅榜数据

（2）热门地区。热门地区呈现的是某一行业在哪些地区热买和热卖的数据情况。如图 7-30 所示为连衣裙的热卖地区，如图 7-31 所示为连衣裙的热买地区。

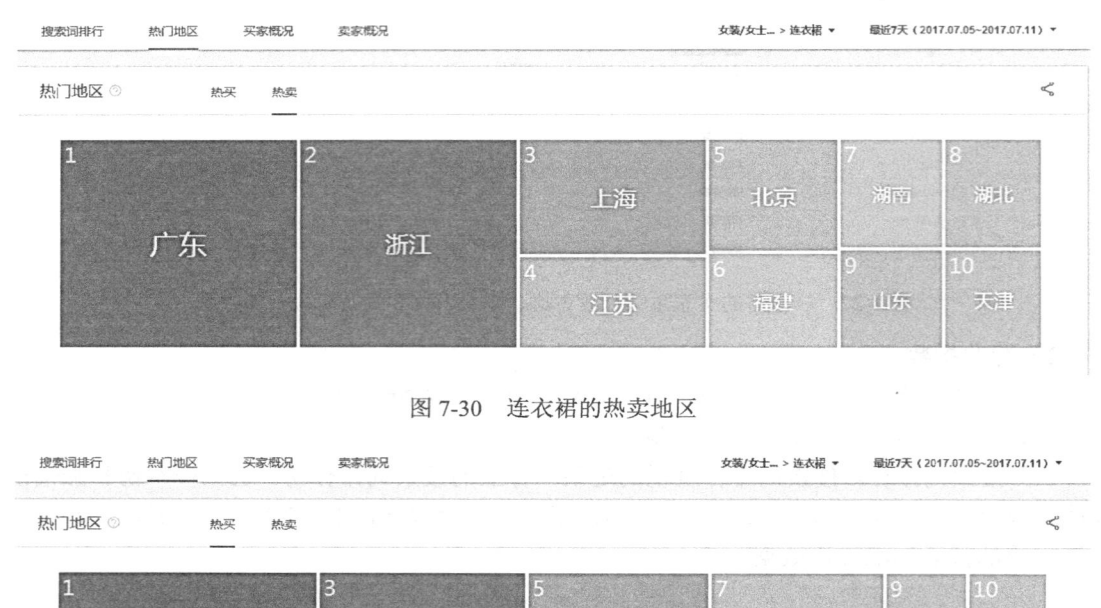

图 7-30 连衣裙的热卖地区

图 7-31 连衣裙的热买地区

（3）买家概况。买家概况即购买某一行业产品的买家的基本信息。包括性别占比、年龄阶段占比、星座占比、爱好（喜好度）、淘宝会员等级占比和终端偏好占比信息。

（4）卖家概况。卖家概况即销售某一行业产品的卖家基本信息。包括星级占比和经营阶段占比信息。

2. 百度指数

百度指数是以海量网民的行为数据为基础的数据分享平台。百度指数能够告诉用户：某个关键词在百度的搜索规模有多大，一段时间内的涨跌态势，以及相关的新闻舆论变化，关注这些词的网民是什么样的，分布在哪里，同时还搜索了哪些相关的词，帮助用户优化数字营销活动方案。

百度指数的主要功能模块包括基于单个词的趋势研究（包括整体趋势、PC趋势及移动趋势）、需求图谱、舆情洞察、人群画像；基于行业的整体趋势、地域分布、人群属性和搜索时间特征。

在百度指数的首页（网址为 http://index.baidu.com/）登录后，即可在搜索框中输入关键词，可进入百度指数页面查看相关数据，如图7-32所示。

图7-32 百度指数搜索页面

（1）趋势研究。趋势研究是百度指数默认显示模块，将显示30天内全国范围内搜索该关键词的指数概况和指数趋势，如图7-33所示为"短裙"关键词的趋势研究。

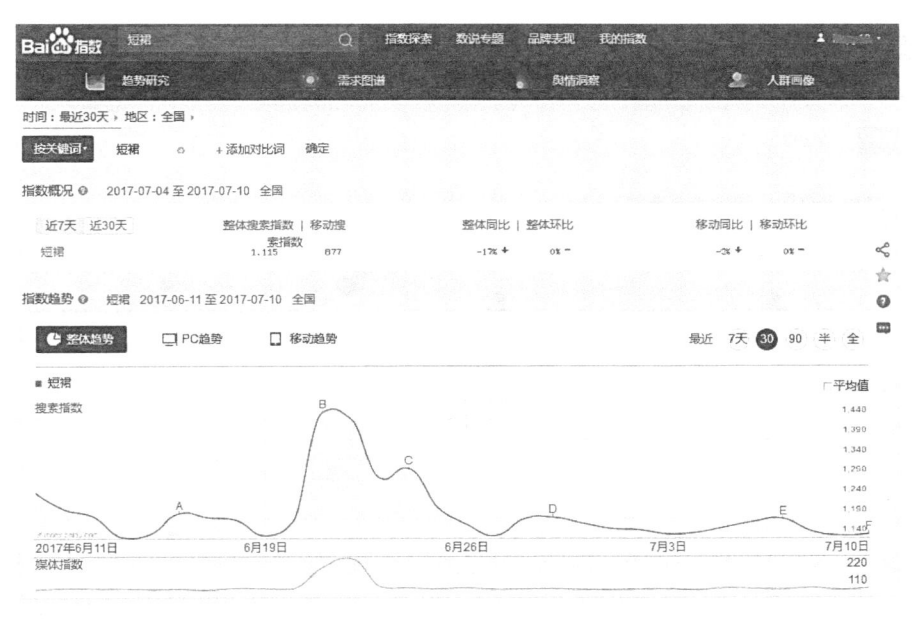

图7-33 "短裙"关键词的趋势研究

在"添加对比词"文本框中输入两个或多个相似产品名称，单击"确定"按钮，百度指数可对这些搜索指数进行对比，帮助用户分析商品的需求变化，如图7-34所示。

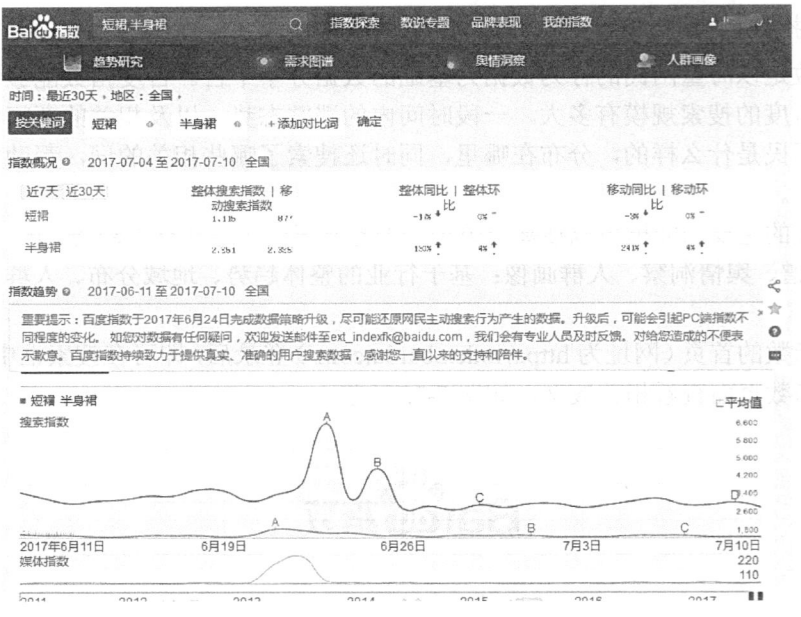

图 7-34　添加对比关键词

（2）需求图谱。需求图谱能够显示网民对搜索关键词的关注内容和关注点。如图 7-35 所示为网民对短裙及半身裙的关注内容。根据需求图谱，可以看出网民对短裙和美女短裙的关注度最大。另外，在需求图谱所在网页的下方还将显示与搜索关键词相关词语的搜索指数。如图 7-36 所示为网民对连衣裙及短裙的相关词语搜索。

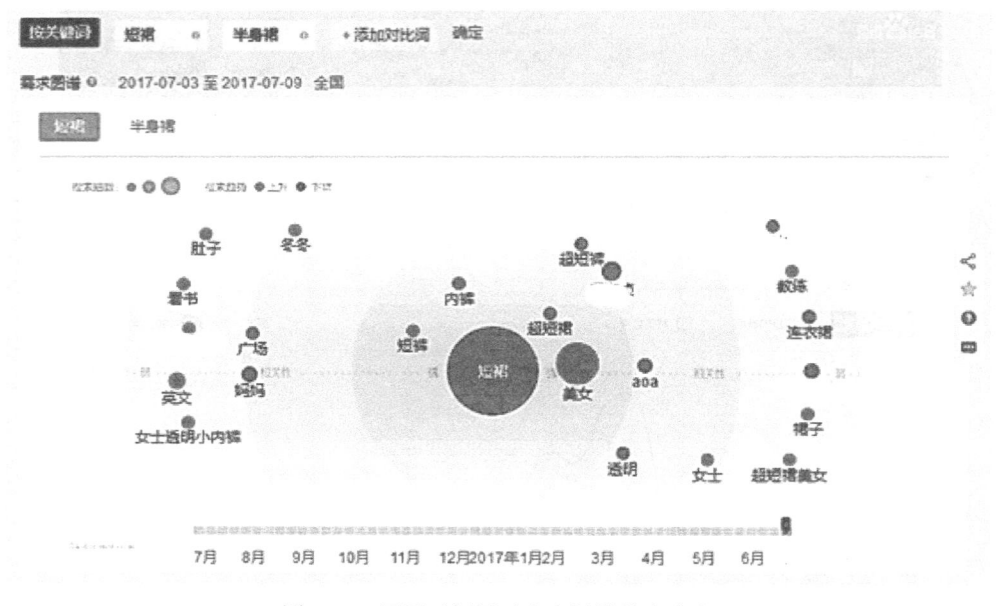

图 7-35　网民对短裙及半身裙的关注内容

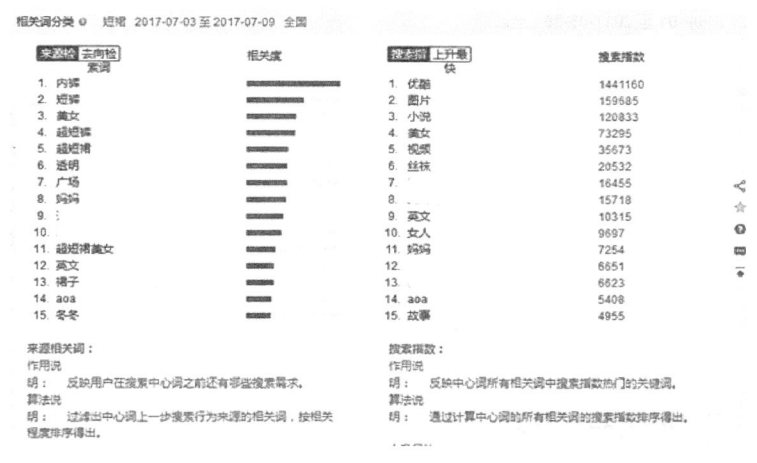

图 7-36　网民对短裙及半身裙的相关词语搜索

（3）舆情洞察。舆情洞察分为新闻监测和百度知道两个板块。新闻监测主要显示全国各大媒体与搜索关键词相关新闻的媒体指数。如图 7-37 所示为全国各大媒体与短裙相关的新闻媒体指数。百度知道则显示与搜索关键词相关提问的浏览热度。

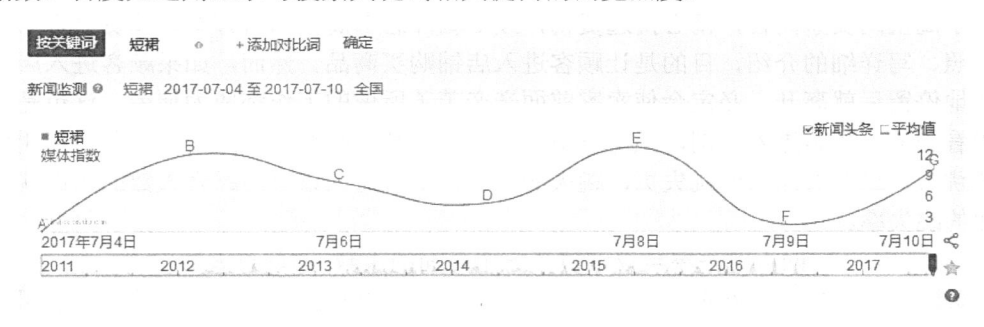

图 7-37　全国各大媒体与短裙相关的新闻媒体指数

（4）人群画像。人群画像分为地域分布和人群属性两个板块。地域分布主要显示该搜索关键词在全国各省份和城市的排名情况。如图 7-38 所示为短裙在全国各省份和城市的排名情况。人群属性则显示该搜索关键词在各年龄段和不同性别人群的搜索分布情况。如图 7-39 所示为短裙在各年龄段和不同性别人群的搜索分布情况。

图 7-38　短裙在全国各省份和城市的排名情况

人群属性　短裙　2017-06-01 至 2017-06-30　全国

图 7-39　短裙在各年龄段和不同性别人群的搜索分布情况

任务 7.3　阅读和分析数据

7.3.1　网页跳失率

1．网页跳失率的含义

对于淘宝网卖家而言，精心挑选货物，绞尽脑汁思考商品销售方案，花费大量的时间为商品拍照、写详细的介绍，目的是让顾客进入店铺购买商品。然而，如果顾客进入店铺仅仅是短暂地停留后就离开，必定会使卖家前面辛辛苦苦所做的工作都成为徒劳，这也是卖家所不希望看到的。顾客进入店铺，但是只访问了店铺中某一个页面就离开，这种情形叫作这个页面的跳失，这个页面叫作跳失页，跳失的顾客占所有进入该页面顾客人数的比例就叫作这个页面的跳失率。

网页跳失率＝仅浏览了一个页面的人数÷访问总人数

网页跳失率高指进入网页后马上离开的人数比浏览网页后再离开的人数多，说明网页用户体验做得不好；反之，跳失率低，则说明网页用户体验做得不错，用户能够在网页中找到自己感兴趣的内容，而且这种用户可能还会再次光顾该网页，从而提高了用户回访度，大大增加了用户在网站中消费的概率。

2．阅读网页跳失率

在网页中登录淘宝网（https://www.taobao.com/），单击右上角的"卖家中心"超链接，在左下方的"营销中心"即可打开生意参谋主界面查看网店的跳失率，如图 7-40 所示为某网店在生意参谋上统计的跳失率。

通过阅读图 7-40 可以发现，该网店的店铺跳失率是 61.53%，而且一直以来的网店页面的跳失率都比较平稳。

3．分析网页跳失率的具体数值

一个页面好坏与否可以从跳失率的大小做出大致的判断。那么，究竟网店各页面的大小为多少才算正常水平？这需要根据店铺的规模及所卖商品的类型来衡量。例如一个心级小店，全店跳失率为 70%是很正常的，而一个皇冠级别的店铺，如果首页和宝贝页的跳失率达到 60%以上，就说明海报和宝贝描述不够吸引人，需要提高。对商品来说，普通的商品跳失率在 55%左右是正常水平。

如图 7-41 所示是某个钻石级别女装网店的页面跳失统计表，该表详细地统计了网店各页面的访问人数及跳失率大小。

项目7 网店数据分析

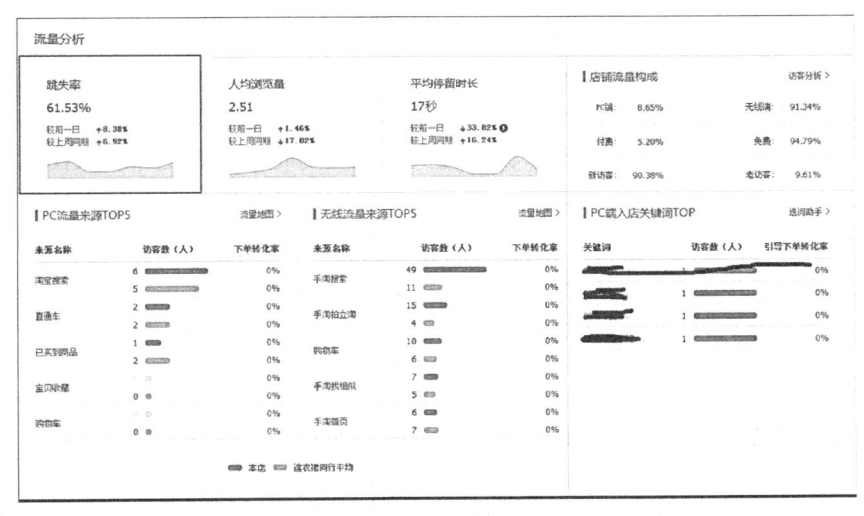

图 7-40 某网店在生意参谋上统计的跳失率

图 7-41 某个钻石级别女装网店的页面跳失统计表

首先分析首页。首页跳失率为 54.39%，属于正常水平，可以不用将精力放在优化首页上。

再来分析自定义页。第四行的自定义页跳失率为 32.56%，已经很优秀了；而第七行的自定义页跳失率为 45.78%，也属于比较好的水平。

然后是宝贝页。宝贝页跳失率在 50% 左右都属于正常水平，但是如第五行所示，这一页宝贝的跳失率达到了 60% 以上，就需要花心思做一些优化了，毕竟这样的数据水平不太乐观，有必要作出改进。

最后再来看看分类页。根据图中数据第八行，分类页跳失率为 35.68%，相对于其他页面来说这个数据很低了，但是分类页面的作用就是帮助用户导航，有 35.68% 的用户在分类页离开了店铺，说明他们没有利用分类页找到想要的宝贝，可见分类页的导航作用不够好，需要优化。

4．影响网页跳出率的因素

影响网页跳出率的因素有以下几点。

（1）主图是否吸引人。买家通过关键词或者类目搜索，首先会看到商品的主图，它将展示商品的款式、颜色、促销信息等。在主图上，商品的款式一定要第一眼就展示在买家眼前，尽量少让模特儿直勾勾的眼神占据买家的第一眼位置；其次商品的款式优势特点一定要在主图上展现出来。

（2）定价是否合理。标价是另一个容易让买家在浏览时就离开的因素，一旦价格太贵，买家就会滋生不如去实体店铺购买的想法，所以标上一个大众能接受的价格是较为安全的方

203

式。在淘宝网首页搜索关键词时，可以看见用户喜欢的价位。例如，当搜索"T 恤"的时候，搜索结果显示 33～94 元的价位有 46%的用户喜欢，这是淘宝网按成交结果来统计显示的，这就是一个很好的参考定价的方法，可以知道拥有最大市场的价格段是多少。

（3）页面打开的速度。有很多卖家在做宝贝详情图的时候，都是一张大图包含了所有的信息，比如女装店铺宝贝的一张大图就包含了模特儿图、搭配图、细节图、面料说明图等，但这样做非常影响页面的打开速度，要知道因为等待缓冲页面而产生的流失仍然占比很多。不妨把一张大图切分成几张小图，这样即便买家网速慢，也不用等一张大图缓冲完整了才能查看，可以边缓冲边看图片。另外，有文字说明的时候，最好用文字，而不是把文字放在图片上。

（4）店铺类别。高信誉吃香，信誉高的卖家要比信誉低的卖家更受买家信赖，商城卖家也比集市卖家会更让买家放心。究其原因，一是购物保障，信誉高的卖家信誉受到更多买家的信赖，商城的商品经过淘宝网的审核也拥有更多的购物保障；二是商城的客户能享受到比集市的客户更多的优惠和保障，比如购买有积分，购买商城商品可以使用退货保障卡（与运费险同理）等。因此，中小卖家想要拉近与大卖家和商城卖家的距离，就需要多加入一些保障。例如消保服务、7 天无理由退换、正品保障、信用卡、细节特写、运费险等，并且多一些基本的优惠政策。

7.3.2　PV、UV

PV 和 UV 是影响网店运营质量的重要指标。在网店的经营过程中，正确地阅读和分析这两个指标，对企业的数据分析有着非常重要的作用。

1．理解 PV、UV 的含义

网页的浏览量（Page View，PV）是指网页被浏览的总页面数。Page 一般指普通 HTML 网页，也包含 PHP、JSP 等动态产生的 HTML 内容。用户每一次对网站中的每个页面的访问均被计 1 次，逐渐累积成为 PV 总数。PV 是评价网店页面流量最常用的指标之一。

独立访客数（Unique Visitor，UV）是指通过关键词搜索等方式访问、浏览这个网页的人数。现在大多数的统计工具只能统计到 IP 这个层面上，因此在大多情况下 IP 与 UV 相差不大。使用 UV 作为统计量，可以更加准确地了解单位时间内有多少个访问者来到了相应的页面。

2．分析 PV、UV 数据

PV 和 UV 的变化规律相似，都有以下三个特征，即周期性、突变性、整体抬高。

3．掌握 PV、UV 上升的原因

PV 与 UV 上升，说明网店页面被浏览次数变多了，并且有更多的人来访问网店，通常有以下两种原因：

（1）网店页面改版，提高了质量。

（2）加大推广，吸引了客流量。

4．了解 PV—UV 联动变化图

网店页面的 PV 与 UV 并不一定是以相同的趋势变化的，卖家可以根据 PV—UV 的联动变化图，了解网店运营情况，并制定改进方法。如图 7-42 所示为 PV—UV 的

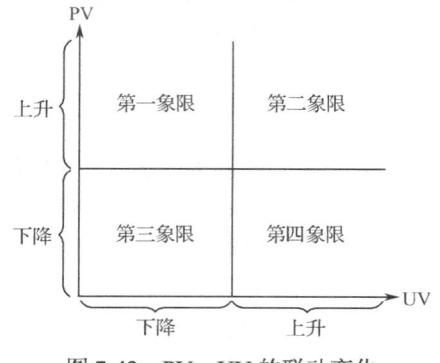

图 7-42　PV—UV 的联动变化

联动变化图。

如表 7-1 所示为 PV—UV 不同变化下的结论。

表 7-1　PV—UV 不同变化下的结论

PV	UV	结　　论
上升	上升	运作良好
上升	下降	加大推广
下降	上升	优化内容
下降	下降	推广＋优化

7.3.3　流量来源数据分析

在项目 5 中已经清楚地知道了流量的来源，这里主要讲述如何分析数据。

1．阅读流量来源数据

某店铺的生意经中流量来源数据如图 7-43 所示。

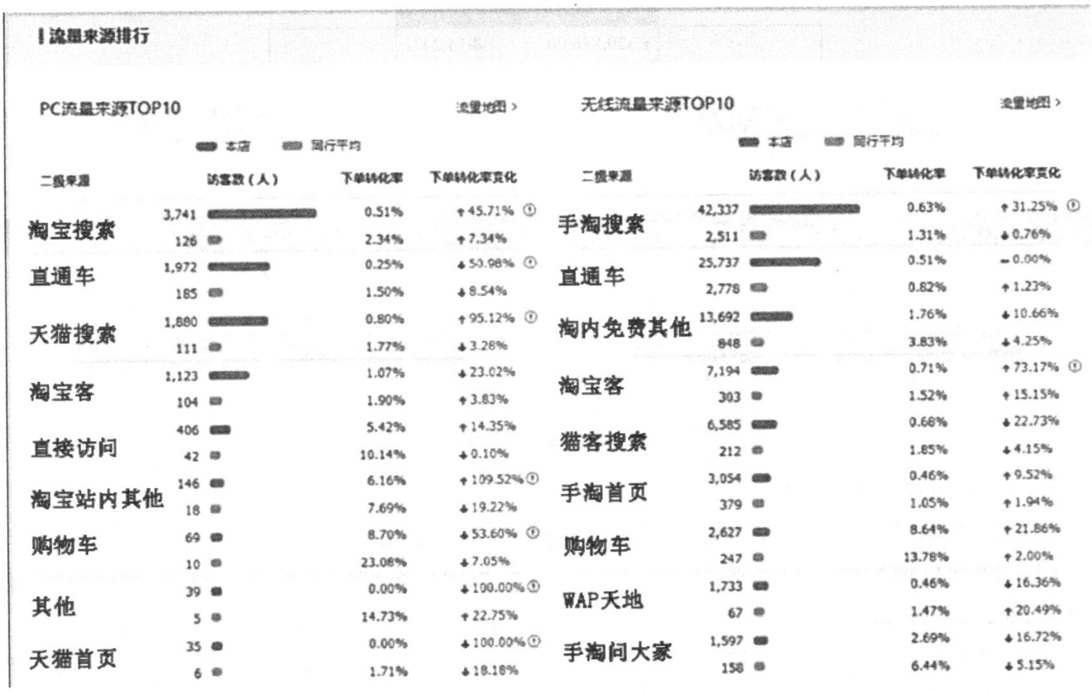

图 7-43　某店铺的生意经中流量来源数据

通过对图 7-43 中的流量来源数据进行阅读可以发现，在该网店中，PC 流量来源排名前三位的分别是"淘宝搜索""直通车""天猫搜索"；无线流量来源排名前三位的分别是"手淘搜索""直通车""淘内免费其他"。

2．分析流量来源数据

根据图 7-43 所示的数据分析，通常淘宝搜索的流量高，说明这个店铺的自然搜索的权重很好，应在保住当前店铺自然搜索权重的前提下，加大直通车和钻石展位的投放，拉高整个访客水平，拉升整个店铺层级。

7.3.4 阅读和分析销售额数据

1. 环比与同比的含义

环比和同比都是统计术语。本期统计数据与上期比较，如 2016 年 11 月与 2016 年 10 月比较，称为环比；本期统计数据与历史同时期比较，如 2016 年 11 月与 2015 年 11 月比较，称为同比。

环比和同比均用百分数或倍数表示。环比可以分为日环比、周环比、月环比和年环比，主要是对比短时间内涨幅程度。同比一般用在相邻两年的相同月份，但很少用在两个月份的相同日期。

环比和同比虽然都反映变化速度，但由于采用基数的不同，其反映的内涵也是完全不同的。一般来说，环比可以与环比比较，而不能拿环比与同比相比较。而对于同一个地方，考虑时间纵向上发展趋势的反映，则往往要把同比与环比放在一起进行对照。如图 7-44 所示为某网店的销售额数据。

销售额	环比
¥329,886.00	↓14.24%

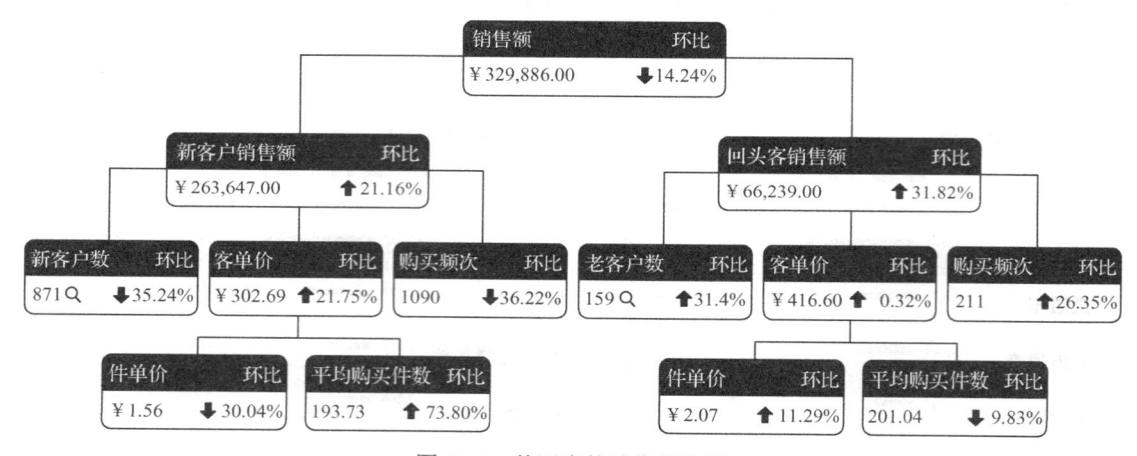

新客户销售额	环比		回头客销售额	环比
¥263,647.00	↑21.16%		¥66,239.00	↑31.82%

新客户数	环比	客单价	环比	购买频次	环比	老客户数	环比	客单价	环比	购买频次	环比
871	↓35.24%	¥302.69	↑21.75%	1090	↓36.22%	159	↑31.4%	¥416.60	↑0.32%	211	↑26.35%

件单价	环比	平均购买件数	环比		件单价	环比	平均购买件数	环比
¥1.56	↓30.04%	193.73	↑73.80%		¥2.07	↑11.29%	201.04	↓9.83%

图 7-44 某网店的销售额数据

2. 阅读和分析总销售额

根据图 7-44 所示的数据，阅读和分析总销售额的情况如下。

（1）阅读总销售额。总销售额由新客户销售额和回头客销售额组成，整个网店的销售额环比下降了 14.24%。

（2）分析总销售额。销售额环比下降，说明这一周与上一周比，销售额减少。一般情况下，作为卖家需要寻找导致下降的原因。

3. 阅读和分析新客户销售额

根据图 7-44 所示的数据，阅读和分析新客户销售额的情况如下。

（1）阅读新客户销售额。新客户销售额下分为 3 个指标，分别为新客户数、客单价和购买频次。新客户销售额环比上升了 21.16%，新客户数环比下降了 35.24%，客单价环比上升了 21.75%。其中，件单价环比下降了 30.04%，平均购买件数上升了 73.80%，而购买频次则下降了 36.22%。

（2）分析新客户销售额。新客户数减少，说明网店在吸引客流方面的策略可能需要调整。

购买频次下降,说明新客户购买活跃度不高或者是他们的购物意愿不强。作为卖家,应该积极与新客户沟通,适当给予优惠政策,激发他们的购买意愿。

客单价升高,说明在已购物的新客户中,每个新客户的平均购买金额提高。其主要有两个原因:一是网店提升了商品的单价或是新客户选购了价格更高的商品,即件单价提高;二是新客户购买的商品数量增加了,即平均购买件数增加。

同理,通过阅读和分析回头客销售数据,可以调整对应的运营政策。

任务 7.4 用 Excel 分析处理 "羽我女装" 店铺数据

1. "羽我女装" 店铺当日数据统计分析

"羽我女装"店铺当天(2017 年 9 月 30 日)原始数据收集,运用的是生意参谋获取数据。在网页中登录淘宝网(https://www.taobao.com/),单击右上角的"卖家中心"超链接,在左下方的"营销中心"即可打开生意参谋主界面。获取数据如图 7-45~图 7-48 所示。

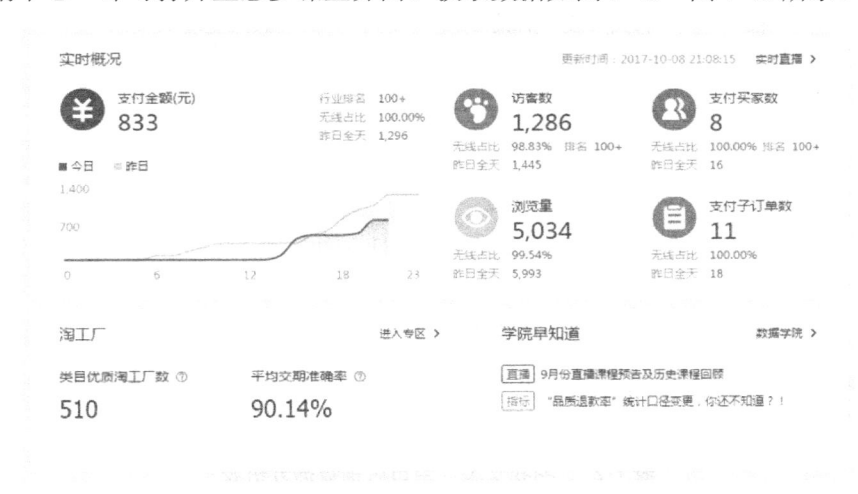

图 7-45 "羽我女装"店铺 2017 年 9 月 30 日当天实时概况

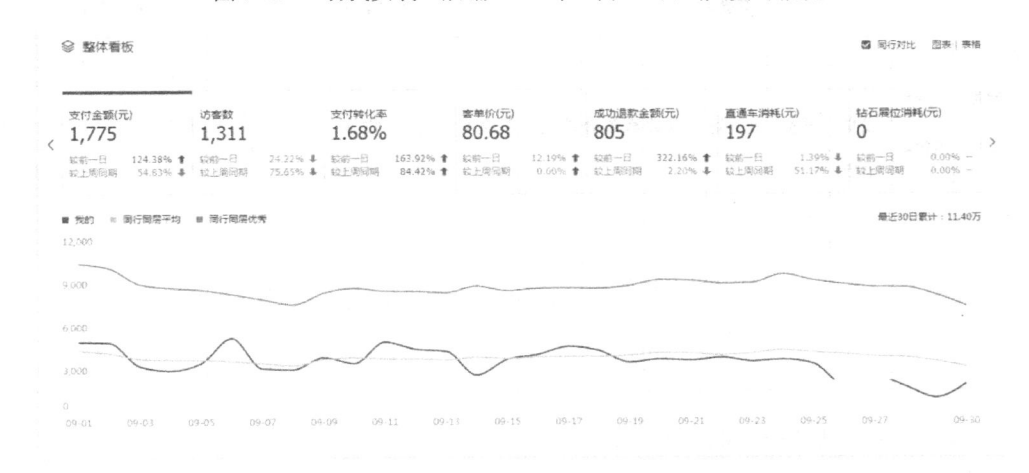

图 7-46 "羽我女装"店铺 2017 年 9 月 30 日当天整体看板数据

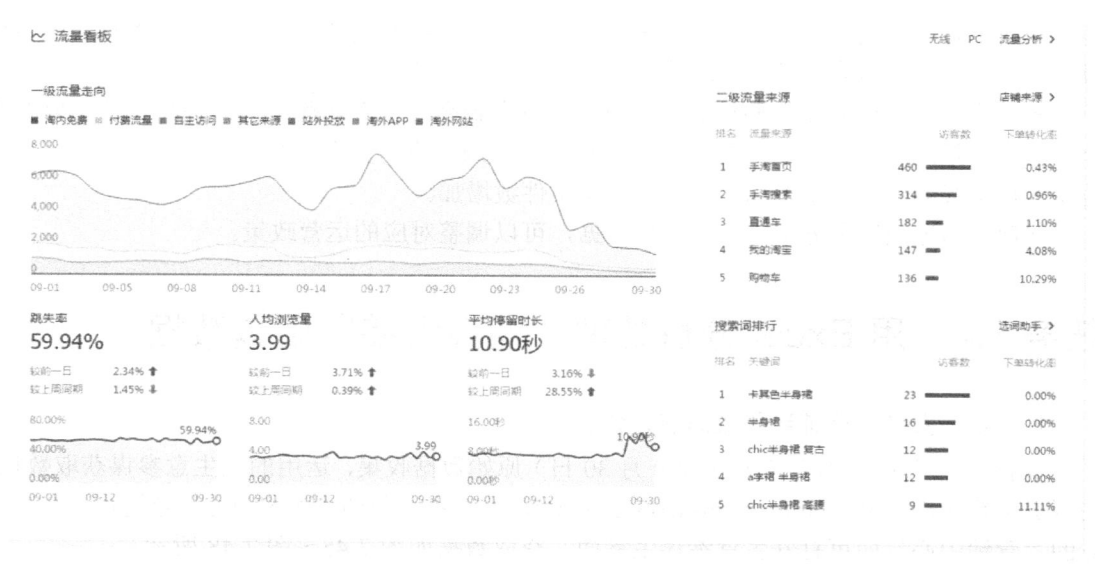

图 7-47 "羽我女装"店铺 2017 年 9 月 30 日当天流量看板数据

图 7-48 "羽我女装"店铺 2017 年 9 月 30 日当天转化看板数据

由图 7-45～图 7-48 的原始数据可以得出"羽我女装"当日店铺数据分析表，如表 7-2 所示。通过表 7-2，可以更直观地看出每日店铺数据的变化。

表 7-2 "羽我女装"当日店铺数据分析表

星期	日期	主要数据							其他重要数据				推广费用			
		实际销售额	实际成交笔数	实际成交用户数	浏览量	访客数	客单价	转化率	跳失率	页面停留时间	访客-收藏转化率	访客-加购转化率	直通车费用	钻石展位费用	淘宝费用	其他推广费用	推广费用占比
六	2017年9月30日	833元	11笔	8笔	5 034次	1 286人	80.68元	1.68%	59.94%	10.9秒	6.33%	5.64%	197元	0元	0元	0元	0.24%

2."羽我女装"店铺一周首页流量数据统计分析

"羽我女装"过去一周（2017 年 9 月 18 日至 24 日）店铺首页流量原始数据收集，运用的是生意参谋获取数据。获取数据如图 7-49～图 7-51 所示。

项目 7 网店数据分析

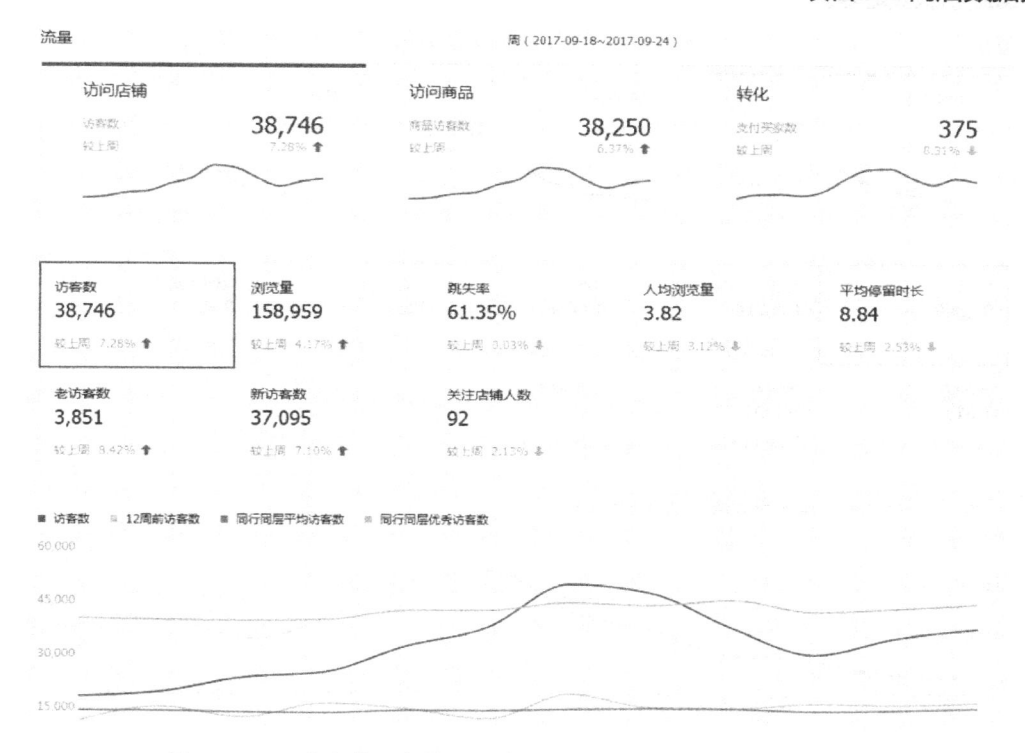

流量　　　　　　　　　　　　　　　　周（2017-09-18~2017-09-24）

访问店铺　　访客数 38,746　　较上周 7.28% ↑
访问商品　　商品访客数 38,250　　较上周 6.37% ↑
转化　　支付买家数 375　　较上周 0.31% ↓

访客数	浏览量	跳失率	人均浏览量	平均停留时长
38,746	158,959	61.35%	3.82	8.84
较上周 7.28% ↑	较上周 4.17% ↑	较上周 3.03% ↓	较上周 3.12% ↓	较上周 2.53% ↓

老访客数	新访客数	关注店铺人数
3,851	37,095	92
较上周 9.42% ↑	较上周 7.10% ↑	较上周 2.15% ↑

■ 访客数　■ 12周前访客数　■ 同行同层平均访客数　■ 同行同层优秀访客数

图 7-49 "羽我女装"店铺 2017 年 9 月 18 日至 24 日一周流量数据概况

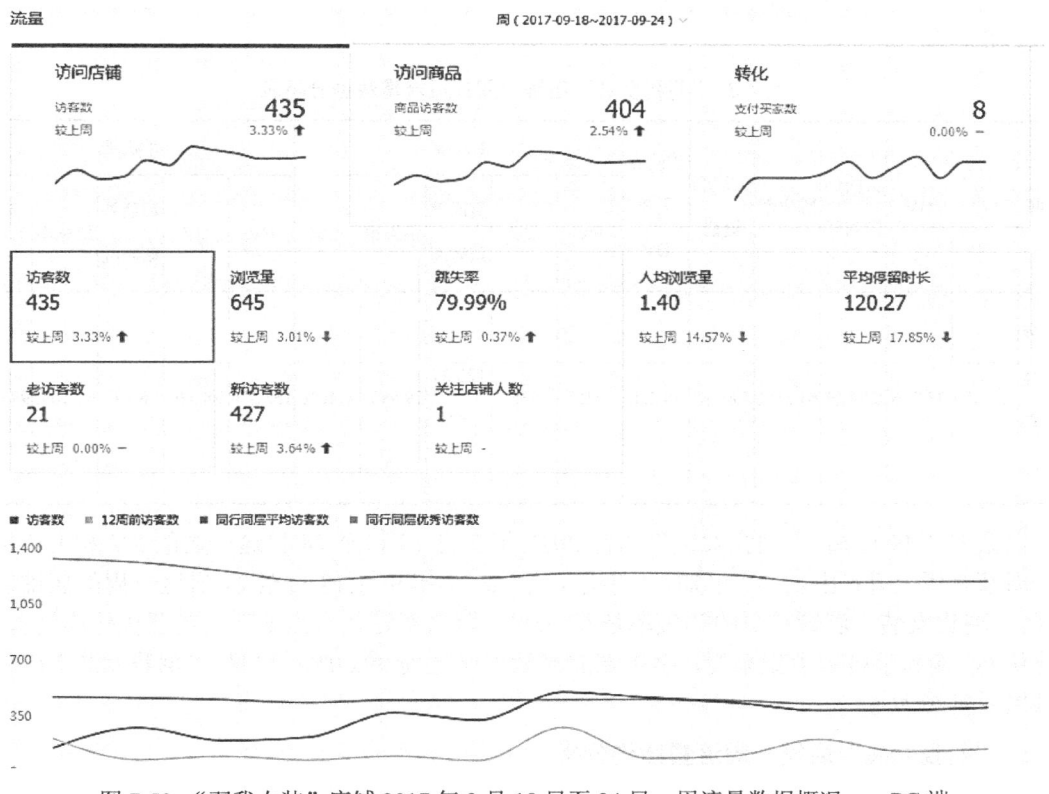

流量　　　　　　　　　　　　　　　　周（2017-09-18~2017-09-24）

访问店铺　　访客数 435　　较上周 3.33% ↑
访问商品　　商品访客数 404　　较上周 2.54% ↑
转化　　支付买家数 8　　较上周 0.00% —

访客数	浏览量	跳失率	人均浏览量	平均停留时长
435	645	79.99%	1.40	120.27
较上周 3.33% ↑	较上周 3.01% ↓	较上周 0.37% ↑	较上周 14.57% ↓	较上周 17.85% ↓

老访客数	新访客数	关注店铺人数
21	427	1
较上周 0.00% —	较上周 3.64% ↑	较上周 -

■ 访客数　■ 12周前访客数　■ 同行同层平均访客数　■ 同行同层优秀访客数

图 7-50 "羽我女装"店铺 2017 年 9 月 18 日至 24 日一周流量数据概况——PC 端

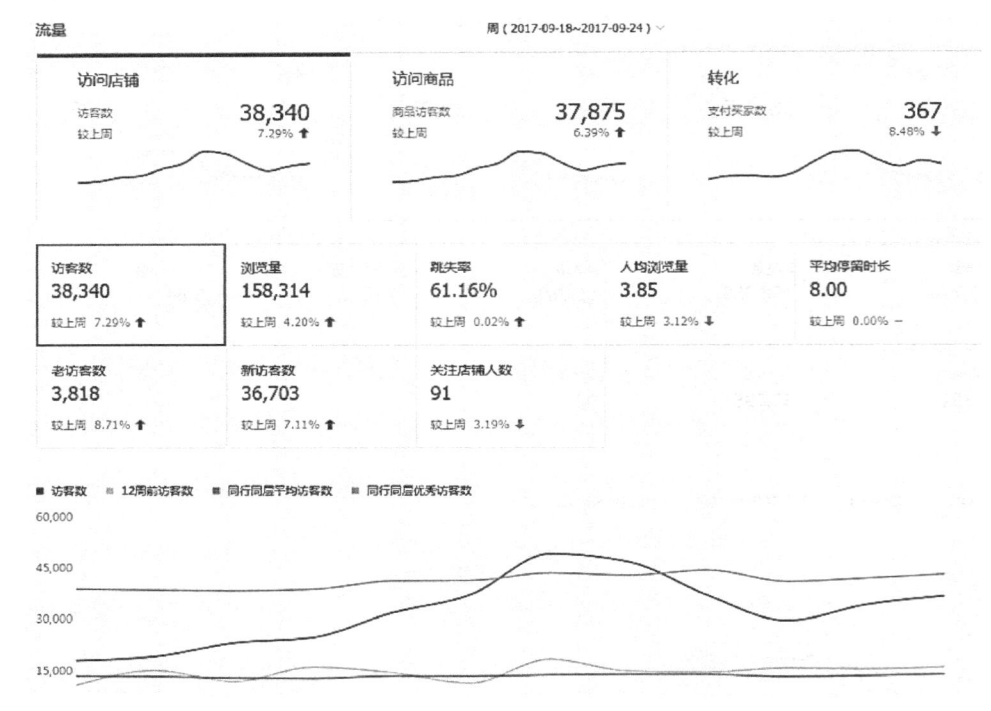

图 7-51 "羽我女装"店铺 2017 年 9 月 18 日至 24 日一周流量数据概况——手机端

由图 7-49～图 7-51 的原始数据可以得出"羽我女装"店铺一周首页流量数据分析表,如表 7-3 所示。

表 7-3 "羽我女装"店铺一周首页流量数据分析表

日期	PV	UV	页面停留时间	跳失率	人均浏览量	访问宝贝页UV	PC 端				手机端				
							PV	UV	页面停留时间	跳失率	占比	PV	UV	页面停留时间	跳失率	占比
2017年9月18日至24日	158 959	38 746	8.84 秒	61.35%	3.82 次	38 250	645	435	120.27 秒	79.99%	0.40%	158 314	38 340	8 秒	61.16%	99.60%

根据图 7-49 可知,"羽我女装"店铺 2017 年 9 月 18 日至 24 日这一周的 PV 和 UV 相比上一周都有所上升;由表 7-3 可知,"羽我女装"2017 年 9 月 18 日至 24 日这一周的店铺运作良好。"羽我女装"店铺首页的跳失率是 61.35%,跳失率还是有点偏高,需要优化店铺首页。另外从 PC 端和手机端数据来看,手机端的流量占比达到 99.60%,可见,"羽我女装"店铺的流量以手机端为主。

3. "羽我女装"店铺一周流量结构分析

"羽我女装"过去一周(2017 年 9 月 18 日至 24 日)店铺流量来源原始数据收集,运用的是生意参谋获取数据。获取数据如图 7-52～图 7-54 所示。

流量来源	访客数		下单买家数		下单转化率		操作
淘内免费	186	36.95%↓	0	100.00%↓	0.00%	100.00%↓	趋势
淘宝搜索	110	41.80%↓	0	100.00%↓	0.00%	100.00%↓	趋势 详情 商品效果
天天特价	36	28.00%↓	0	0.00%	0.00%	0.00%	趋势 详情 商品效果
淘宝站内其他	30	23.08%↓	0	0.00%	0.00%	0.00%	趋势 详情 商品效果
淘宝首页	6	50.00%↓	0	0.00%	0.00%	0.00%	趋势 详情 商品效果
淘宝海外	4	0.00%	0	0.00%	0.00%	0.00%	趋势 详情 商品效果
淘宝足迹	2	0.00%	0	0.00%	0.00%	0.00%	趋势 详情 商品效果
自主访问	60	27.71%↓	3	25.00%↓	5.00%	3.75%↑	趋势
宝贝收藏	25	26.47%↓	0	100.00%↓	0.00%	100.00%↓	趋势 详情 商品效果
直接访问	17	10.53%↓	1	50.00%↓	5.88%	44.12%↓	趋势 详情 商品效果
购物车	16	50.00%↓	2	100.00%↑	12.50%	300.00%↑	趋势 详情 商品效果
我的淘宝首页	3	0.00%	0	0.00%	0.00%	0.00%	趋势 详情 商品效果
店铺收藏	2	0.00%	0	0.00%	0.00%	0.00%	趋势 详情 商品效果
已买到商品	1	0.00%	0	0.00%	0.00%	0.00%	趋势 详情 商品效果
付费流量	46	35.21%↓	2	100.00%↑	4.35%	208.70%↑	趋势
淘宝客	46	35.21%↓	2	100.00%↑	4.35%	208.70%↑	趋势 详情 商品效果
淘外流量	3	50.00%↓	0	0.00%	0.00%	0.00%	趋势
淘外流量其他	3	40.00%↓	0	0.00%	0.00%	0.00%	趋势 详情 商品效果
其它	1	0.00%	0	0.00%	0.00%	0.00%	趋势
http://pub.alimama.com/promo/search/index.htm	1		0		0.00%		详情 商品效果
站外投放	0		0		0.00%		趋势

图 7-52 "羽我女装"店铺 2017 年 9 月 18 日至 24 日一周店铺流量来源——PC 端

流量来源	访客数		下单买家数		下单转化率		操作
淘内免费	19,583	37.90%↓	160	50.00%↓	0.82%	18.81%↓	趋势
手淘搜索	10,325	45.23%↓	76	47.59%↓	0.74%	3.90%↓	趋势 详情 商品效果
手淘首页	5,257	28.02%↓	16	65.96%↓	0.30%	53.13%↓	趋势 详情 商品效果
淘内免费其他	1,615	23.86%↓	82	56.61%↓	5.08%	42.99%↓	趋势 详情 商品效果
手淘天天特价	1,021	29.59%↓	6	0.00%	0.59%	43.90%↑	趋势 详情 商品效果
手淘每日好店	995	4.69%↓	3	25.00%↓	0.30%	21.05%↓	趋势 详情 商品效果
手淘猜相似	394	48.43%↓	4	77.78%↓	1.02%	56.78%↓	趋势 详情 商品效果
手淘问大家	368	38.97%↓	26	50.00%↓	7.07%	17.98%↓	趋势 详情 商品效果
手淘独立淘	281	14.33%↓	10	11.11%↑	3.56%	29.93%↑	趋势 详情 商品效果
手淘·生活研究所	228	52.80%↓	1	0.00%	0.44%	109.52%↑	趋势 详情 商品效果
手淘其他店铺商品详情	220	23.08%↓	10	37.50%↓	4.55%	18.61%↓	趋势 详情 商品效果
手淘旺信	195	31.10%↓	49	38.75%↓	25.13%	11.11%↓	趋势 详情 商品效果
手淘我的评价	146	31.13%↓	13	8.33%↓	8.90%	57.24%↑	趋势 详情 商品效果
手淘私人定制	138	47.93%↓	1	0.00%	0.72%	89.47%↑	趋势 详情 商品效果
手淘其他店铺	85	47.53%↓	1	83.33%↓	1.18%	68.11%↓	趋势 详情 商品效果
手淘消息中心	80	29.20%↓	7	65.00%↓	8.75%	50.57%↓	趋势 详情 商品效果
手淘微淘	33	2.94%↓	1	75.00%↓	3.03%	74.24%↓	趋势 详情 商品效果
WAP淘宝	9	67.86%↓	1	0.00%	11.11%	0.00%	趋势 详情 商品效果
手淘淘小铺	6	81.25%↓	0	100.00%↓	0.00%	100.00%↓	趋势 详情 商品效果
手淘爱逛街	3	82.35%↓	1	66.67%↓	33.33%	88.84%↑	趋势 详情 商品效果
手淘收藏夹	1	50.00%↓	0	0.00%	0.00%	0.00%	趋势 详情 商品效果
手淘有好货	1	0.00%	0	0.00%	0.00%	0.00%	趋势 详情 商品效果
手淘我的足迹	1	85.71%↓	0	100.00%↓	0.00%	100.00%↓	趋势 详情 商品效果
手淘通讯录分享	1	0.00%	0	0.00%	0.00%	0.00%	趋势 详情 商品效果

图 7-53 "羽我女装"店铺 2017 年 9 月 18 日至 24 日一周店铺流量来源——手机端（1）

● 付费流量	3,359	46.78%↓	38	25.49%↓	1.13%	39.51%↑		趋势
直通车	3,055	46.67%↓	25	19.36%↓	0.82%	51.85%↑	趋势	详情 商品效果
淘宝客	307	48.40%↓	14	33.33%↓	4.56%	29.18%↑	趋势	详情 商品效果
聚划算	3	200.00%↑	1	0.00%	33.33%	0.00%	趋势	详情 商品效果
● 自主访问	3,219	34.02%↓	208	39.54%↓	6.46%	8.37%↓		趋势
购物车	1,899	35.82%↓	173	42.33%↓	9.11%	10.16%↓	趋势	详情 商品效果
我的淘宝	1,558	31.06%↓	109	38.07%↓	7.00%	10.14%↓	趋势	详情 商品效果
直接访问	3	62.50%↓	0	0.00%	0.00%	0.00%	趋势	详情 商品效果
淘外网站	0	0.00%	0	0.00%	0.00%	0.00%		趋势
淘外APP	0	-	0	-	0.00%	-		趋势
其它来源	0	0.00%	0	0.00%	0.00%	0.00%		趋势
站外投放	0	-	0	-	0.00%	-		趋势

图 7-54 "羽我女装"店铺 2017 年 9 月 18 日至 24 日一周店铺流量来源——手机端（2）

由图 7-51～图 7-54 的原始数据可以得出"羽我女装"店铺一周流量结构数据分析表，如表 7-4 和表 7-5 所示。

表 7-4 "羽我女装"店铺一周流量结构数据分析表（1）

日期	访客数	支付买家数	所有端		付费流量（PC）						自然流量（PC）							
			付费流量占比	自然流量占比	聚划算		直通车		淘宝客		总计占比	淘内免费		自主访问		海外流量		其他		总计占比
					数值	比值	数值	比值	数值	比值		数值	比值	数值	比值	数值	比值	数值	比值	
2017年9月18日至24日	38 746 人	375 人	9.59%	59.49%	0	0	0	0	46	0.12%	0.12%	186	0.48%	60	0.15%	1	0.003%	3	0.008%	0.64%

表 7-5 "羽我女装"店铺一周流量结构数据分析表（2）

付费流量（手机端）							自然流量（手机端）								
聚划算		直通车		淘宝客		总计占比	淘内免费		自主访问		海外流量		其他		总计占比
数值	比值	数值	比值	数值	比值		数值	比值	数值	比值	数值	比值	数值	比值	
3	0.008%	3 359	8.67%	307	0.79%	9.47%	19 583	50.54%	3 219	8.31%	0	0.000%	0	0.000%	58.85%

根据表 7-4、表 7-5 可知，"羽我女装"店铺 2017 年 9 月 18 日至 24 日这一周的流量构成主要为付费流量（9.59%）和自然流量（59.49%）。一般情况下，店铺的自然流量占比在 40%比较合理，而"羽我女装"店铺的自然流量有点偏高。另外，"羽我女装"店铺的付费流量占比比较低。对于处在上升阶段的店铺来说，付费流量占比可以维持在 35%～45%，这个阶段大流量的导入是为了重拳出击，快速占领市场。

阅读材料 7-2　全店数据化

项目小结

本项目介绍了网店数据分析在网店运营中的作用，并重点介绍了网店数据分析所涉及的数据指标、使用的数据分析工具及数据分析方法。通过本项目的学习，能够认识到数据分析在网店经营过程中的重要性，并能够利用网店分析工具阅读和分析自己店铺的日常经营数据。

项目实训

【实训 1】 利用阿里指数分析某行业在阿里巴巴网站的行业数据。

【实训 2】 利用百度指数分析某行业的网民行为数据。

【实训 3】 利用生意参谋工具查看自己网店的经营数据,包括流量数据、首页数据、收藏数据、客服数据、宝贝页数据、转化率数据,并整理成相应的图文分析报告。

【实训 4】 利用 Excel 办公软件分析自己网店一个月的成交量和销售额数据,并生成相应的图文报告。

运营管理篇

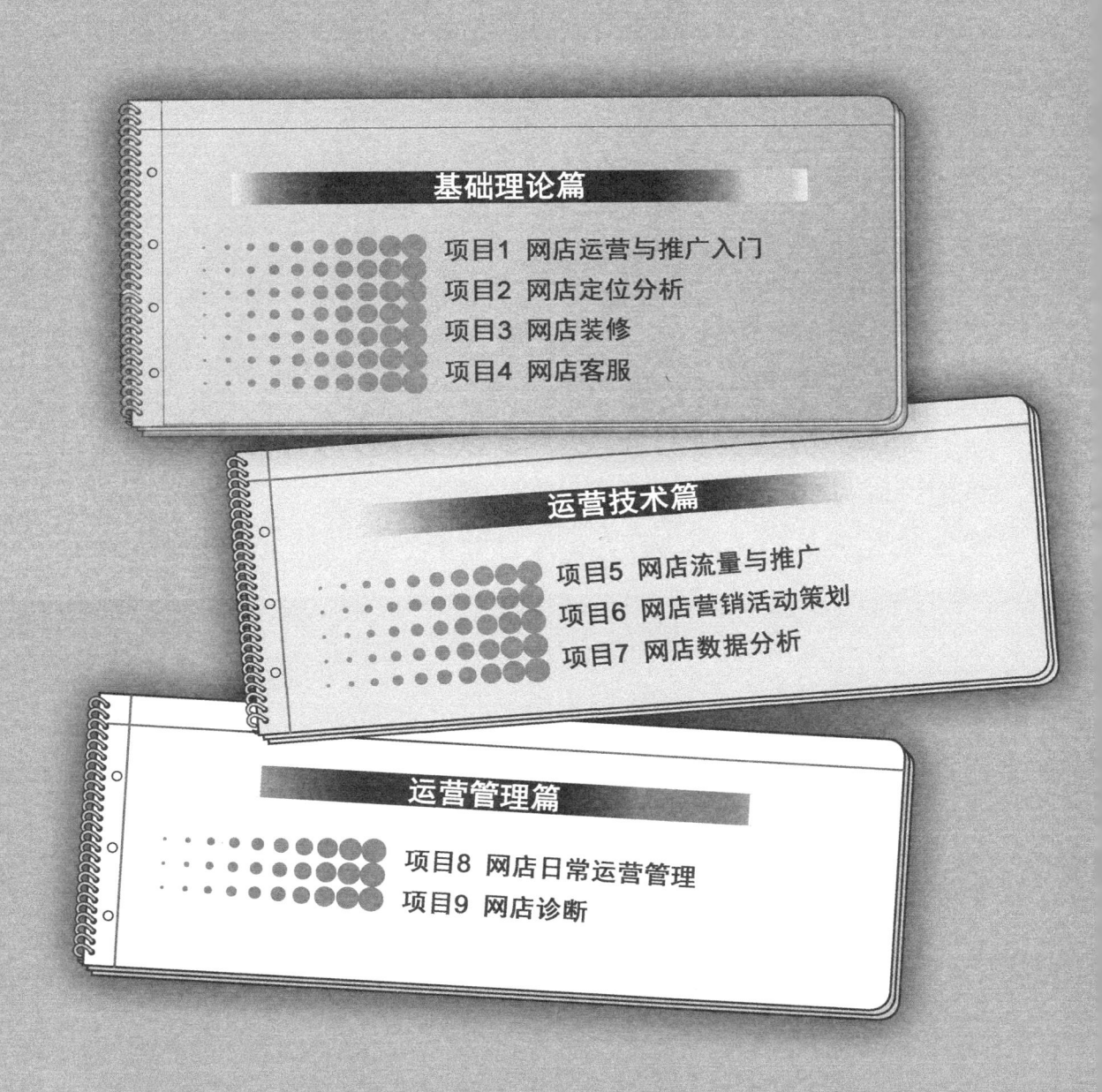

基础理论篇
- 项目1　网店运营与推广入门
- 项目2　网店定位分析
- 项目3　网店装修
- 项目4　网店客服

运营技术篇
- 项目5　网店流量与推广
- 项目6　网店营销活动策划
- 项目7　网店数据分析

运营管理篇
- 项目8　网店日常运营管理
- 项目9　网店诊断

项目 8

网店日常运营管理

📒 项目概述

本项目主要讲述的是网店日常运营管理的基本工作。店铺的日常运营其实就是根据店铺每天的数据，把前面项目中涉及的流量与推广、活动与营销、数据分析等内容，根据店铺呈现问题进行相关优化操作。

📒 学习目标

知识目标	了解网店运营管理的概念
	了解网店运营管理关注要点
	了解团队沟通的技巧及团队岗位招聘相关知识
能力目标	能够根据店铺诊断情况对店铺进行相应运营优化
	能够根据诊断报告独立完成店铺 3 个月运营规划方案制订

📒 案例导入

小王做了一段时间的网店运营管理后开始迷茫了，每天好像都很忙，就像救火员一样，哪里需要到哪里，美工、客服、推广什么都要做，感觉自己不像一个运营，倒像是一个打杂的。如果是你，该怎么办？需要重点关注哪部分内容？时间到底该怎么安排？

📒 项目实施

任务 8.1 网店日常运营管理概述

8.1.1 网店日常运营管理的概念

网店日常运营管理，其实就是每天对网店进行流量、转化率、客单价及规划的管理。网店日常运营中流量是非常重要的一部分，在之前的项目中已经知道了流量和数据分析相关的内容，那么网店日常运营要做的就是根据每天的数据分析结果去调整流量、转化率和客单价等相关维度。日常运营操作并不是随心所欲，想做什么就做什么，必须要制定有效并且有节奏的运营规划，确立整体运营思路。第一需要明确定位，第二需要学会布局。

网店运营管理是一个比较大的范畴。不同层级的店铺所要做的运营管理是不一样的。既然是管理，读者就要明白，更多的是偏重管理员的角色。具体讲网店管理的概念可以定义为：在特定的网店环境条件下，以人为中心通过计划、组织、指挥、协调、控制及创新等手段，对网店所拥有的人力、物力、财力、信息等资源进行有效的决策、计划、组织、领导、控制，高效地达到既定组织目标的过程。网店管理的核心是人，手段是规划、组织、指挥、协调资源，以专业的网店运营知识来完成网店规划的销售目标。而运营管理主要包括两个方向，即产品运营和服务运营，如图8-1所示。

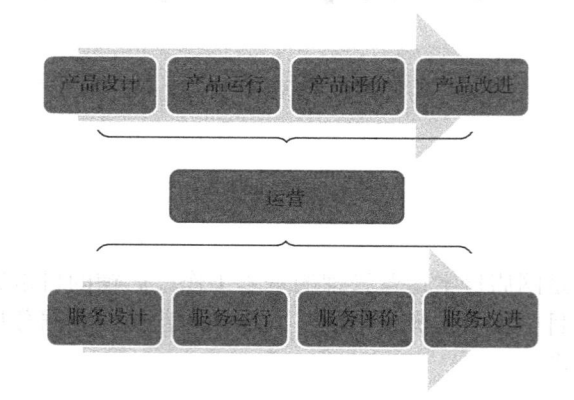

图 8-1 产品运营和服务运营

8.1.2 网店运营管理的日常流程

由于店铺层级的发展、网店运营资源配置的不同，网店的日常运营管理侧重点也有所不同，不能一概而论。

初始店铺的运营管理更多偏向于店内实操事务层面，比如更多关注运营技术、平台规律等。这时候的运营管理更像个"全能手"，什么都要懂，什么都要会。

店铺的发展期则是实操与管理并存，这个时候店铺处于发展阶段，运营需求会寻求如何突破现有瓶颈，学习最新的网店运营技术，并且有一定的人员要进行管理，网店开始走向正规化，懂得开始需要合理分配人员。

店铺的成熟期，网店的运营管理则更偏向于管理层面，开始关注团队搭建、团队培养、流程优化、技术平台优化、工作效率等更多的管理监督职责。

从店铺的几个层面来看，一个网店运营要关注的事情实在太多，无法一一表述清楚，但是万变不离其宗。根据网店运营管理的定义可知，网店运营就是要关注计划、人、资源、执行层面，所以本项目将重点从网店运营规划、网店团队管理、关注店铺流量、关注店铺转化率、关注提高客单价五个方面来让读者了解一个网店运营最需要关注的部分。

1. 网店运营规划

店铺运营必须根据已经制定好的运营规划来实施。作为运营人员，运营规划的制定是必不可少的工作，无论是企业操盘的店铺还是服务商代运营的店铺，店铺的运营规划都意味着后面店铺操作的执行计划，运营人员在工作中必须每年都做出年度总规划，每一季度也要做出季度总规划，每一月份做出月度规划，对工作负责的运营甚至要求做出周规划与日规划。

运营人员做运营规划是为了明确日常工作的目标和计划安排。一个运营人员的工作非常繁杂，涉及内容也很多，如果没有一个计划，则在工作时将会非常迷茫。最常见的错误是由于没有目的性，只是单纯有一个想法和概念就马上着手操作，最后导致操作做了一堆，推广做了一堆，美工图片也做了一堆，活动也进行了，最终没能获得想要的结果。

店铺运营其实就是一个布局过程，需要清晰地知道店铺经营目标是什么，流量如何布局，产品如何规划，推广营销怎样做，活动如何策划，资金如何安排，团队成员如何分工等，这些都是运营规划中所需要包含的。如图 8-2 所示为某茶叶电子商务店铺的一年规划图，从图中可以看出主要的规划内容有以下几个维度。

（1）时间维度怎么规划，每个时期主要做什么。

（2）每个月的广告和投入预算金额有多少，预计的销售金额有多少。

（3）全年的营收目标是多少。

店铺		1月	2月	3月	4月	5月	6月	7月	8月	9月	10月	11月	12月	合计
	原产爆款	爆款群+推广 冲刺类目TOP10						翻新会员+品牌活动冲TOP3						
		一，爆款			二，稳定爆款			三，带人气品			四，大活动			
		大红袍+红茶爆款				新茶，体验活动，店庆，聚划算，其他日常营销活动					秋茶，双十一，聚划算，其他			
	笔数	2700	2700	3000	3500	7750	7900	7950	9500	13250	1.1万	18250	12500	客单200元/单
	销售额	100	60	60	70	135	150	155	180	255	220	365	250	合计：2800万
	聚划算				80	80	80	80	80	80	100	120	100	800
赠送品		2	2	3	6	7	8	9	10	10	12	20	11	100
投入预算														
广告投入（广告+刷单）	钻展+直通	15	16	18	21	29	35	45	45	55	75	80	50	484
	原产刷单	4.2	4.2	4.2	4.2	0	0	0						16.8
	大红袍爆款	0	6.2	6.2	12.5	3.1	1.5	1.5						31
	红茶爆款	0	9.4	·15.7	21.9	3	3	3						56
	金牡丹150	3.1	6.2	12.4										21.7
		广告投入合计：609.5 营业额占比30%												
抽佣		1.62	1.62	1.8	2.1	4.65	4.74	4.77	5.7	7.95	6.6	10.95	7.5	60
物流费用	目前13.5元	3.6	3.6	4	2.8	6.2	6.3	6.3	7.65	10.6	8.8	14.6	10	84.45
TP费用服务费		5.5	5.5	5.5	5.5	5.5	5.5	5.5	5.5	5.5	5.5	5.5	5.5	66
TP抽点		3	1.8	1.8	2.1	4.05	4.5	4.65	5.4	7.65	6.6	10.95	7.5	60
	合计：	27.52	47.22	62.3	64.5	45.95	50.54	60.57	58.35	73.55	90.4	105.55	67.5	879.95
营收														
	产品成本	产品毛利43%												
	营收	5%												

图 8-2　某茶叶电子商务店铺的一年规划图

2. 网店团队管理

运营的核心是人，有了规划目标之后，就需要人来完成店铺目标。在企业运营中，通常企业会要求运营人员具备团队管理经验和能力；在日常工作中，一家店铺的经营永远不可能是个人单独战斗，店铺是有层级和规模的，店铺层级越高，规模越大，运营团队就越大。所以，企业的运营都是团队作战，尤其是大企业，如女装类目的韩都衣舍、男装类目的美特斯邦威、零食类目的三只松鼠等店铺，他们的运营团队都是如工厂机械化流水线一般，专人专责、流水线操作。在团队的协作中，沟通是非常重要的，我们知道运营工作需要和客服、美工、文案、仓库等各个不同的成员协同完成，因此团队的建设与管理也是运营人员的必备技能。团队管理涉及比较多的管理知识，下面主要讲解关于网店团队管理的一些要素。

1）团队组建

团队组建是团队管理的基础。电子商务企业的运营中，如果不懂团队中每个环节的成员职责，那么团队沟通及管理将无从下手。我们将通过团队职位的人员招聘，了解该职位必须具备的技能。

（1）店长招聘。

第一，介绍店铺情况。作为店长一定要全面了解店铺情况，因此，必须让应聘人员首先介绍曾经任职的店铺情况。如果一个应聘者不熟悉店铺情况，则不能胜任店长的职位。

第二，询问行业的标杆有哪些，成功之处在哪里？作为店长必须要熟悉行业中的企业龙头,也就是类目排名靠前的店铺,并且充分知道店铺的优劣势。这是对行业情况的考查,一个熟悉行业类目的店长一定要清楚这些内容。因为在市场调查及市场趋势的监控中,行业的标杆有一定参考意义,同时也可作为重要竞争目标。

第三,询问淘宝/天猫平台基本知识,如搜索排名重点因素有哪些。店长作为运营操盘手必须要懂得基本的实操知识,上下架、标题、无线搜索、信誉、新品等,这些都是搜索中的维度,也是平时实操工作中需要重点维护的内容,如果答不上,显然面试者并不具有实操经验,或者说是一个经验不足的店长。

第四,询问爆款打造的因素。虽然目前淘宝/天猫平台要求店铺平衡发展,但是爆款策略在一定阶段还是需要的,那么这时候作为店铺店长,运营操盘者对爆款打造的相关因素都需要知道,产品本身、推广操作、装修视觉、基础销量评价、产品定价都是相关因素。

第五,询问如何测款。在店铺经营过程中卖什么产品是由市场决定的,但是市场上一种产品款式多样,到底什么产品更能被市场接受,作为店长要对产品进行规划,要清楚如何测款及原理是什么。

店长是团队中的核心角色,是运营者,是布局规划的操盘手,请谨记:战略高于战术。

(2)推广人员招聘。

第一,询问推广工具使用价值。推广人员是店铺流量的把控者,对于推广工具的使用需要明白其本质,也就是推广工具使用的价值,推广工具到底能给店铺带来什么。推广工具的使用在店铺经营中越来越普遍,推广工具是能带来利润的工具,同时也是战略工具(可以做爆款、引流、测款、品牌曝光、能改变转化率、能带来销量、能达到运营目的)。如果一个推广人员连推广工具的真正作用都不了解,那在工作中如何能配合店长制定的运营规划、完成团队运营的目标?

第二,询问推广工具使用的好坏如何评估。在运营工作中,很多的推广人员只会紧盯着推广工具的 ROI(投资回报率)去看,或者只以推广工具中的某个数据作为衡量推广工具使用的好坏,这是片面的。有经验、有心得的推广人员应该明白推广工具的实际含义,懂得根据运营计划制定推广目标,不同的目的拥有不同的评估标准,不能片面地追求某一个数据。

第三,询问推广工具中的核心相关因素。任何一个推广工具,无论其推广方式是免费还是收费,都会有相关核心因素的存在,如直通车的质量得分核心因素是点击率,钻石展位展现核心因素是人群标签。这里考查面试者是否熟悉推广工具的深入使用。其实,任何推广工具都必须能配合店铺发展的需求才是关键,如果只是盲目使用,只会让推广工作事倍功半。

(3)美工招聘。

第一,查看以往的设计作品,考查其美感度。美工设计是团队中视觉营销的关键,视觉美感非常重要,招聘的美工必定要具有良好的设计美感。这部分考查比较主观,因为每个人的美感都是不同的,这就要求团队建设者必须具有一定的美学知识。

第二,现场点评某行业爆款页面。作为美工,要能设计属于店铺宝贝的页面和海报,同时也要懂得分析竞争对手的页面设计,懂得分析对比,总结出优劣特点。

第三,现场制作一张推广图。美工设计可以说是网店团队中非常重要的一个位置,美工作图的速度直接影响店铺运营的节奏和效率,现场作图既能看到美工设计的真实水平,也能看到工作的效率。

谨记:懂得营销的美工才是好美工。

（4）客服招聘。

第一，反复提出同样的问题。无论售前客服还是售后客服，耐心是必备素质。所以面试过程中需要测试客服，面对重复、沉闷、没意义的提问有没有耐心解答，以考查面试者的耐心。

第二，打字速度。在客服讲解内容中已经知道，客服反应时间非常重要，打字速度是影响客服回复速度的重要因素，一般客服要求一分钟打字 50~60 个。

团队当中组织架构并不是固定不变的，不同阶段的组织架构是不同的、动态的。没有最好，只有最合适。如图 8-3 所示为电子商务团队组织架构（百万级店铺）。

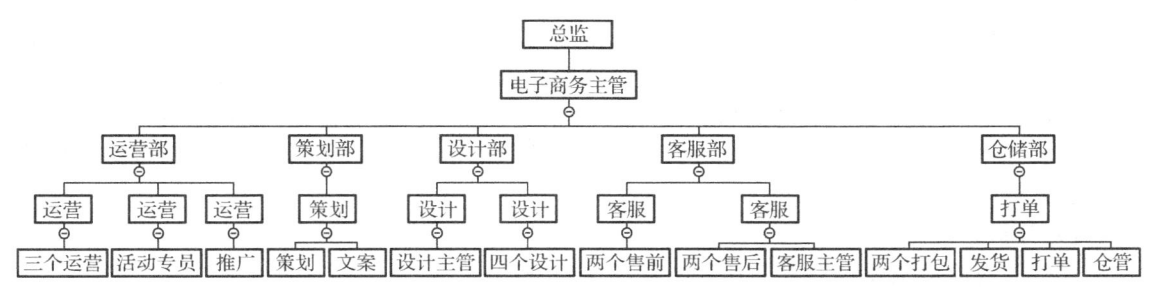

图 8-3　电子商务团队组织架构

2）团队沟通

团队沟通是团队高效工作的保证。下面来看一个案例：一个公司有 60 多个人，很多店长，很多运营人员，但团队工作效率很低。团队很散漫，大家只会关注自己的工作，很少相互沟通。后来了解到，之所以会出现这种情况，完全是因为大家对公司不满。

很多公司存在这样的问题，解决问题的方法就是要找到问题的根源，可能存在的根源是：

① 公司在招聘的时候忽视了团队人员的搭配。

② 人的价值观、工作状态等问题导致成员之间缺少沟通。

马云说过："我们不能统一人的思想，但我们可以统一人的目标。"是的，团队如果方向不一致的话，可能就会产生分歧、内斗，那样团队就很不和谐，开展工作就会比较难，办事效率也会很低，所以团队之间一定要形成统一的价值观和统一的目标。

运营管理人员把积极向上的信息与团队成员分享，引导团队成员朝着统一的目标前进。在团队管理中要懂得科学和情感管理相结合，科学管理讲究的是制度流程，情感管理是要求管理者在坚持制度的同时也要考虑好团队人员的情绪压力。

制度化流程中最重要的是制定好会议制度，每周周会和团队会议是必须规范的流程。团队会议是团队中各个岗位员工沟通讨论的环节，也是团队沟通工作的重要保证。

团队协作中流程化管理也是必须规范化的，美工工单流程就是一个简单的例子。推广需要美工协助，营销活动也需要美工协助，产品详情页优化同样需要美工协助，这时候为了让美工有效地工作，必须使用工单流程，也就是按照工作安排先后或某一指标作为优先级排序。这种工单流程在一般的办公 OA 系统中都包含了，在团队沟通管理中要善于使用办公 OA 系统，让团队工作规范化、制度化。

阅读材料 8-1
网店团队绩效参考

3）团队绩效

在团队的招聘和沟通管理工作完成后，为了让团队工作效率最大化，运营人员还必须要为团队中各个岗位的成员制定绩效考核制度，称"KPI"。每个岗位对应的工作职能不同，KPI

就需要根据不同的标准来制定。

3. 关注店铺流量

日常网店运营管理中，要做的第一件事就是确保店铺流量稳定。在每天的工作当中分析数据、分析流量的工作必不可少，在前面的项目中已经学会了流量与推广的相关知识，在每天的数据分析中需要分析的第一个数据信息就是流量，分析内容如下。

（1）分析前一天网店流量是否稳定，有没有减少，根据数据反馈情况找出问题并改正。

（2）了解各个流量入口情况。网店的流量是通过不同的流量入口引流入店的，根据不同流量入口的形式把相同流量进行归类分析。

（3）分析流量结构。流量结构是影响店铺盈利的重要因素。分析流量结构就是要分析流量入口在哪里，流量的结构是否合理。一个比较合理的流量结构大致可以看成是三七分或者四六分，也就是 30%或 40%属于付费流量，60%或 70%属于免费流量。流量结构分析完以后再根据实际需求分析每个不同流量入口中，获取流量的多少是否满足需求。最后根据分析的结果进行调整。

1）分析店内流量

分析店内流量主要包括以下几个内容。

（1）流量方面：包括 PC 端（搜索流量、店内流量、PC 免费活动流量等）及无线端（手机淘宝、手机天猫、无线免费活动流量等）。

（2）付费流量：包括直通车、钻石展位、淘宝客。

（3）活动流量：包括第三方活动、淘内活动付费流量。

（4）其他流量：包括内容营销、手淘端入口（有好货、淘宝头条等）。

根据流量分析结果，判断自己店铺流量需求：哪些渠道推广占比过高，哪些过低；搜索流量是否过低，活动流量是否过低。判断流量高低的依据必须根据店铺实际情况而定。在判断流量结构是否合理的时候，首先要明白自己店铺处于一个什么样的状态，是新店阶段，是发展阶段，还是成熟阶段。

新店阶段呈现状态：流量不足，转化率低，整体流量结构以付费流量为主。

发展阶段呈现状态：流量呈现增长趋势，转化率不稳定，流量结构中付费流量和免费流量比例接近 1∶1。

成熟阶段呈现状态：流量充足，转化率稳定，流量结构中付费流量和免费流量比例接近理想模式（三七分或四六分）。

在清晰地判断自身店铺处于什么阶段后，才能判断自己店铺流量需求，不能盲目地对店铺流量做出判断，因为分析判断的结果直接影响流量的优化。

最后对流量结构做总结，从总结中得出优化的方向和需要调整的工作规划。

需要特别强调的是，对流量结构数据的分析要灵活，不能只追求流量结构的合理性而忽略了最核心的问题，也就是流量必须要符合店铺所处的阶段和真实流量需求。举个例子：一家新店流量不足是核心问题，在每天进行运营的时候，对流量结构进行分析，发现 7 天的流量数据中，免费流量有 200 个，付费流量有 100 个，由于店铺核心问题是流量不足，这时候就不能单纯为了追求流量结构合理而去降低付费流量，而应该考虑如何增加免费流量。

2）优化流量

在对流量结构进行分析以后，接着就要对相应的流量进行优化了。流量优化的操作是运营每天必做的工作。在流量优化的过程中要谨记一点，流量精准度很重要，无论是在直通车推广还是在搜索过程中，流量的精准程度影响着转化率、点击率等一系列数据，所以优化的首要目标是要确保流量精准，然后再考虑流量增大。

（1）优化关键词搜索流量——优化技巧参考项目 5 中 5.1.3 免费流量推广之淘宝 SEO 优化。

（2）付费推广流量优化。作为店铺运营应该要有整体布局思维，在店铺每日运营中运营的布局及规划必须提前做好，这时候就会涉及其中一项推广计划的制订。在推广流量优化时，一定要根据推广计划制订的流量结构结合实际效果进行调整。举个例子：一家店铺在制订推广计划的时候，付费工具中直通车流量和钻石展位流量占比大概是 3∶7，但是在实际观察中得出数据直通车流量和钻石展位流量占比为 1∶1。按照计划来看，直通车流量过高有可能带来更大的推广花费，但是实际发现，在直通车流量提高的同时转化率也同样提高，这时就不能单纯为了满足计划而忽略现实情况，直接做出对直通车流量进行调整的操作。

（3）活动流量优化。一般来说，参与的官方活动或第三方平台活动的流量非常大，无论是聚划算、淘抢购，还是天天特价，或者是折 800、卷皮网等，活动流量优化的核心思维都在于保证活动效果和流量补充。活动流量入口在官方活动页面，通常是有先后顺序的，排序排位对流量有一定影响，但是排名和排位是根据活动销售量和结束时间共同决定的，除非使用人为的刷单干预，不然一般很少能改变，在这里提出的优化是指当分析活动流量达不到活动效果所需后需要做的工作。当分析发现活动流量达不到活动效果的情况下，需要通过付费引流和美工配合完成活动相关的信息推送，如在产品详情页中添加活动海报，在钻石展位中推广活动页面等。

（4）其他流量优化。在目前淘宝平台流量越来越注重内容营销的前提下，其他流量的优化显得很重要。对于这些流量，需要积累好粉丝和文案，内容营销是以达人推荐为主的一个流量入口。

阅读材料 8-2　新款上新访客暴涨的秘密

4．关注店铺转化率

在店铺的运营中，分析流量、优化流量是必做的事。从营业额公式（营业额＝流量×转化率×客单价）中可以看出，只有流量没有转化率的店铺，是没办法存活的，所以在流量布局完成、获得稳定流量以后就需要做好店铺流量转化。

日常运营中优化转化率的步骤如下。

（1）采集数据。

采集本店数据：包括单品转化率、单品跳失率、访问深度、店铺热力图数据。

采集店铺数据：包括首页热力图数据、首页流量数据、DSR 数据。

采集竞品数据：包括竞品转化率、竞品价格、竞品评价、竞品关联产品、DSR 数据。

（2）分析数据。

分析对比本店产品和竞品数据，取长补短。竞品转化率高、访问时间长、评价好的产品，可以拿来借鉴。

分析对比竞品促销方案：找出竞品正在使用的促销方案，如搭配销售、站内活动、站外活动、赠送等。

分析竞品促销方案效果：包括分析其流量情况、销售情况、促销点击率、促销转化率等。

汇总之后形成分析报告。

（3）根据分析结果，制订出具体方案。

关注店铺转化率时要重点理解以下三点。

（1）转化率相关。在前面项目中已经知道转化率=成交量÷流量，而在店铺运营中，转化率优化也是最常做、最重要的操作之一。优化转化率，其实就是让顾客更容易地购买店里的宝贝。那么就需要好好想一下转化率到底和什么因素相关。从买家入店行为上来看，买家要先去搜索一个相关的关键词或者先要看到投放的广告，然后点击进入链接，再去看设计的页面内容，内容看完以后再决定购买。在这一系列动作当中，能看到以下几点：首先，买家必须先找到或者看到卖家的广告或者宝贝，这个可以归结为流量相关；然后再点击进入页面去看，看页面的内容，这时候内容是什么就有很多方面，因为在任何一个详情页或者活动落地页，都会包含宝贝价格、宝贝描述、店铺评分等内容，所以在转化率优化的时候应把优化方向分为两个方面，第一是流量相关，第二是内容相关。

也许会有人问转化率到底能有多少才算正常，有了正常转化率才知道需不需要去优化。这里需要说明一下，转化率当然是越高越好，转化率越高营业额才会越高。但是理想很丰满，现实太骨感，即使在"双11"大促节日，尚且看不到100%转化率的情况，更何况正常日期。同时每个类目平均转化率受限于类目不同，也会有所差异，所以不能一概而论。根据淘宝网小二给出的数据，淘宝平台平均成交一笔所需要的流量是50个，依此计算也就是全平台平均转化率是2%。由于类目不同，没办法把每个类目的情况都进行说明，这里只给出一个参考数值供读者们参考。一般情况下，无论是单品还是全店转化率只要能达到4%~6%就属于正常或者比较好的水平，高位值能达到8%，"双11""双12""618"等大促节日能做到30%~60%的转化率也是有的，但是平时10%以上的转化率非常少见。而在推广工具中，钻石展位和淘宝客的推广方式不同于搜索关键词，也有出现高转化（10%~20%）的情况，但并不常见。所以说，这部分数据仅供读者参考，实际数据还要根据自身店铺类目和操作情况自行考虑。

（2）流量相关。可能现在有很多读者会疑惑转化率怎么又会扯上流量。下面来看一个例子：一个买家，他的人群画像中显示，他是一个经常购买9.9元宝贝的顾客，现在他通过某个关键词或者钻石展位的广告单击进入店铺页面中，页面中的宝贝售价是29.9元，那么这时候可以考虑一下对方看完页面以后会购买宝贝的可能性，对方搜索宝贝的目的性非常明确，就是要去找9.9元便宜的宝贝，但是在找到该宝贝以后发现价格不是他心目中的价位，这时转化的可能性就降低了，流量就会影响转化，而这里的流量准确来说应该称为流量精准度。什么是流量精准度？在项目5中学习了搜索相关内容，在搜索模型中存在一种人群模型，也就是目标客户群体的人群画像，画像中包含了目标客户群体消费习惯及各种资料。这里流量精准所表示的意思其实就是找到符合自己商品的目标客户群体，如果一个想买裙子的人到店里看雨伞，那么这时转化率会非常低，因为店里的宝贝不是他想要的，精准流量也是同样原理，精准流量就是要找到符合宝贝需求的目标客户。

对于流量的精准度可以通过在搜索流量中观察入店关键词和在付费流量中投放关键词，以及定向的维度来判断。优化这一内容其实就是在优化流量，把流量入口当中的优质流量提高，转化率也就跟着提高了。而在店铺中流量等于访客数，也就是优质流量等同于精准买家精准人群。

（3）内容优化。精准客户通过流量入口进入页面，然后浏览页面内容，最后决定是否购买。这时候页面内容就成为影响购买的相关因素，也就是页面内容影响转化率，页面中的详情页布局、单品价格、单品评价和问大家、店铺评分等都会影响转化率。

① 详情页布局。通常在店铺运营中一提到转化率问题，基本上所有人都会提出肯定是详情页出问题了，但是详情页出了什么问题又不是非常清楚，只是不断强调店铺"内功"要做

好。所谓店铺"内功",其实就是详情页的逻辑布局,作为运营必须要懂得详情页的逻辑布局。所谓逻辑布局,就是在详情页图片放置的顺序,为什么宝贝的正面图就要放在前面,为什么宝贝尺码信息就要放在后面,为什么细节图和模特儿图就要穿插展示,这些所有的图片放置都是有逻辑和规律的,在网络上有很多文章描述女装详情页应该怎样放图片,男装顺序又应该如何,其实真实运营中并没有一个固定的模板,需要根据宝贝处于不同阶段和不同的数据情况来修改,如图8-4所示。

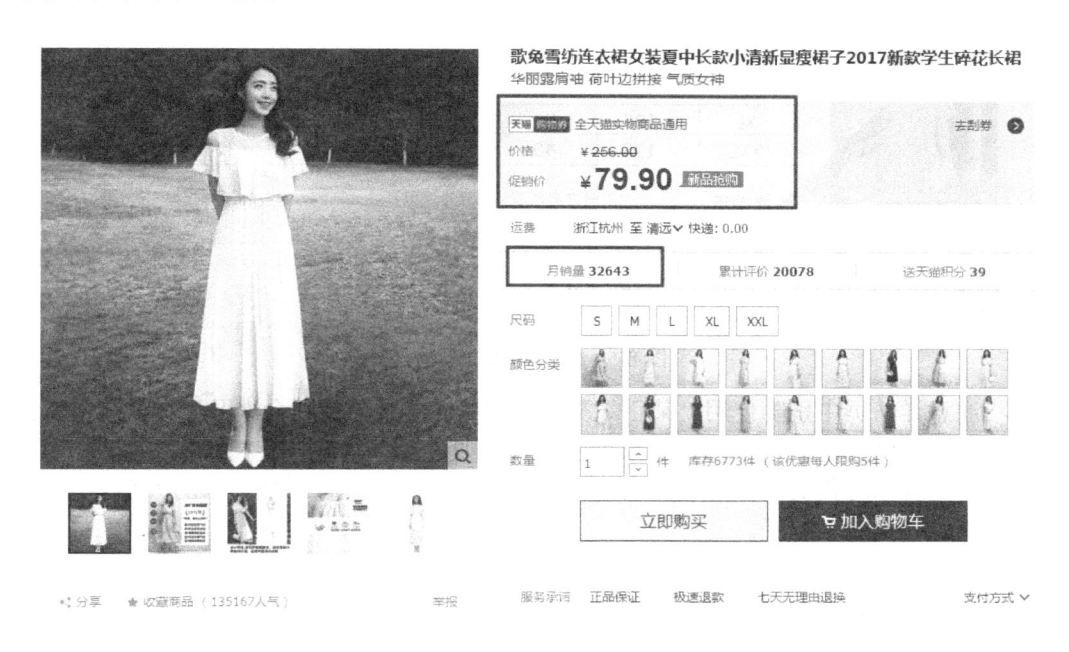

图8-4 宝贝页面布局

图8-4中的宝贝销量为3W+,售价为79.9元,初步判断宝贝属于爆款。一般来说,爆款的宝贝已经具有足够的人气和销量给买家参考,所以在详情页设计时会把决定购买的图片放在靠前位置。一般来说,人浏览页面的关注度是从上往下逐步递减的,关注度最高的是详情页中头三屏的位置,最多只到第六屏,所以这一类详情页设计时通常会把决定性的卖点及尺码信息放到靠前位置,因为在服饰类目中通常买家都是在最后决定购买时才去选择尺码的,把尺码放在靠前位置是让买家第一时间就能找到需要的信息,达到提高转化的目的,如图8-5所示。

并非所有宝贝详情页逻辑布局都是如此,在详情页优化的时候需要根据实际情况来选择。谨记,没有任何一成不变的详情页,如何去优化详情页,必须做到从买家角度出发,买家需要什么,运营就要在详情页中给出什么,结合宝贝的实际情况做出最优布局。详情页的优化建议如下。

◇ 作为一个运营者也要避开详情页优化的雷区,如产品推荐不应该过多放到详情页中。淘宝网于2012年1月起,商品详情页质量将会被纳入搜索排名影响的因素中,如果商品详情描述中存在过多的关联宝贝推荐信息,那么将会影响其在搜索的排名。

◇ 要在详情页中说明一口价来源,否则容易被有心人拿来大做文章,建议在详情页中说明厂家指导零售价。

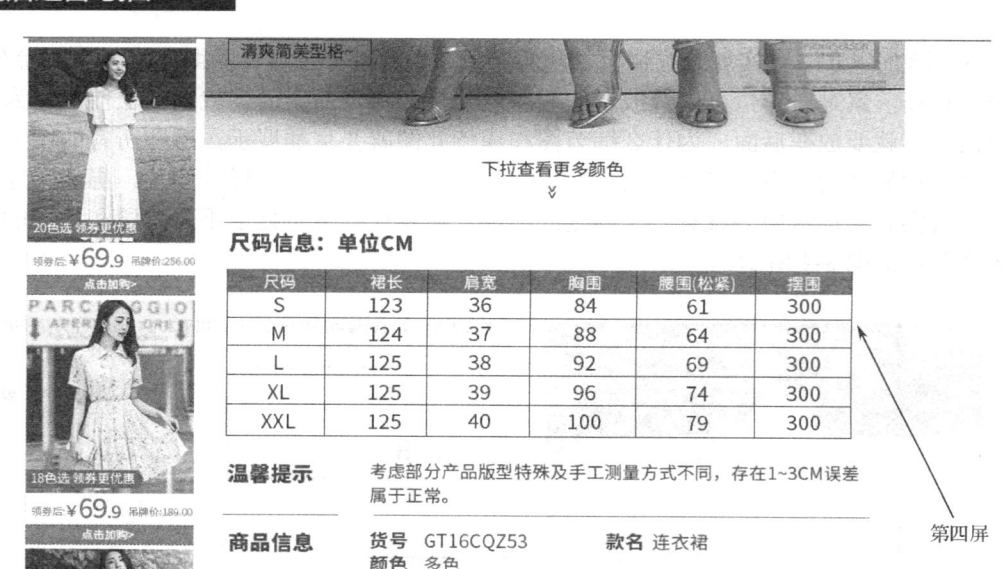

图 8-5　宝贝详情页逻辑布局

◇ 注意详情页中别随便用"某正"及微软雅黑的字体，否则会涉及侵权，淘宝网又购买了一系列的字体版权，商家都可以用，比如思源、华康。

◇ 在无线端时代更要注意一些详情页设计的必要因素。特别是文字的大小要设置合理，避免消费者不接受。

◇ 无线端很多优秀的卖家都用竖式构图，基本上一个手机屏幕就是一张图片，这样承载的内容和客户体验都不错，转化也有提升。

② 单品价格。单品价格影响转化率，通常认为高售价的宝贝转化率一般不高，而低售价的宝贝转化率相对会高一点。由买家的购物行为特点所决定，买家喜欢买廉价的宝贝，所以在调整宝贝价格的时候，通常都会有这样一个误区："宝贝转化率不好，我要打折低价出售，这时转化率就会变好了。"其实不然，无论是高价还是低价的宝贝，转化率都是相对的，也就是在一定范围内高价宝贝转化率就一定低，当然一件单价上万元的皮草或者是专业级的耳机转化率就非常低，这是由平台和市场决定的。

需要说明的是，售价高的宝贝一般都属于高端产品或者奢侈品一类，这类宝贝受限于平台用户类型每个平台的主要消费者都不同。例如，京东主要消费群体是购买数码产品，唯品会是女装，苏宁易购是家电类等，虽然目前各个平台都已经趋向全面化，但是强势类目还是制约着平台用户类型。一般购买频率不高也就导致转化率和一般宝贝不同，低价宝贝定位在于中低端，这类宝贝由于价格优于其他宝贝信息，所以价格对转化的影响更明显。其实价格对转化率的影响也是可以归到精准客户群体中的，也就是流量精准，如果价格是符合目标客户群需求，那么对转化率的影响也就不会太大；同时，由于在搜索模型中有价格模型的存在，一般情况下不会轻易改变价格，所以在优化宝贝价格的时候应优先考虑买家需求和目标买家的消费习惯。同时需要注意价格变动在一定范围之内对转化率影响可以忽略，这个就是营销心理学中的韦伯定理，意思就是宝贝的价格升降在一定差值内买家都能接受并且不会影响转化，这个差值根据宝贝的价格不同而不同。举个例子：一个宝贝售价 9.9 元，如果升价到 10.1 元的话，买家能忍受这个升价幅度，同时不太关注宝贝价格的变动，如果涨价到了 11.1 元的话，那么这时买家就会对涨价表现得敏感了，同时转化率也会受影响。所以在对转化率进行优化的时候，应优先考虑目标客户群体的消费特点，再考虑价格变动是否影响转化率。宝贝价格影响转化率最明显的例子是用多 SKU 来提升转化率。例如，某个产品有 A、B、C 三个 SKU，A 产品可以是成本价销售用来引流，B 产品、C 产品为盈利产品，如图 8-6 所示。

图 8-6　多 SKU 提升转化率

③ 单品评价和问大家。大多数买家在淘宝网购物的时候都会去看宝贝的评价，用评价作为购买参考，所以商品的评价也是影响转化率的一个因素。在日常运营中，运营人员每天必做的事就是跟踪售后评价，这部分工作其实由客服负责，但是作为运营需要把控全店节奏，所以同样要跟踪售后评价工作。要优化商品评价就要明白评价展示原则，宝贝详情页评价必须是买卖双方互评以后才会实现。也就是说，买家评价完宝贝以后，如果商家没有及时评价买家，那么这个买家的评价是不会展示出来的，这也就意味着在双方互评之前是没办法看到对方所给出的是好评、中评还是差评的，同时评价数据只保留 180 天，也就是 6 个月。但是淘宝网的 6 个月不按照自然月划分，比如某个评价是 2017 年 8 月 19 日获得，那么 6 个月就是从那天起往后数 180 天。

大多数对商品转化率有影响的是中差评，所以对于运营人员来说需要做的与团队客服沟通，处理中差评。如图 8-7 所示的评价，在 40 个评价里，首页出现了负面评价会极大影响到买家的购买欲望。

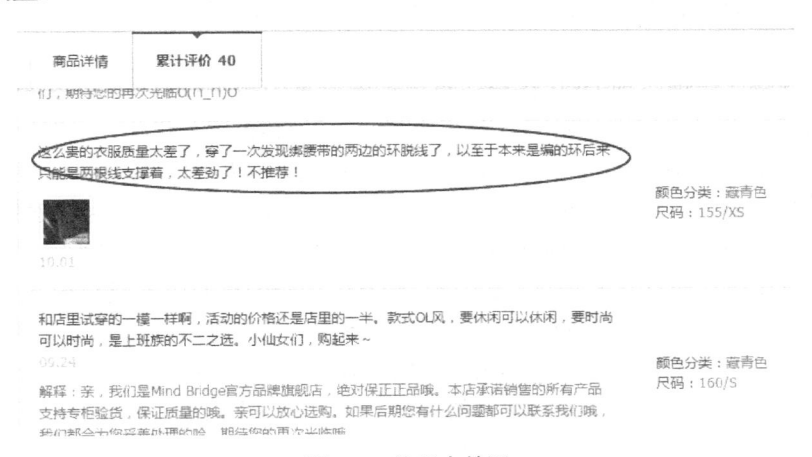

图 8-7　处理中差评

但是也会遇到中差评无法解决的时候，那么这时就要明白评价排序的方式。评价排序和评价的淘宝账号等级、是否带图片、有用个数、描述字数、追评等内容相关，当发生中差评无法修改的情况时，有两种途径可以进行优化。

第一种是在评价回复中用话术降低负面影响，这部分内容参考客服内容。评价修改期为买家作出评价后的 30 天内。

第二种是直接使用评论覆盖，也就是增加符合评价排序相关元素的买家的评论，把负面评价顶下去，让负面评价"消失"在买家视线。

以上都是快速解决评价问题的补救措施，当然，要保持宝贝拥有良好的评价，必须把宝贝质量及店铺服务做好。

另外手淘"问大家"越来越比买家评价重要。当用户想购买某一产品时，可以通过手淘"问大家"获取已购买的用户对此款宝贝的真实感受。"问大家"通过大数据过滤虚假交易订单，不让其回答问题，使用户获取淘宝网产品使用体验的真实信息。所以"问大家"的维护也是现阶段售后的一个重要工作点。维护店铺内的"问大家"，首先要知道"问大家"的相关原理和规则。"问大家"页面示意图如图 8-8 所示。

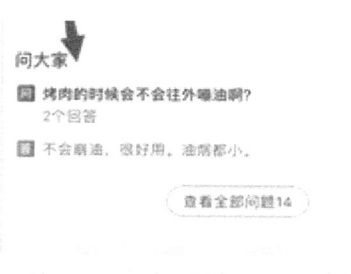

图 8-8 "问大家"页面

"问大家"相关内容如下。

◇ "问大家"如何提问：提问者可以是任何人，包括购买过产品的人群和意向人群。
◇ "问大家"如何回答：系统随机筛选的是已购买用户，在消费者问卷调查中，可以选择是否愿意帮助消费者反映问题。问题也有可能筛选到卖家来回答。在回答时会有"已买"或者"卖家"的标签供选择。
◇ "问大家"排名机制：某条问答的活跃度（回复、感谢）越高，则越有机会排在前面；答案的"感谢""评价"多，则排名靠前机会大；回答问题或提问者的淘气值越高越靠前。
◇ 什么样的账号容易被邀请回答：购买过该产品；账号淘气值高；账号确认收货速度快；账号积极晒图、视频评价商品。
◇ 如何优化"问大家"：引导买家晒图评价，女装拍摄小视频；引导老客户加微信，微信引导积极回答问题；鼓励老客户收到"问大家"的提问时积极正面回答，或以利益引导。

（4）店铺评分。店铺三项 DSR 评分在目前搜索权重中越来越重要，在客户购买宝贝时也是一个非常重要的参考因素，同样影响着转化率。对于 DSR 评分优化，一般来说，只有长期保持提供优质宝贝及服务才能进行优化。但是在目前讲求速度的年代，已经很少有运营会注意 DSR 维护的重要性，那么在此提供一些方法给运营者，使其知晓如何快速提高店铺 DSR 评分。首先要明白 DSR 评分是如何计算的。一般来说，DSR 评分是根据买家评分计算平均值的，三项评分分别独立计算互不干扰，其中影响 DSR 评分的核心因素是评分基数。举个例子：一个店铺中，某个宝贝有 10 人成交了，有 9 人评 5 分，1 人评 0 分，那么最终得分=（9×5+0×1）÷10=4.5 分。作为店铺运营，无论是天猫还是淘宝网，DSR 评分为 4.5 分意味着什么，相信大家都很清楚（4.5 分飘绿，搜索权重被降低，付费推广受限制，基本上店铺等于没法做），如果成交人数变成 100 人，其中 99 人评 5 分，1 人评 0 分，那么 DSR 得分=4.9 分，也就是说，成交人数的基数和中差评得分共同决定 DSR 评分。在日常运营中，中差评有时候不可避免,那么如果发现有中差评影响 DSR 评分的情况,就需要通过人为干预来提高店铺得分。由于店铺 DSR 是计算平均分,也就是当出现 DSR 分数需要提高的情况的时候,就要用大量的高评分来拉高平均分,这时运营就需要清楚地知道,后续需要做的工作是引入大量成交+高质量评分,至于如何引入成交,方法有很多,可以通过参加第三方平台活动,可以做活动促销,也可以通过网络营销粉丝互动的手段。方法很多,但是最终目的只有一个,就是引入大量成交+高质量 DSR 分数拉高平均分。

阅读材料 8-3 如何提高转化率

阅读材料 8-4 提高转化率连载 15 篇

5. 关注提高客单价

店铺客单价是店铺营业额的一个重要指标,也是店铺运营过程中必须要重视的一个数据。在运营过程中,对客单价的优化不能盲目进行,因为无论是做店铺促销活动,还是对宝贝售价进行变动,在搜索模型中有价格模型的存在,变动会影响宝贝的搜索权重。那么应该如何优化客单价呢?

在每天的运营管理中,优化客单价的操作需要通过监控和观察数据才能决定,因此要首先采集影响客单价的相关数据。

(1)对比本店与竞品产品价格(找出对方的价格体系优缺点进行总结,对比自己店铺的价格体系优缺点)。在每日运营过程中监控对手店铺是必不可少的工作,无论是对店铺转化率还是单品客单价的优化,都必须以对比数据为前提条件。在采集数据过程中,对比竞品价格就是要对比竞争对手同类宝贝的价格及对方价格体系,找准其中优缺点,然后根据自身店铺运营布局对客单价进行调整。

(2)分析成交数据,分析买家下单购买的数量规律。从客单价的定义上看,如果在不改变单品售价的情况下提高客单价,思维的方向上就要考虑数量这一方面。也就是说,如果单品价格不改变(充分考虑价格模型)的情况下,提高客单价就需要增加成交的数量。例如:一家店铺一件衣服售价 80 元,一条裤子也是 80 元,10 个客户每人买一件衣服或者裤子,客单价还是 80 元。如果建一个套餐,一件衣服搭配一条裤子套餐价格是 130 元,这时每个客户购买套餐以后,客单价就会从原来的 80 元提高到 130 元,这时客单价就提高了。这就是从数量上来提高客单价,所以在进行套餐或者数量销售操作前必须先对下单数量的数据进行分析和跟踪。下面再来看一个案例:某家店铺在进行数据分析的时候,发现来店里的客人都很喜欢买 3 件套的亲子装,但是店里当时并没有这类宝贝。针对这种情况,运营人员对店铺产品结构进行了优化,主推以 3 件套搭配套餐为主的宝贝,并对流量和搭配套餐进行了优化操作。优化以后,从当初销量不过 30+的单品直接打造成月销量 300+的小爆款。所以,在进行客单价优化之前必须先监控数据。

(3)分析客服原因。在客服岗位中,售前客服最重要的职能就是促成成交并且尽量推荐关联宝贝给客户,提高客单价。在进行客单价优化操作之前,必须对店内有可能提高客单价的各种相关维度进行分析。从客服的角度来说,可以通过诸如赤兔等客服工具观察客服相关数据。

其他提高客单价的手段包括以下几个方面。

(1)关联销售。关联销售就是对店内有关联的宝贝进行搭配组合销售。为了提高客单价,关联销售是卖家常用的手段之一,如图 8-9 所示。

在详情页中通常见到图 8-9 所示内容称为关联销售,也就是和浏览宝贝具有某种关联的关系。除此之外,搭配套餐也属于关联销售的一种,如图 8-10 所示。

网店运营与推广

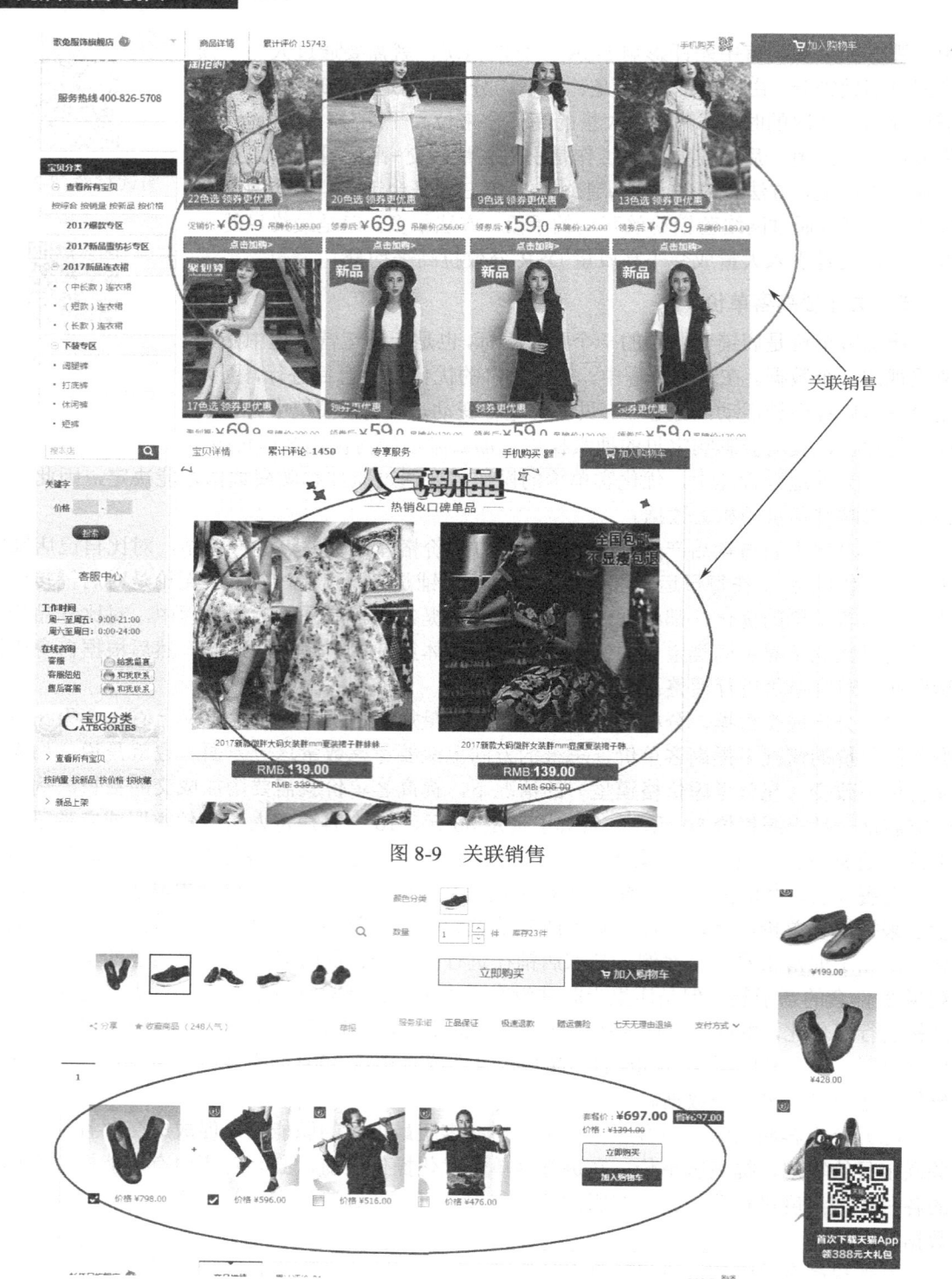

图 8-9　关联销售

图 8-10　搭配套餐

搭配套餐运用的原理很简单：给客户造成一种心理暗示，单独购买一件宝贝价格不变，在购买一件宝贝的时候会觉得不太划算，没什么优惠幅度。在购买套餐时就可以通过更优惠的价格获得更多的宝贝，等于买一件宝贝需要这个价格，只需要再加一点钱就能配套得到整

项目 8 网店日常运营管理

套宝贝。

在设置关联销售时需要注意以下内容。

◇ 既然是关联销售,就得和浏览宝贝具有关联性,关联性有强关联和弱关联的区分。一般来说,互补性质的属于强关联,比如牙刷和牙膏是互补性质,有了牙刷需要用到牙膏才能发挥作用;再有,穿衣服时一定要有上衣和裤子或裙子(连衣裙除外),等等。这些都属于强关联销售,因为各种功能性或物理性上的互补都属于强关联性。一般来说,除了互补性外还有一种称为同类性,也就是宝贝本身是一件上衣,那么另一个关联的宝贝也是上衣,只是两者之间可能存在衣服款式、图案印花的不同,等等。用不同的同类产品做关联,这种关联销售本身就界限于强关联和弱关联之间,在这里也提出来供读者参考。在店铺运营中需要做的是优化强关联的宝贝(互补和同类),以此来提高客单价。

◇ 在设置关联销售时切记:不要给买家太多选择!通常有一些新手运营在设置关联销售的时候,往往只看到关联销售可以提高客单价,就多放关联销售。但他们忽略了一点,给买家的选择越多,转化的可能性就越小,这也是通过分析买家购物行为得出的结论。在买家购物的时候,选择越多,纠结越多,看的越多越难选择。因此就会产生选择成本,但选择会带来疑惑,时间越久买家越容易忘记点击进来浏览的目的,从而造成跳失和流失。所以切记一点:详情页中设置关联销售时,不能关联泛滥!只需要重点推荐一两种就可以。

◇ 关联不当。除了强关联以外,弱关联的宝贝,比如上衣和鞋子、衣服和手表,等等。这类关联宝贝既没有功能上的互补,也没有同类型的比较,在关联性上属于弱关联。在设置关联销售的时候,就不能关联这类宝贝,以免浪费资源,达不到预期的效果。

(2)提高购买量。提高购买量也是提升客单价的常用手段。提高购买量的思维是让买家一次对同一个宝贝买更多数量,这种方法和思维通常用在一些体积小、使用频率高的类目宝贝中比较容易实现,如数据线、密封罐、茶杯等类目,如图 8-11 和图 8-12 所示。

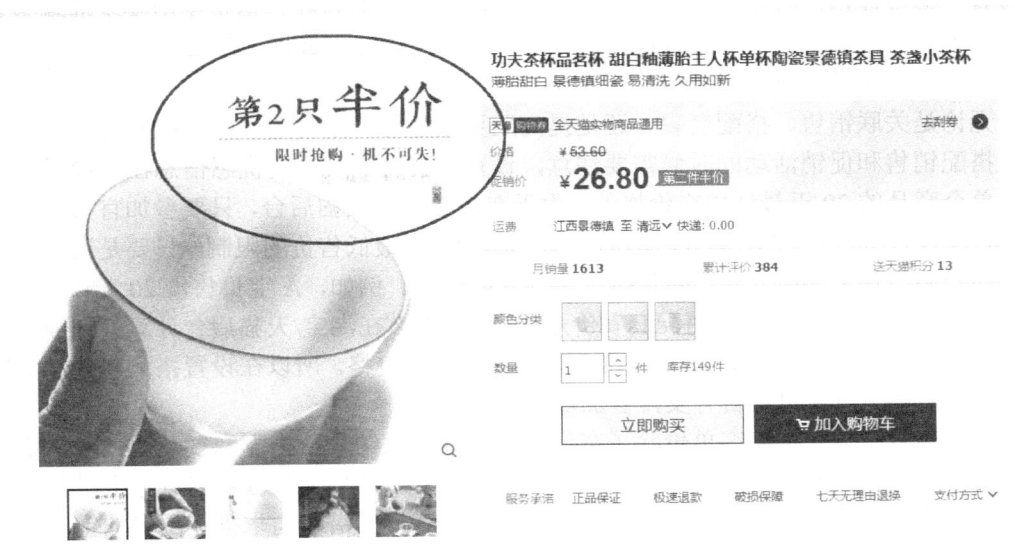

图 8-11 提高购买量 1

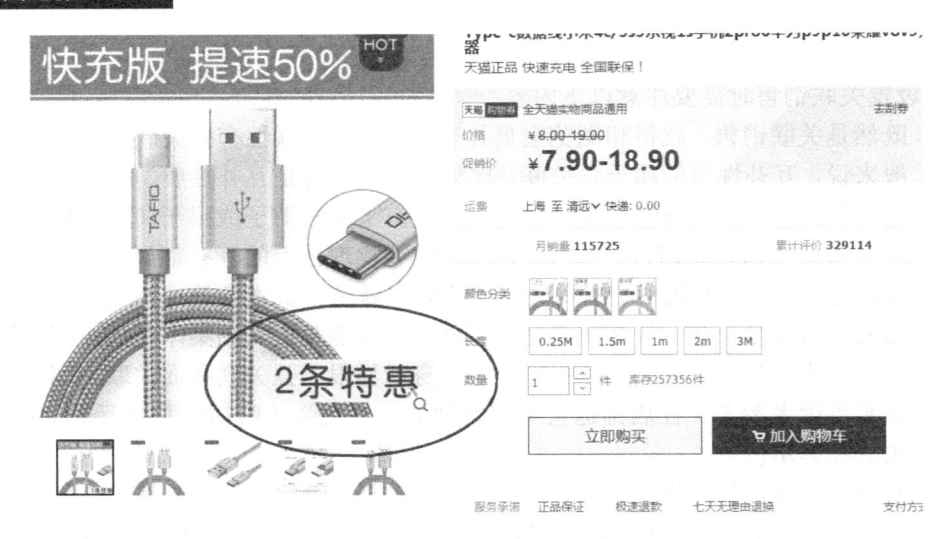

图 8-12　提高购买量 2

由图 8-11 和图 8-12 可以看出，对于宝贝一次购买量的提高通常会采用的优惠促销方式。在图 8-11 中宝贝主图上配有文案，"第 2 只半价"，其主要作用就是让买家在购买时第一时间考虑如何把这个优惠拿到手。从客户心理分析，买家首先会关注的是第 2 只半价的信息，然后才去看单独购买的价格。在这样的心理暗示下，很容易产生购买 2 只的性价比要比购买 1 只的性价比高的心理，所以很容易促成一次购买 2 个宝贝的情况。在图 8-12 中使用的促销方式也是同样原理，直接给出 "2 条特惠" 的信息暗示客户买 2 条，这就是在提高购买量的时候常用的手法，配合促销手段来达到。

举个例子：笔者之前操盘的一家天猫店铺是 3C 数码类目，通过观察数据和生活中经验所得，大多数人在家里都会有 2 条以上数据线。针对这种情况，由于当时客单价低，于是也采取了促销的手法，以一次购买多个数量的办法来提高客单价。为了提高购买量，特意针对宝贝设置了多级促销，有第 2 条半价，第 3 条 5 元等，同时也在详情页中给买家灌输多条数据线一起使用的信息。通过观测数据，促销活动开始后购买 2 条以上的买家从原来的 10% 提升到 30% 以上，成功提高了客单价。

无论是关联销售、搭配套餐，还是提高购买量都有一个目的，就是提高客单价。但是在设置搭配销售和促销活动的时候需要注意，设置的套餐价及促销优惠信息在店铺后台中是会影响单个商品的 30 天最低成交价格的。由于在淘宝网和天猫后台，只要参加官方活动如聚划算、淘抢购、"双 11" 会场都有对单品 30 天或者 60 天最低售价的限制，只要是通过搭配套餐或者促销手段带来的成交，都会直接影响最低成交价。例如，A 宝贝售价 20 元一个，B 宝贝售价 30 元一个，现在 A+B 搭配套餐价是 36 元，那么在淘宝/天猫后台计算最低成交价格的时候，A 和 B 这两个宝贝最低价是 18 元，也就是平均价格。所以在设置搭配套餐和促销价格的时候，需要注意宝贝是否有安排参加活动的规划。

（3）客服相关。提高客单价除了在详情页布局关联销售、搭配套餐及通过促销手段提高购买量以外，客服的售前推荐也是很重要的环节。客服的售前推荐需要客服人员在接待客户的时候，除了解答客户提出的问题外，还需要根据客户的潜在需求推荐更多的宝贝，务求让客户一次交易能购买更多的宝贝。而运营人员需要根据观察分析客服询单转化中客单价的数据，并且根据数据分析的结果整理相关话术、和客服团队沟通改进措施，在客服询单转化中提高客单价。

鉴于部分读者不太熟悉售前客服推荐，以及提高客单价的技巧，所以这里也给出一些小技巧供参考。

（1）推荐商品要做到主观引导为主，发掘客户的潜在需求为辅；

（2）沟通当中以退为进更易让顾客接受，同时也可以适当推进客单价。

客服和客户线上交流的核心在于沟通，议价和问题询问是必不可少的。而且买家通常都会提出自己的要求，这时候客服人员需要动用以退为进的策略。举个例子：当客户问这个宝贝有优惠吗、能不能便宜一点或者什么时候做活动打折这类的问题时，售前客服就需要知道，客户是想要便宜。如果直接拒绝议价或者如实告诉没活动、没优惠的话，显得非常生硬直接，不利于店铺形象的建立。以退为进是说，客服可以直接给出套餐优惠信息，从而达到提升客单价的目的。

阅读材料 8-5　高客单价新店铺能成吗？

任务 8.2　"羽我女装"店铺运营管理的一天

1．8:30～9:00 每日巡店

上班后第一件事就是看看"羽我女装"店铺昨天的数据，进行店铺体检；看看关键数据是否有大幅的降升；查看销售情况；查看站内信；查看软件服务；查看库存情况；查看交易订单；查看评价；查看"问大家"；查看价格和信息是否有错误。发现问题并记录、安排相关人员处理。

2．9:00～9:30 开早会时间

召集同事开早会，总结昨天做得好的地方，激励团队士气。确定今天的主要工作任务，改进昨天工作中的问题，通过相互交流达到加强沟通合作的目的。

3．9:30～10:00 查看客服工作

（1）查看客服的工作日志，监督是否有未处理的订单及售后等问题。如果客服有好的建议，应采纳并实行。

（2）抽检客服的聊天记录，看看聊天话术是否合理。了解自身的客服服务指标是否符合行业情况，找到问题并解决。

4．10:00～10:30 付费流量分析与沟通

和负责推广的同事一起分析付费流量信息，主要包含以下几部分。

（1）昨天的直通车 ROI 数据情况。

（2）如果做了测款，测款的直通车效果怎么样。

（3）直通车的账户限额查看，看是不是需要充值，需不需要向财务申请资金。

（4）分析设置的直通车的各个推广计划日限额是不是需要调整（根据各个计划的花费情况及 7 天、14 天和 30 天的投入产出比，分析是否需要下调或者上调）。

（5）直通车主图优化效果怎么样，需要美工怎样协助。

（6）查看昨天的钻石展位花费情况。

（7）查看钻石展位和直通车的推广日志。

（8）讨论改进意见。弱的流量入口应如何增强。

5. 10:30～11:00 与负责推广的同事沟通促销活动相关事宜

沟通今天可以报的活动有哪些，不满足条件的有哪些，哪些活动需要写策划书，需要哪些岗位协助，活动进展情况。

6. 11:00～12:00 淘宝客与客户维护

（1）淘宝客佣金调整和维护。
（2）优秀淘宝客计划设置高佣金、刷链接排名。
（3）活动做完之后淘宝客的添加和洽谈。
（4）老客户的维护和优化。
（5）其他新淘客的添加、维护、洽谈。
（6）鹊桥活动报名。
（7）去威客网上发布任务寻找好的淘宝客。

7. 13:00～15:00 淘宝 SEO 与美工沟通

（1）标题修改优化，根据流量来源，用店铺诊断搜索工具修改宝贝标题（先把标题写好，晚上再进行修改）。
（2）宝贝页面查看，哪些宝贝的流量大，转化低，与美工沟通详情页应该怎么改。
（3）哪些宝贝流量差，转化差，是否需要下架。
（4）哪些宝贝流量大，转化大，有成为爆款的趋势，重点记录（推广扶持）。
（5）关注最新的淘宝 SEO 技术。

8. 15:00～16:00 关注同行

关注完自己的事情后，就要关注行业了。看看自己能不能发现问题在哪里，看看别人能不能知道自己的位置在哪里。

（1）全网热销店铺 TOP10，单品 TOP20 数据统计。
（2）竞争对手热销单品统计（访客数、转化率、单品成交关键词、搜索关键词等重要数据统计）。
（3）对手店铺查看，看看他们都做了哪些工作，将对自己店铺有用的信息记录下来。

9. 16:00～17:30 关注内容、其他站外推广及完成老板交代的任务

（1）内容营销，内容化、社交化是线上电子商务的趋势，开始布局。
（2）关注站外推广渠道有哪些新的变化，评估是否值得投入。
（3）对接小二的临时需求，了解小二关注的数据和老板关注的常规数据，及时反馈。

10. 17:30～18:30 其他管理

（1）产品端和技术端的需求：根据同行爆款情况、平台热词情况关注产品上新。关注具体操作人员的技术端需求，是否有新的提高工作效率的软件需求等。
（2）流程管理、团队人员培训等其他事项。

项目小结

本项目讲述了网店日常运营管理，包括运营管理的概念、日常流程及"羽我女装"店铺运营管理的一天。重点讲述了日常管理的流程，包括：网店运营规划、网店团队管理、流量优化、店铺转化率及如何提高客单价。

项目实训

【实训 1】 根据店铺实际情况对店铺流量进行优化。

【实训 2】 根据店铺实际情况制定店铺 3 个月的运营规划。

【实训 3】 假设给你 100 万元推广资金,制定店铺 3 个月的运营规划。

项目 9 网店诊断

项目概述

店铺诊断是店铺运营的基础内容,无论是接手一家网店还是自己经营的网店,都要知道店铺存在的问题并做出准确的店铺诊断。通过本项目的学习,能够根据网店数据情况清晰地诊断出网店存在的问题,并能够根据诊断结果提出优化方向。

学习目标

知识目标	了解店铺诊断的方法
	了解店铺诊断的常用工具
能力目标	能够根据数据情况清晰地诊断出存在的问题
	能够根据诊断结果提出优化方向

案例导入

小王从事了一段时间的网店运营工作后,有一天发现自己的店铺流量突然出现暴跌,于是很焦急地到处查找原因,不知从何入手。如果是你,这个时候应该怎么做?

项目实施

任务 9.1 店铺诊断概述

店铺诊断就是当网店突然出现流量下降或者转化率下降,或者与同行业相比时店铺运营情况不理想,单个问题出现时,运营人员能够针对这个问题通过自己的诊断,来判断问题所在,并提出解决方案,而店铺整体运营情况不好,运营人员通过分析店铺整体情况得出问题所在,并提出整体解决方案的过程。

店铺诊断需要做到从大到小,从大方向的整体规划到小方向上的每个数据指标,都要做出判断。一个店铺的优化操作从店铺诊断开始,在之前的项目中对各种流量、转化率、客单价、跳失率等数据已经讲述,本项目将从两个大方向介绍店铺诊断。第一,使用官方工具进行店铺自检;第二,从店铺的整体层面进行店铺诊断。

9.1.1 店铺自检

店铺诊断第一步可以使用官方工具对店铺进行自检。在搜索模型中，作弊模型是对搜索权重非常重要的模型，无论是刷单还是违规行为，一旦处罚就可能面临降权。所以在店铺诊断的时候，第一时间需要去看看店铺中是否有因为违规被处罚的情况。打开淘宝网卖家中心后台，在淘宝网左侧菜单栏，宝贝管理列表下可以看到"体检中心"的入口，单击"体检中心"，就可以进入到体检中心了。在体检中心页面右侧有账号扣分的情况，中间还有违规、警告等通告，然后就是体检中心的一些自检工具，这些工具可以帮助卖家自检自己的产品和店铺，尤其是一些新开店的中小卖家，能够通过体检中心来挖掘店铺的一些问题，如图 9-1 所示。

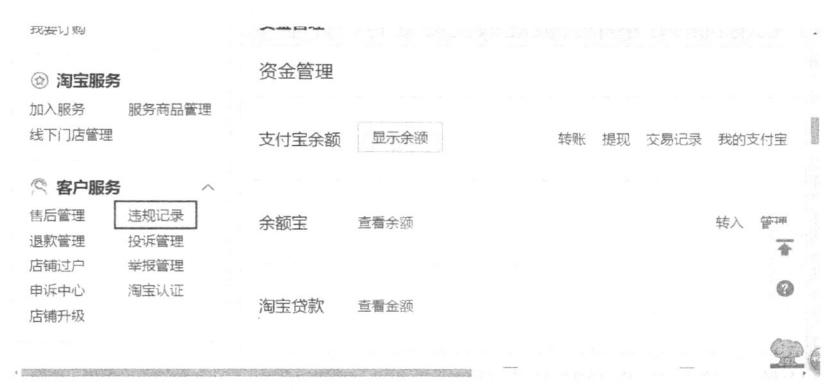

图 9-1　体检中心

店铺体检中心的主要功能如下。

（1）店铺整体情况。店铺综合体检，主要包含 4 个方面的数据：违规处理、市场管理、违规扣分和受限权限，如图 9-2 所示。

图 9-2　店铺综合体检

（2）综合优化。单击立即查看，就会跳转到相应的页面，如果店铺中出现了问题宝贝，就可以在这里看到这些有问题的宝贝的详细情况。

（3）搜索体检。进入以后从 3D 云图可以看到，与店铺相关的热搜词是哪些，哪些词的滑行速度最快，然后卖家就可以根据这个信息来优化宝贝标题的关键词。

（4）订单体检。这里需要注意的是体检次数、违规纠正笔数、限制详解等，比如很多卖家刷单涉嫌一些虚假交易信息都可以在这里找到。

如果店铺发生了虚假交易等情况，会有订单清洗的机会。网店订单自检系统中无论是淘宝还是天猫店铺，都有 3 次和总共 1 000 笔订单的清洗机会。也就是当店铺订单被淘宝/天猫系统检查到有违规订单的时候，可以通过系统中的设定进行订单清洗。下面来看一下订单体检当中的具体说明。

① 订单清洗是什么意思？订单清洗是指商家可以对可能涉嫌虚假交易的订单进行主动删除，被清洗的订单所对应的销量、评价、评论内容、店铺动态评分将会被删除。被清洗的订单后续不会被虚假交易处罚。

② 我的交易是真实的，需要清洗吗？请参照虚假交易的规则进行判断。若交易是真实的，可不用清洗；若存在虚假交易的行为，建议及时清洗，避免被虚假交易处罚。

③ 选择清洗有什么影响？清洗后还可以恢复吗？已经清洗的订单还会被再次排查吗？若通过订单体检工具清洗订单，被清洗的订单所对应的销量、评价、评论内容、店铺动态评分将会被删除。已清洗的订单不会被虚假交易处罚。订单一旦确认清洗，将不可恢复。

④ 有多少次订单体检的机会？次数会清零吗？自 2015 年 5 月 26 日起，卖家累计体检次数达到 3 次（含）或违规纠正笔数达到 1 000 笔（含），以上两者满足其一，则后续永久不再有自检机会。体检次数：某一自然日（0 点至 24 点）内卖家使用体检工具违规纠正过至少 1 笔订单，即视为 1 次。违规纠正笔数：卖家使用体检工具累计纠正的订单总笔数。订单体检次数和违规纠正笔数，永久不清零。

进行店铺自检是为了防止店铺存在违规扣分及虚假交易而运营却不知道的情况，但凡小二做出违规判罚后，都会有一点修改和更正时间给店铺，时间会从 20 分钟到 2 小时不等，在做店铺诊断的时候一定要先看店铺是否存在违规情况。

（5）资质体检。某些行业尤其是食品类行业，需要提交一些资质证明才能进行正常的编辑。淘宝网后台默认的需要提交一定资质的产品可以在这里看到。

（6）滞销商品。这里展示的是店铺里 90 天内无编辑、无浏览、无成交的滞销商品。涉及搜索模型中的任意一个指标动销率的问题，如果被算作是滞销商品时应做下架处理。

（7）商品体检。这里可以每天根据店铺的商品出具体检报告，主要检测商品的滥发检测，包括虚假宣传、类目错放、广告商，以及经营优化，主要有属性优化和价格优化两种。

（8）合规体检。这里主要是检测店铺是否有交易纠纷情况，还会提供一些相关的法律常识供卖家学习。

（9）服务指标体检。这里主要帮助卖家发现店铺中存在的包括退款退货、店铺客流量、交易转化率、纠纷和投诉等问题，并提供解决方案。

（10）营销体检。这里是一个活动报名的入口，一些活动的准入条件都可以在这里看到。

总之，淘宝网体检中心涉及了店铺诊断的方方面面，是一个非常有用的工具。

9.1.2 店铺诊断方法

一个运营人员应该有完整的店铺诊断意识，本节将介绍一个店铺完整的诊断思路。店铺诊断方式方法有很多，在此只提出店铺诊断的思路，因为平台在变，工具也在变，不能以一成不变的工具和方法去做店铺诊断，所以掌握思路比掌握工具更重要。

店铺诊断思路一般来说分为以下几个方面：店铺定位诊断、店铺的背景诊断、店铺的数据诊断和店铺改善。在进行店铺诊断之前首先要明白，做店铺诊断到底是为了什么，正如上文所说，运营应讲究布局，那么如何布局？为什么要这样做？当进行店铺运营的时候必须要明白为什么要这样做,即目标、目的是什么。同理,在进行店铺诊断的时候也要清晰地知道进行店铺诊断的目的到底是什么,不能盲目地进行诊断、盲目地进行运营规划,在店铺诊断中唯一的目标就是发现问题并制订可执行落地的方案。在明确了店铺诊断的目标以后,就要按照上面提出的思路一步一步来做店铺诊断。

1. 店铺定位诊断

店铺定位是否明确决定了店铺运营的难度。2015年以来,淘宝网和天猫对店铺的要求和定位越来越趋于明确,天猫店铺走的就是品牌,要求产品品牌化、质量化,高质低价;淘宝网集市店走的是"小而美",要求店铺产品精细,具有特点,类目越精细越有特点越好。简单说就是要做"小而美"的店铺,不要什么都想卖,一个店铺恨不得搞成一个超市,想面面俱到,最后的结果就是淘宝网都不知道到底怎么给你打标,导致人群标签混乱,流量不精准,经营越来越差。

举个例子:很多卖家店铺是不是都存在这种情况,店铺卖女装,同时又经营男装和童装,价位也是高的很高,低的很低,完全没有自己的调性。偶尔有一两款产品卖得不错,其他的基本都没有什么销量,这就是所谓的定位不明确。

淘宝网千人千面个性化搜索出现以后,店铺定位变得非常重要。目前平台中有这样几种类型的店铺:全品类店铺、垂直类店铺、精品类店铺。全品类店铺是指店铺中的宝贝包含了多个品类的宝贝,如特步、耐克的旗舰店,店里既有衣服也有运动鞋,还有箱包等类目。垂直类店铺比较常见,是只做单一类目的店铺,基本上很多大型商家都以做垂直类店铺为主,如三只松鼠、品胜旗舰店等。精品类店铺就是"小而美"的代表,即在某个一级类目下只做其中二级类目中的特色宝贝,如店铺中只做中老年女装上衣或只做加肥加大码男装衣服等。

那么如何对自己店铺有一个好的明确的定位呢?

(1)只做一类人的生意。只做一个类目,目的是在竞争激烈的市场环境下,让淘宝网给你精准地定义店铺,有利于精准流量的获取。如果想更进一步地细分市场,竞争可以更小一些,比如卖鞋只卖内增高,女装只卖大码女装,男装只卖职业装,等等。

(2)店铺风格定位。简单来说,你是中国风的,还是欧美时尚的,又或是其他的风格,买家一下就能融入进来。让买家确定宝贝就是他(她)需要的,这个就需要在美工和文案上下功夫了,让买家感觉卖家和自己是同一类人,在某些方面是一个态度的情感贴近。这样不仅有利于打标精准,而且有利于转化和获取忠实粉丝及提高人气。

(3)价格定位。价格定位就是对买家消费此类商品的投入的定位,价格差距不要拉得太大,不要出现很大的价格差。比如店铺既有50~60元的,也有500~600元的。淘宝网中价格标签不清晰,搞不清哪种消费能力的客户是店铺需要的,你认为这样能卖好吗?

在网店诊断时,需要根据店内产品规划和实际入店流量情况来判断店铺定位是否出现问题。

2. 店铺背景诊断

分析店铺背景还需要分析店铺经营环节中的相关因素,这个相关因素其实就是指的经营模式,包括团队和资金两个方面。通常一个店铺经营出现了问题,归根结底还是要回归到经营模式上来。店铺没流量、没转化,是因为团队结构不完整,没有推广人才,还是因为推广资金不够,没法买流量?又或者是因为产品规划出了问题,产品市场容量小?这些问题归根结底还是要回归到经营模式上来。电子商务运营可以有等级的划分、技术的高低,但是到了最后,运营的不是规则、不是技术,而是商品本身。也就是说,商品本身的质量、市场等最原始的因素决定了电子商务的运营。因此,做店铺诊断的时候,首先应进行背景分析。

1）分析团队

分析团队架构及构成。一家经营良好的店铺必定拥有一个架构完善的团队，可以这样说，一个月入几万元的店铺，运营团队可以是 1~5 人；一个月入几十万元的店铺，运营团队可以是 5~10 人；一个月入千万元的店铺，运营团队就可能要 200 人。不同规模的店铺拥有不同的团队架构，只有完善的团队才能做好店铺运营。在进行背景分析的时候，要分析团队构成、各个职位及团队协作情况，真正的店铺运营并不是一个人可以解决所有问题，术业有专攻。虽说运营基本工作很杂，要求懂很多，但是团队中不同的工作还是需要专职专人去负责。

2）分析资金

店铺经营离不开资金，在进行店铺诊断的时候分析背景必须考虑资金问题，也就是店铺的资金实力。付费推广、官方活动、生产成本、团队工资，所有的一切都需要投入资金，店铺资金实力也影响着后面问题解决方案的制定。

3. 店铺数据诊断

运营一切以数据为导向，说的就是运营中经常会做出一些决策，这些决策的正确与否，很多时候并不是由运营人员一拍脑袋而成，而是由数据作为基础做出的决策。同样在店铺诊断中，除了定位和背景，数据就是对运营效果最好的诠释。店铺数据诊断的第一步是收集数据，然后根据诊断方向进行数据分析。

1）数据收集

要对店铺进行数据诊断就必须要有数据。在店铺运营中，数据不应仅仅是一个跟上司汇报的工具，它更应该是店铺诊断的重要依据，指导店铺运营。常用数据收集工具包括生意参谋和 Excel 表格。当然还有其他各种数据收集工具如生 e 经等，但是由于淘宝网已经禁止其他软件展示同行数据，所以这里主要推荐这两个工具。每个运营团队根据运营手法的不同，收集的数据也不一样，数据收集主要是两个方面的数据，即同行数据和历史数据。

（1）同行数据。同行数据是数据诊断中的重要参考值。生意参谋的数据值中包括同行平均数据和同行优秀数据，如图 9-3 所示。

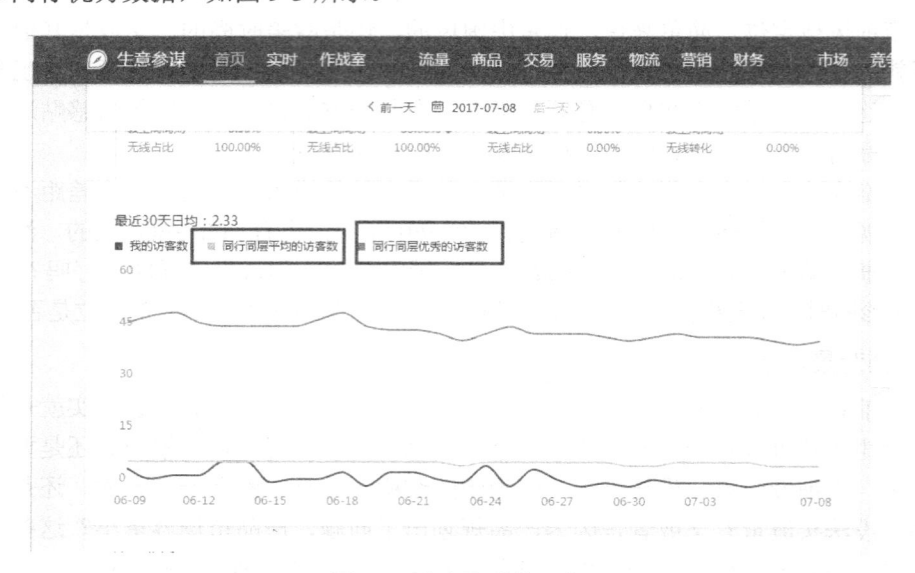

图 9-3　生意参谋数据值

店铺的健康数据指标除去类目资深运营的经验数据以外，新手运营及数据分析员多数以这两个平均数据作为参考。分析数据要从分析店铺数据中找出呈现的问题。在前面网店数据分析内容中已经知道了很多数据分析及数据采集处理的方法和工具,在分析店铺数据的时候,要划分两部分:行业数据和店内核心数据。主要分析行业中的整体趋势及竞争情况,可以结合百度指数、阿里指数这两个工具一起使用。

需要注意的一点是,电子商务运营从业人员中真正有经验的运营人员,能根据自身经验判断出在不同类目数据中健康的标准值。这个标准值不是平均参考数据,而是类目中最接近真实情况的数据,这个数值是资深运营常年操盘经营同一类目的结果,这就是有经验的运营对于数据的敏感度,也是经验的价值所在。

当然,除了上述数据外还有很多其他数据指标,如旺旺响应速度、动销率等。

(2)历史数据。就像股票市场一样,历史数据的含义同样对店铺具有诊断的指导意义。比如参加一个活动几天后,发现数据下降明显,比之前的正常流量下降得更多。这时候就需要查看这段时间的数据流向是怎么样的,从而做出正确的诊断。所以运营人员使用 Excel 表格,把日常的数据记录下来是非常有必要的。

2)数据诊断的方向

运营人员知道要通过参考值来进行数据诊断,也要知道店铺诊断的一些具体方向。数据诊断一般来说应从以下 4 个方向进行诊断,即产品诊断、服务诊断、推广诊断、综合诊断。

(1)产品诊断。如果店铺整体运营效果都不好,就要判断是不是产品的问题。产品诊断是让卖家更合理地布局产品。主要诊断的内容包括以下几点。

① 产品的流量分析。哪些产品是可以重点大力扶持和推荐的。需要分析产品的流量,特别是自然流量的分析。

② 产品的转化率分析。作为店内核心数据,转化率也是店铺诊断时的重要部分,如图 9-4 所示。

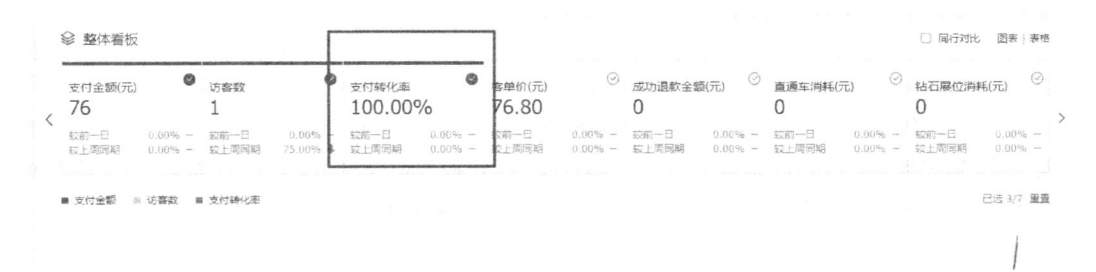

图 9-4 转化率分析

生意参谋在实时模块和交易模块中会给出相关转化率的数据,但是需要注意,这个转化率是指全店转化率,反映的是全店转化的数据。从转化率公式中可以看出这个转化率是反映店内转化平均水平,所以在店铺诊断的时候,除了对比全店转化率和同行的数据以外(分析店铺转化率是超越同行还是低于同行并作为诊断依据),也要去分析单品转化率,需要明白店铺大多数流量是通过单品引流入店的。

③ 产品的利润率分析。店铺做了很久为什么总是亏,亏在哪个地方。利润率的数据分析可以诊断出店铺真实经营中盈亏的情况。对于产品的利润率,需要运营人员在日常工作中根据历史数据通过 Excel 表格来进行汇总分析。

④ 产品的营业额分析。营业额是店铺经营的重要指标,在对店铺进行诊断时,对这个数据的分析诊断必不可少。同样在生意参谋的交易模块中,可以通过对比同行数据来判断店铺

营业额存在的问题。但是一般来说，对店铺营业额的诊断还需要结合店铺运营规划的目标来判断，在网店运营内容中讲述了运营规划需要制定一个可执行的目标，而对店铺营业额的诊断，需要根据制定的目标来判断。

⑤ 产品的定价分析。产品的定价是否合理，是否为由老板一拍即定的价格，这个是非常重要的。影响产品定价的因素很多，可以通过各种方式来诊断价格是否合理，比如可以使用生意参谋来分析，还可以通过和同行数据的对比做出诊断。如图 9-5 所示为生意参谋客单价分析。

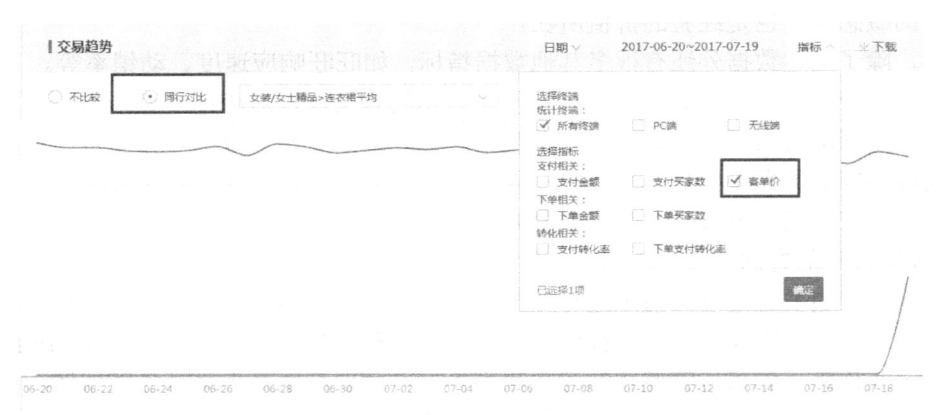

图 9-5　生意参谋客单价分析

⑥ 产品退换货分析。产品的退货情况严重，要判断是不是产品质量出现了问题，可以通过总结分析买家的退货原因来分析。

⑦ 产品的布局合理性。如果某些产品的动销率比较差，就要考虑重新调整布局，该下架的下架，该重新定位引流款的就要定位引流款。

⑧ 产品竞品分析。同一个产品，无论是转化还是流量，与同行的差别明显，这时候竞品分析既是诊断过程，也是解决方案，可以通过分析同行的运营来提升自己的运营水平。

⑨ 产品详情页访问路径调整分析。重点分析跳失率。通常不同类目跳失率都有所不同，一般常见的跳失率都保持在 80%左右，一般小 C 店要控制在 65%以下，天猫店一般要控制在 50%以下才是健康的。如图 9-6 所示为某一页面的跳失率数值。

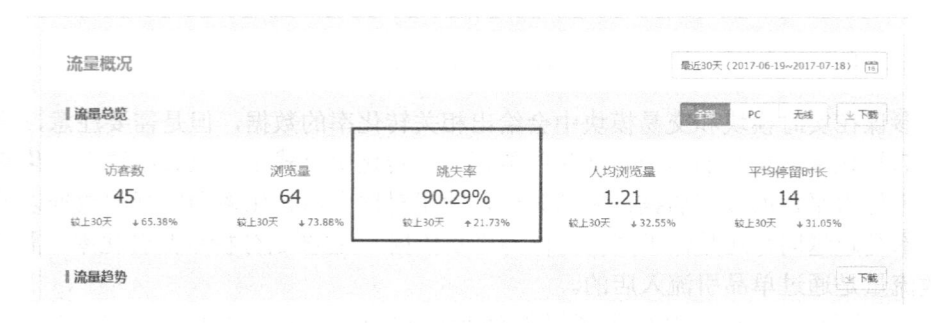

图 9-6　跳失率

如果页面跳失率过高，运营人员就要判断是详情页设计的问题，还是访问路径等其他问题。

（2）服务诊断。如果同样条件下，同行运营比自己更出色，转化率更高。这时，运营人员要更多地进行服务诊断。因为这种情况服务是影响转化的主要原因。服务诊断其实就是店铺的 DSR 分析，主要的诊断内容如下。

① 售前的服务分析。旺旺响应时间、客服询单转化率、客服话术的分析。

② 售后的服务分析。售后响应时间、平均的解决时间、退款时间的分析。

③ 物流分析。物流诊断主要分析破损率、及时变更性。

（3）推广诊断。如果店铺流量出现问题，突然出现波动比较大的情况，或者流量出现瓶颈期，就要判断流量推广问题了，通过流量诊断来判断推广效果。诊断依然遵循从大到小的原则：行业流量——店铺流量——单品流量。

① 行业流量分析。店铺流量诊断，第一步先去查看行业流量，如果店铺流量出现波动（主要是大幅度下滑）时，首先要排除行业流量的影响。也就是说，如果行业大盘流量整体呈现下降趋势，那么店铺流量也高不了。通过生意参谋中的市场行情板块，可以查看行业大盘，如图 9-7 所示，通过整个行业的流量数据，结合行业数据来调整店铺的运营规划。

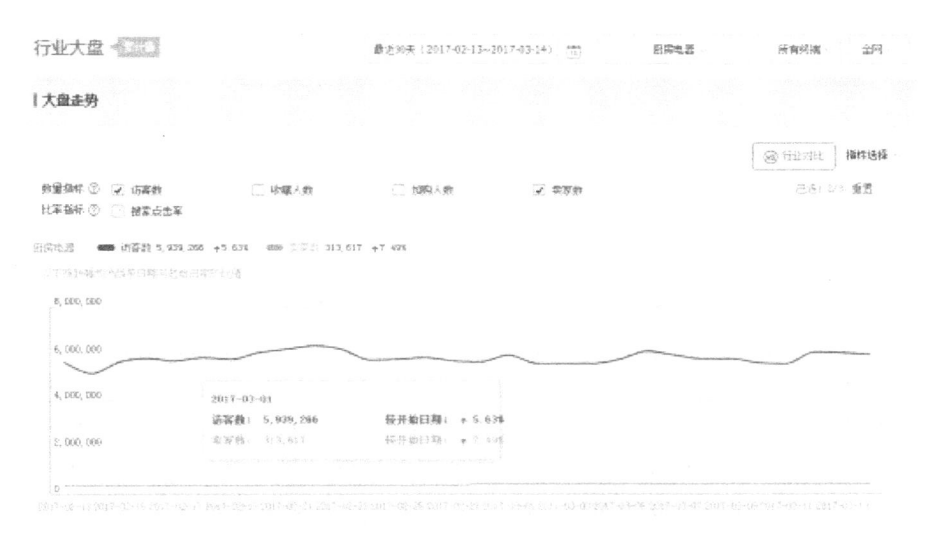

图 9-7　行业大盘

② 店铺流量分析。经过行业流量分析，如果发现大盘数据流量没问题，那么接着分析店铺整体的流量情况。店铺的流量情况可以按店铺流量概况分析——店铺流量结构分析——各店铺流量入口分析进行诊断。

首先诊断店铺流量概况。店铺整体流量可通过生意参谋的流量概况查看，也可以通过自己统计的数据表进行查看，如图 9-8 所示。

图 9-8　店铺流量概况

在流量概况模块中可以看到某一天的店铺整体流量总览。店铺整体流量概况中一天的数据只能说明店铺在某一天的流量情况，在店铺诊断的思维里一天的数据并不具有代表性，进行店铺核心数据分析的目的是找出店铺存在的问题,短期内数据并不具有代表性,所以要找出店铺流量的问题,除了要看某一天的流量数据外,更需要分析一个周期较长的数据,才能分析店铺整体流量的趋势,从整体流量趋势中初步判断店铺流量是否存在问题。

根据判断的需求进行选择,也可以把所有数据记录到 Excel 表格中,这样让数据具有历史性。也可以用生意参谋的筛选功能进行数据对比。如图 9-9 所示,以 7 天或者 1 个月为周期进行分析。

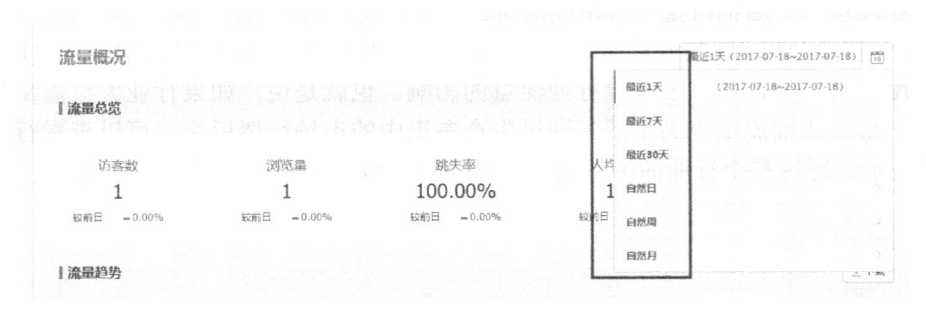

图 9-9　生意参谋的筛选数据周期

从店铺整体流量趋势中,可以初步发现店铺流量的问题,除去店铺整体流量稳定或上升的情况,店铺是流量不足还是流量不稳定抑或存在其他流量问题,都可以从 7 天、30 天的流量趋势中得出判断。一家经营健康的店铺,整体店铺流量应该是趋于稳定或稳步上升,即使是因为搜索模型中受限于时间模型(7 天上下架)影响,流量呈现 7 天一个周期变化,但是总体应该稳定或稳步上升;即使 7 天一个周期,周期内流量总体趋势是波动变化的,但是通过总体趋势可以看到是否稳定。观察 30 天或以上数据,如果流量呈现较大幅度波动,那么就可以判断店铺流量是不稳定的,根据 7 天、30 天等长周期流量数据,流量下降的趋势很容易判断。

从店铺整体流量分析中只能知道店铺流量是否有问题,具体哪里有问题需要分析店铺流量的数据结构。通过和同行数据的对比,通过与店铺实际流量需求对比(店铺经营规模越大,所需流量越高),最后诊断出哪些流量结构是有问题的。

③ 单品流量分析。单品流量诊断,首先分析搜索流量,从单品搜索关键词出发,判断流量是否精准。根据搜索模型中的 7 个维度,分别去判断单品到底是在哪一个维度中出现了问题。单品诊断的搜索流量诊断更多的是集中在标题是否需要重新精准优化。如果有付费流量,可以分析付费流量的各种数据,分析付费流量是否有效,从而做出自己的判断。

(4)综合诊断。店铺出现一个不好的现象,并不一定是由某个单一因素引起的,也许是层层关联的原因。比如说出现流量下降的问题,可以通过判断产品、服务、推广来引申出几个主要的问题,从这些问题中找出解决方案,然后制订计划,改善店铺,如图 9-10 所示。

图 9-10 所示是一个店铺通过各种数据分析后发现店铺呈现的问题。既然进行店铺诊断是为了发现问题并最终为解决问题制订出可执行的方案,那么在分析总结之后,需要对各项数据有一个初步的应对方案。之所以是一个初步的应对方案,主要体现在思维上,因为具体应对的落地方案需要根据店铺的实际问题细致地做出。本项目中,讲述的是店铺诊断的思路,特别是对店内核心数据存在的问题提出应对的思路,具体操作在前面每一部分的对应项目中都已经有所讲解,本项目不做详细讲解。

```
                    我的店铺
        ┌───────┬───────┼───────┬───────┐
       流量     产品    页面    服务
```

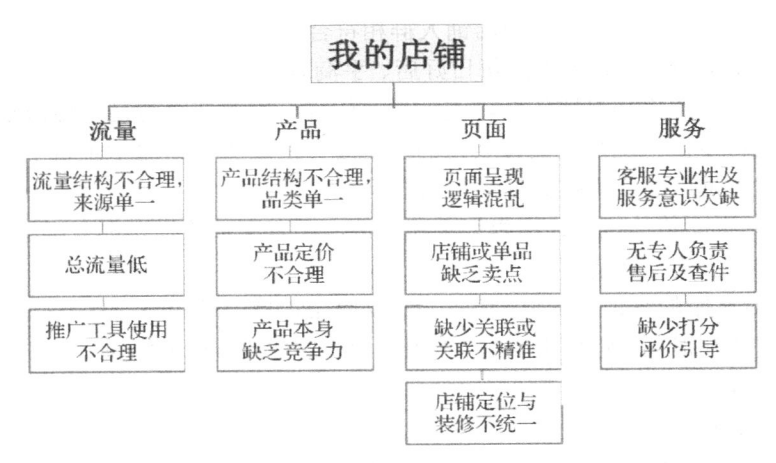

流量结构不合理，来源单一	产品结构不合理，品类单一	页面呈现逻辑混乱	客服专业性及服务意识欠缺
总流量低	产品定价不合理	店铺或单品缺乏卖点	无专人负责售后及查件
推广工具使用不合理	产品本身缺乏竞争力	缺少关联或关联不精准	缺少打分评价引导
		店铺定位与装修不统一	

图 9-10　店铺问题总体导图

4．店铺改善

综合分析店铺中每项的不足就要制订改善计划。店铺改善要有计划、有执行、有监督、有反馈、有调整，最终目的都是落实到人。下面总结出一些店铺常见问题的改善策略供读者参考。

（1）大盘流量。如果自己的流量变化和大盘走势温和，那么就不是店铺存在问题，而是受大盘流量影响。一般季节性产品比较容易出现这样的情况。

应对策略：换季产品降价促销；做好关联营销，用爆款关联新款。

（2）违规扣分。一般店铺违规的情况集中在刷单、盗图、重复铺货、"牛皮癣"、售假等。这时就要停止违规操作。另外建议店铺培养热卖单品群，避免一个产品降权而对店铺产生重大影响。

应对策略：选品＋突破销量。在单品被降权的这段时间，首先要尽量保持店铺层级，并迅速把另一款产品带起来。另一方面要多方引流，维持店铺的人气，如淘宝客、官方付费推广工具等。其次是要布局好关联营销活动，带动被降权的产品。这里补充一点，降权店铺最好不要上第三方折扣活动，如折 800 等，可以上淘宝客流量和销量，如返利网。

（3）DSR 评分，售后下降。DSR 评分包括：如实描述、快递服务、客服服务态度。如果你认为全 5 分好评就是无敌的，那么只能说你不懂淘宝。当动态评分连续 3 天走低就应引起注意，应该人工操作提升评分。可以操作的方法有很多。

应对策略：注重购买流程中的一切细节。例如快递服务，如果在买家下单付款后第一时间填写单号并单击发货，那么就可以提高平均发货速度，官方对快递服务评分就会提高。而客服方面不仅仅在于服务态度，也涉及平均旺旺响应时间和平均在线时间。注意：自动回复和机器人回复不计入。所以，快捷短语的编辑就显得很重要了。

（4）关键词排名下滑。

应对策略：关注竞争对手的变化，针对其变化想好应对策略，优化主图、优化上下架或者针对竞争对手调整价格。

（5）转化率。转化率分为静默转化率和咨询转化率。总的来说，流量的精准度、详情页及客服接待情况是影响转化率的主要因素。

应对策略：① 流量的精准度。一般影响较大的是付费流量和淘内免费流量。

如果付费流量的转化率低，则要查看主推的关键词与产品的主图、热搜词是否相符。另外，分析人群定向和投放地域是否与店铺人群相符合。

如果淘内免费流量下滑，因手淘每日好店、手淘首页内容主要是达人和系统自动推荐的，流量相对比较大，转化率相对比较低，波动性比较强，因此要查看是否修改过主图或页面，主图与产品的相符度，主图与主要搜索词的匹配度，主要关键词流量是否下滑，展示位置是否下降，再针对主推产品、主推关键词重点分析和优化。

② 详情页。页面整体氛围、销售记录和评价，还有宝贝的描述都会影响到静默转化率，应该从这三个方面去优化详情页。

③ 客服。对客服的培训一定要到位，客服对产品的熟悉程度、服务态度和销售技巧都很在大程度上影响到转化。可对客服设定一套激励制度，激发客服的积极性。

（6）客单价下降。

应对策略：关联营销、搭配营销、合理的优惠券诱导转化。

阅读材料 9-1 店铺诊断数据分析报告

任务 9.2　"羽我女装"店铺数据诊断

"羽我女装"店铺在运营一段时间后，店铺流量及转化一直上不去，出现瓶颈期。在这里就不分析店铺定位和背景了，主要介绍店铺自检和店铺数据诊断。

1．店铺自检

如果店铺没有违规，淘宝网并没有对店铺做出流量、推广等限制，也没有降权的情况，说明店铺本身运营情况良好，如图 9-11 所示。

图 9-11　店铺自检

2．店铺数据诊断

介绍了店铺自检，接下来将根据生意参谋及 Excel 历史数据进行店铺数据分析诊断。根据诊断方向思路及店铺主要问题，在产品已经无法改变的情况下，先做出推广诊断和服务诊断。

1）推广诊断

（1）行业大盘流量诊断。如果读者没有订购生意参谋的市场行情，那么可以通过阿里指数进行行业大盘分析。跨度尽量拉长，比如一年的数据，可以发现大盘数据相对还是比较平稳的。所以大盘数据对店铺的影响是有限的，如图 9-12 所示。

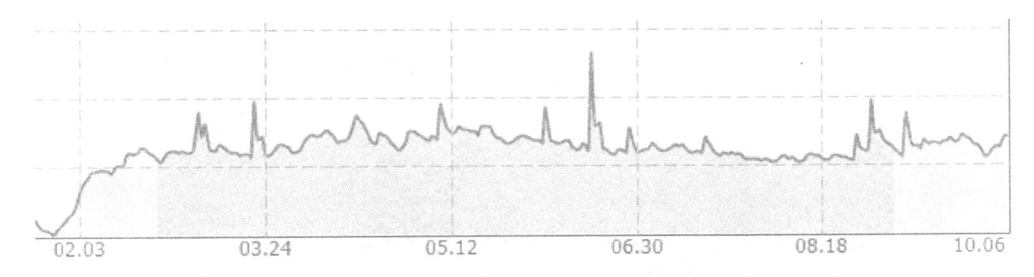

图 9-12 阿里指数女装大盘行情

（2）店铺流量概括。由于"羽我女装"店铺的流量概括和流量结构并没有太大问题，所以可通过自己的店铺搜索指标总结出一些问题，如图 9-13 所示。

权重类型	指标项	本店数据	优秀同行数据
人气模型	1. PC最近7天宝贝收藏转化率	3.88%	6.10%
	2. PC最近7天店铺收藏转化率	0.81%	4.34%
	3. PC最近7天购物车转化率	14.56%	17.24%
	4. 无线最近7天购物车转化率	14.27%	18.31%
	5. 最近7天PC淘宝搜索转化率	0.60%	2.20%
	6. 最近7天PC天猫搜索转化率	0.69%	1.81%
	7. 最近7天无线搜索转化率	0.32%	1.37%
	8. 最近7天全店支付转化率	0.87%	2.01%
	9. 7天宝贝平均收藏率（收藏人数/访客数）	4.96%	官方无数据
	10. 全店跳失率	47.19%	官方无数据
	11. 店铺最近30天平均（人均浏览量）访问深度	5.08	官方无数据
	12. 最近7天人均平均停留时长	26秒	官方无数据
	13. 搜索点击率	0.62%	无权限
	14. 询单转化率	24.26%	23.00%
	15. 老客户二次购买率（熟客率）	21.59%	26.50%
	16. 动销率	36.94%	52.00%

图 9-13 店铺搜索指标

通过一周的数据对比可发现以下问题。

◇ 收藏转化率、购物车转化率、搜索转化率、全店支付转化率与优秀同行数据存在较大差距。
◇ 二次购买率低于同行（数据取自后台商家成长指数，不同于生意参谋的老客户占比）。
◇ 全店动销率与优秀同行存在较大差距。

店铺改善建议：转化率、二次购买率、动销率是影响店铺权重的重要维度，后期需把指标优化提升。

（3）流量结构诊断。在目前平台的整体流量结构中，手机端的流量占据平台总流量的 70%～90%，所以在进行流量结构诊断时，应以无线端结构为主要方向。在对店铺流量结构进行数据汇总后发现，店铺手淘搜索流量曲线趋势与优秀同行商家趋势基本一致，但手淘搜索流量更加优秀，是优秀同行商家均值的 1.2 倍；另外通过线性趋势可知店铺手淘搜索整体呈下降趋势，如图 9-14 所示。

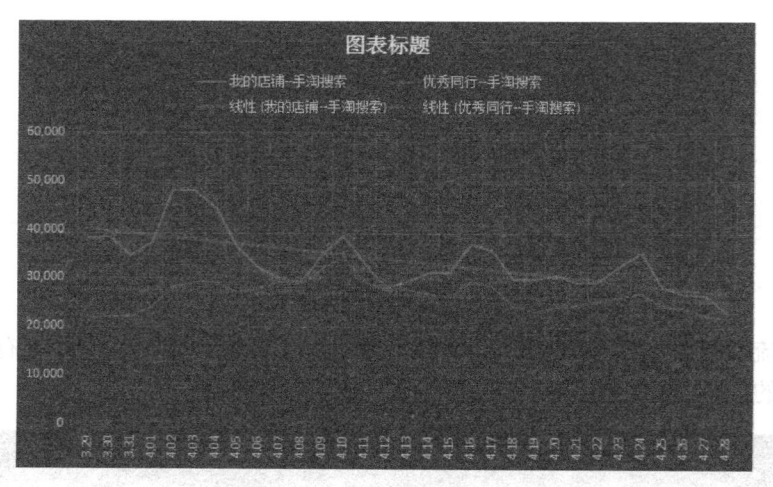

图 9-14 手淘搜索流量分析 1

店铺无线推荐流量领先于同行，是行业优秀同行的 3.5 倍，店铺无线推荐流量在 4 月 8 日、4 月 18 日均有高峰值出现，主要由这两个时间段聚划算活动期间付费推广投入的加大引起，如图 9-15 所示。

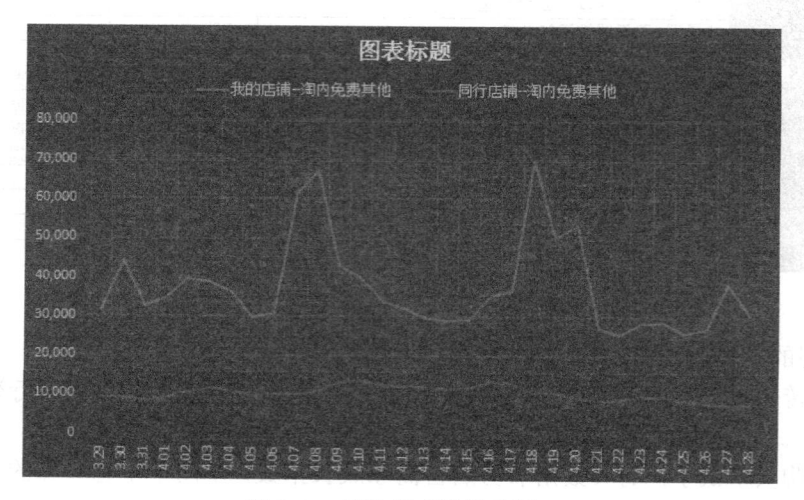

图 9-15 手淘搜索流量分析 2

无线端付费流量比行业优秀商家平均高 1.5 倍，店铺付费流量钻石展位、直通车、淘宝客占比约为 4∶2∶4，付费流量钻石展位和淘宝客占大部分，付费流量突破口在直通车，可根据实际情况调整店内各付费推广的比例，加大直通车推广，抢占无线端更多精准搜索流量和推荐流量，如图 9-16 所示。

与同行优秀商家相比，无线流量结构占比基本一致，但店铺各渠道流量更多；因钻石展位直通车付费推广对无线端推荐流量有正面作用，可根据店铺实际情况适当增加付费推广的投入，如图 9-17 所示。

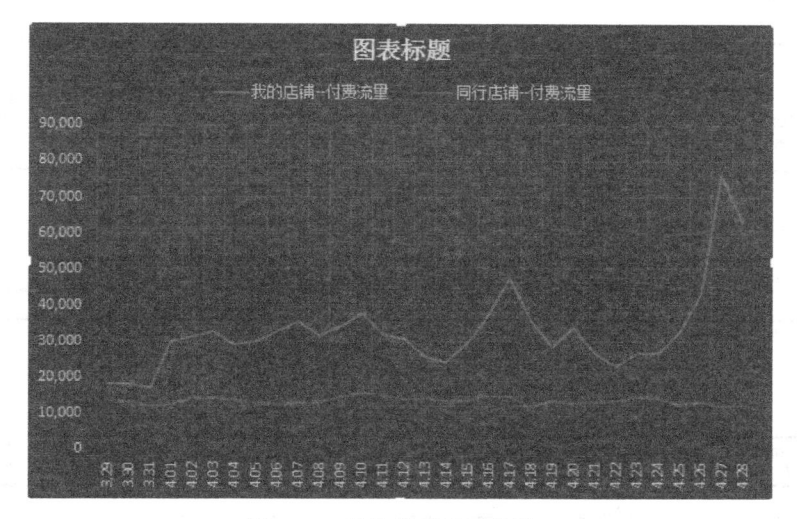

图 9-16　手淘搜索流量分析 3

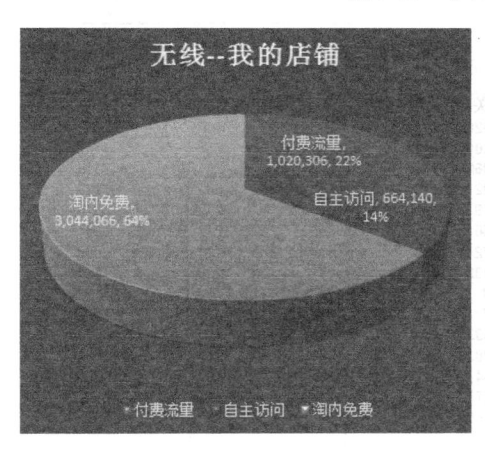

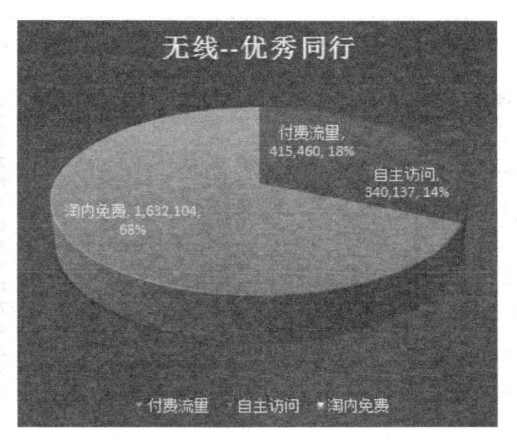

图 9-17　手淘搜索流量分析 4

最后通过分析店内爆款情况，得出结论。搜索指标：转化率较差，需要重点重视。搜索空间：行业热搜关键词搜索布局有优化空间。流量结构：整体流量结构健康，比同行流量优秀；主推款流量和关键词引流效果与对手存在较大差距，主推款搜索流量和推荐流量有较大提升空间。

（4）单品诊断。分析完店铺流量结构再来分析单品。单品主要分析自然搜索流量的合理性。通过搜索词 Excel 数据来分析是否需要重新优化标题。将搜索优化效果更大化，抢占更多搜索流量，搜索人气高。使用了店内关键词，但是流量获取能力不高的词可以做进一步优化，以提升各搜索入口流量。店内使用的热搜关键词中，无线搜索带来的流量平均占总搜索流量的 88%，搜索优化重点在无线端；虽然无线端搜索流量占较大比例，但框选的这些词在 PC 端淘宝搜索和天猫搜索获取流量有一定提升空间，如图 9-18 所示。

搜索词	搜索人气	支付转化率	关键词使用率	天猫搜索	淘宝搜索	无线搜索
短裤女	7,495	1.53%	0	106	61	1202
文艺	7,645	0.62%	0	37	117	430
棉麻女装	7,288	0.70%	0	0	93	417
中袖t恤女 宽松	7,053	3.96%	0	0	15	309
初棉官方旗舰店	5,233	3.48%	0	0	0	187
熙世界	5,453	2.77%	0	15	0	51
逸阳女裤	6,621	4.83%	0	0	0	24
初棉	6,542	2.27%	0	18	0	17
连衣裙春秋款2016新款	63,808	0.88%	0	0	0	5
棉麻连衣裙	37,846	2.25%	0	8	0	3
韩版女装	28,636	2.01%	1	0	0	26
性感连衣裙	18,429	2.01%	1	0	0	2
牛仔背带裙	22,363	3.91%	2	52	25	369
女装夏装2016新款潮	43,752	2.11%	2	0	0	94
夏天女装	11,697	2.02%	2	0	0	92
夏天女装	4,555	0.81%	2	0	0	92
连体裤女夏	23,480	1.41%	2	0	0	69
背带裙牛仔	21,477	3.79%	2	0	0	59
一字领上衣	10,685	1.07%	2	0	0	29
女装春装2016新款潮	78,228	1.58%	3	0	41	1587
裙子夏 连衣裙 学生	16,991	1.56%	3	0	26	995
裙子夏 学生	10,361	1.26%	3	0	0	150
中国风女装	8,994	1.42%	3	0	12	29
民族风女装 t恤	6,587	3.34%	4	0	49	1628
上衣春夏	17,594	3.14%	4	0	0	639
可爱连衣裙	8,856	1.04%	4	6	13	164
背带裙夏	13,410	2.21%	4	0	0	163

搜索词	搜索人气	支付转化率	关键词使用率	天猫搜索	淘宝搜索	无线搜索
t恤女	104,252	5.44%	320	10327	1001	12626
长袖t恤女	34,497	5.54%	101	824	732	7767
t恤	95,293	6.02%	362	589	254	7313
运动裤女	30,261	6.59%	82	185	284	6966
短袖t恤女	80,952	5.90%	193	61	213	6546
条纹t恤女	32,478	5.78%	66	393	214	6004
短裤女夏	29,813	3.29%	72	53	124	5039
哈伦裤女	38,287	4.62%	132	291	222	4564
民族风女装	14,468	1.23%	8	45	76	4261
背带裙	69,412	2.23%	7	122	80	4178
休闲裤女	38,098	4.44%	433	1937	190	4137
连衣裙	187,968	1.26%	283	696	541	4110
女装	83,874	1.88%	347	125	466	3068
短袖女	48,584	5.37%	277	53	69	2852
夏装女	49,034	2.69%	155	32	34	2722
条纹t恤	17,073	6.42%	82	9	55	2495
中袖t恤女	17,606	4.30%	12	0	54	2455
宽松t恤女	31,690	4.98%	204	231	97	2218
纯棉t恤女短袖	19,504	6.36%	44	157	68	2214
哈伦裤	41,123	4.18%	134	2068	54	2097
阔腿裤	71,973	3.46%	27	69	117	2092
连衣裙夏	78,167	1.91%	148	24	124	2090
白色t恤女	43,583	7.76%	40	0	35	2064
t恤女长袖	13,459	6.60%	101	9	226	1986
九分裤女	34,377	4.59%	71	58	0	1946
裤子女	48,883	7.06%	540	131	87	1935
运动裤女长裤小脚	9,733	5.95%	24	7	41	1876
女裤	27,701	6.30%	135	217	148	1790
t恤女 短袖	34,762	6.73%	193	0	26	1697
裙子	56,999	1.69%	122	39	96	1689

图 9-18 搜索词分析

店铺改善建议：标题需要做重新优化。

2）服务诊断

通过分析"羽我女装"店铺的服务模型来进行相关数据的诊断，如图 9-19 所示。

存在问题：

（1）28 天退款率过高，高达 26.28%。

（2）旺旺响应速度数据高于优秀的同行。

权重类型	店铺搜索指标		
	指标项	本店数据	优秀同行数据
服务模型	1. 店铺DSR均值	描述相符 4.87	高于28.44%
		服务质量 4.85	高于40.98%
		发货速度 4.83	高于38.22%
	2. 退款完结时长	2.19天	2.82天
	3. 退款自主完结率	99.95%	99.78%
	4. 纠纷退款率	0.00%	0.0019%
	5. 近28天退款率	26.28%	官方无数据
	6. 旺旺响应速度	85.42%	80.69

图 9-19　服务模型

店铺改善建议：

（1）近 28 天退款率高达 26.28%，占比较大。建议后期采集退款信息并数据化，归类好是什么原因引起的，把可以避免退款的因素罗列出来，制订好可避免退款的方案，把退款率降下来。

（2）旺旺响应速度反映出售前回复效率，也是影响跳失率和转化率的因素，同时影响客户的购买体验，该指标数据越低越好，后期售前需要提高效率。

每个诊断环节都总结出了一些问题，针对这些问题，提出了店铺改善建议，最后将综合这些问题，得出一份店铺诊断报告，把整个环节做好。

项目小结

本项目从网店诊断大方向入手，讲述了店铺自检和店铺诊断方法。着重介绍了店铺定位诊断、店铺背景诊断、店铺数据诊断和店铺改善的方法。

项目实训

【实训 1】　到派代网、卖家网、网商天下阅读关于店铺诊断的 5 篇文章。

【实训 2】　对自己的店铺做店铺诊断。

参考文献

[1] 电商运营研究室. 淘宝网店运营实用教程客服篇. 北京：人民邮电出版社，2016.

[2] 全国电子商务运营技能竞赛组委会. 网店运营实务. 北京：中央广播电视大学出版社，2016.

[3] 北京中清研信息技术研究院. 电子商务数据分析. 北京：电子工业出版社，2016.

[4] 杨伟强. 电子商务数据分析. 北京：人民邮电出版社，2016.

[5] 老A电商学院. 淘宝网店大数据营销：数据分析、挖掘、高效转化. 北京：人民邮电出版社，2015.

[6] 麓山文化. 淘宝新手运营管理装修一本通. 北京：机械工业出版社，2015.

[7] hi商学院. https://www.hishop.com.cn/ecschool/wztb/show_7660.html.

[8] 淘66. http://bbs.tao66.com.

[9] 阿里妈妈. alimama.taobao.com.

[10] 开淘网. www.kaitao.cn.

[11] 派代论坛. http://bbs.paidai.com.